XIANGCUN ZHENXING BEIJING XIA
NONGCUN ZHIYE JIAOYU FAZHAN YANJIU

乡村振兴背景下农村职业教育发展研究

王晓庆 / 著

中国农业出版社
农村读物出版社
北　京

前　言

FOREWORD

　　实施乡村振兴战略是党的十九大作出的重大决策。乡村振兴战略的实施和农村地区的发展离不开人才的支撑。其问题的关键是发展农村教育事业，培养新型农业人才。乡村振兴战略的提出和实施为农村职业教育带来了新机遇，而乡村振兴战略的实施也迫切需要农村职业教育高质量发展。实施乡村振兴战略，应把农业农村优先发展和农村职业教育改革发展紧密结合起来，大力培养适应新时代需求的乡村各类人才，全面提升乡村劳动者素质。

　　在大力实施乡村振兴战略和"质量强国"战略的大背景下，作为连接教育与"三农"的枢纽和培养新型农业技术技能人才的主阵地，农村职业教育应同步优先转向高质量发展阶段。尽管经历了70多年的发展，特别是改革开放以来的40多年，我国农村地区农业从业人员的文化水平已经有了较大幅度的提升，但受农村地区教育观念落后及我国城乡经济发展不平衡的影响，我国农业从业人员的受教育程度仍然不能满足实际要求。这也是制约我国农村经济社会发展的一个重要因素。就我国农村职业教育发展的现状而言，由于相关资源的投入，我国已经基本建设起了新型农村职业教育框架。但实际上，相关教育体系并不完善，不同院校之间并没有实现有效的连接。换言之，当前我国农村地区中职院校的教育体系仍然各自为政，没有依据农村地区发展的实际需要建立协同教育机制。相较城市而言，农村地区职业教育在实际发展过程中所获得的教育资源及有关部门的支持力度往往较小。加之农村地区自身地理条件及区位因素不佳，更加大了城乡之间教育事业发展的差距。除此之外，受多种因素的影响，我国职业院校在进行专业设置时更偏向于工业化的职业教育，出现了不同程度上的职业院校"离农"或"去农"的现象。当前，我国农村地区职业院校发展所需资金的来源主要是政府财政拨款及社会相关企业的经济合作。正是因为农村地区职业教育招生规模相对较小、人数相对较少，在发展过程中，农村职业院校所获的资金支持及教育资源也难以与城市职业院校相比。

鉴于以上原因，笔者撰写了《乡村振兴背景下农村职业教育发展研究》一书。本书共有八章。第一章介绍了乡村振兴战略基础理论；第二章探讨了农村职业教育基础理论；第三章阐述了乡村振兴背景下农村职业教育的机会与变革；第四章论述了乡村振兴背景下农村职业教育的服务定位；第五章探究了乡村振兴战略下的农村职业教育功能的实现路径；第六章以县域为例，论述了乡村振兴背景下农村职业教育体系的建设；第七章研究了乡村振兴背景下农村职业教育培训；第八章论述了乡村振兴背景下农村职业教育城乡融合机制的建构。

在本书的撰写过程中，笔者借鉴了许多专家和学者的研究成果，在此表示衷心感谢。本书研究的课题涉及的内容十分宽泛，尽管笔者在写作过程中力求完美，但仍难免存在疏漏，恳请各位专家和读者批评指正。

目 录
CONTENTS

第一章　乡村振兴战略基础理论研究

第一节　乡村振兴战略的内容及重要意义

时代本身意味着历史时间的新陈代谢，每个时代都有自己的特点。中国共产党第二十次全国代表大会指出，要高举中国特色社会主义伟大旗帜，全面贯彻新时代中国特色社会主义思想，弘扬伟大建党精神，坚持自信自强、守正创新，做到踔厉奋发、勇毅前行，为全面建设社会主义现代化国家、全面推进中华民族伟大复兴而团结奋斗。这是时代的判断，意味着中国特色社会主义正迈向新阶段。经过长期发展，中国特色社会主义不仅取得了历史性的成果，而且在国家建设的各个方面也增添了新的内容。

乡村是既具有自然成分，又包含社会性质成分的地域综合体，同时集多重功能（如生产、生活、生态、文化）于一身，乡村与城镇之间相互影响、相互关联、休戚与共，他们共同筑造成为人类的生存空间。在新时代背景下，乡村兴衰与国家发展紧密相连，乡村振兴战略应运而生。新时代下的乡村振兴战略是对乡村社会发展的新指导，对未来乡村社会的走向具有重要意义。

一、乡村振兴战略的科学内涵

（一）准确把握乡村振兴战略和城市化战略的关系

通过乡村振兴战略解决中国城乡发展不平衡和农村发展不充分的矛盾，并非意味着中国城市化战略将放缓，更不是要用乡村振兴战略来替代城市化战略。恰恰相反，乡村振兴战略必须置于城乡融合、城乡一体的架构中推进，并且应以新型城市化战略来引领，以建成"以城带乡""以城兴乡""以工哺农""以智助农""城乡互促共进"融合发展的美丽乡村。

中国乡村振兴战略的重点与任务既在乡村本身，又在乡村以外。要实现城乡人口的交互流动和优化配置，必须拓宽乡村振兴战略的视野，既要重视乡村内部的建设发展和体制机制的创新，又要重视乡村振兴外部环境的改善。① 由于中国的城乡二元结构具有社会保障和财产权利双层二元的特性，从破解城乡二元结构的体制机制的角度看，以城乡社会保障体制和农村集体产权制度为重点的三大联动改革，即城乡联动、区域联动以及中央和地方联动的改革，应纳入乡村振兴的战略框架，并成为乡村振兴战略的基本驱动力。也就是说，破解城乡二元结构，建立城乡一体、城乡融合、城乡互促共进的体制机制，应成为乡村振兴和乡村现代化的必要条件。

（二）准确把握中国乡村形态及其变化趋势

改革开放以来，随着工业化、城市化和市场化的发展，大量农村劳动力转向城镇就业，而且村庄的数量也在不断减少，从 2000 年的 66 万个行政村，减少到 2023 年末的 58 971 个村级行政单位。这些村庄已经分化成不同的类型，从人口集聚状况与生活方式看，大体可以分为三大类型。第一类是已被城镇化覆盖或即将被覆盖的村庄，如城中村、镇中村和城郊村，这些村庄人口集聚程度较高，村民生产和生活相分离，空间人口既包括村民，也包括非村民。第二类是国家实施新农村建设以来由若干村庄"撤扩并"逐步形成的，人口相对集聚、村民生产与生活相分离、社区服务功能基本健全的中心村。第三类是人口集聚度不高、村民生产生活依然不分离的传统村庄。很显然，这些不同类型的村庄，在乡村振兴中将会有

---

① 吕风勇. 乡村振兴战略的根本途径在于城乡融合 [J]. 中国国情国力，2018 (6)：53-55.

不同的发展走向：有的会很快融入城镇，直接成为城市的组成部分；有的可能成为乡村社区的服务中心或新型田园生态小城镇；有的村庄，如曾经"一方水土养不活一方人口"的贫困村，或者空心村，则有可能随着人口的迁移或村庄的撤并而逐渐消亡；而大量的村庄，通过乡村振兴战略的实施，会成为"产业兴旺、生态宜居、乡风文明、治理有效、生活富裕"的美丽家园。

中国乡村形态分化与发展的态势表明，随着城市化和工业化的发展，中国乡村人口分布正在逐步从分散的自给型经济分布向相对集聚的市场型经济分布转变，乡村人口的空间格局与分布正在发生着剧变。这种剧变过程意味着，一方面，乡村的发展和振兴不仅需要城市化的引领，而且也需要乡村人口自身在空间上的相对集聚和优化分布，这两者应该是同步的过程；另一方面，乡村人口空间格局与分布的变化，也为乡村振兴战略的实施提供了创新空间，具体而言，是为"乡"和"村"的有机结合、优化配置和融合发展提供了创新空间。从中国不同区域乡村的不同类型和发展实际出发，既可以以"村"为基本载体实施乡村振兴战略，也可以以"乡"为载体实施乡村振兴战略。也就是说，在有条件的乡村区域，可以通过体制机制的改革创新，探索以"乡"主导、以"乡"带"村"、"乡""村"共治与融合发展的新型乡村治理结构，对乡村组织、干部体制、人口集聚、产业发展、公共服务和产权制度等进行深化改革和优化配置，实现新型城镇化与乡村振兴的深度融合。总而言之，乡村振兴战略与城市化战略并不矛盾，而是"你中有我，我中有你"的相互交融关系。在乡村振兴的进程中，乡村定将成为农业转移人口市民化的助推器，成为田园生态城镇的新空间，成为城乡居民对美好生活向往与追求的宜居地。

二、乡村振兴战略的内容

党的十九大报告对实施乡村振兴战略提出了指导方针——产业兴旺、生态宜居、乡风文明、治理有效、生活富裕。这些方针彼此之间相互协调、相辅相成，是对新时代统筹推进"五位一体"总体布局在乡村的具体表现，也是新时代乡村振兴战略的内容。

（1）产业兴旺。乡村是否有活力，农民生活是否富裕，很大程度取决于乡村产业发展水平。没有兴旺的产业，容易造成乡村振兴的经济根基不牢固，难以推动农业农村现代化发展。"产业兴旺"和"生产发展"的目的都在于提高农业生产力，不同的是后者针对21世纪初期农产品供给不足，亟待解决农民温饱问题而提出。如今，"产业兴旺"代替了"生产发展"的提法，意味着新时代对乡村经济发展提出了更高要求，由以往纯粹看重增产向追求提质转变，从低水平供给向高水平供给跃升，从粗放生产向精细化生产转变，牢牢把握农业供给侧结构性改革的主线，保障国家粮食安全，做好质量兴农、绿色兴农；充分挖掘乡村业态多功能性，推进产业融合发展体系，实现乡村经济多元化发展；加强科技、人才、资本等要素向乡村流动，保持乡村产业发展的旺盛活力。

（2）生态宜居。乡村振兴战略提出的生态宜居是对"绿水青山就是金山银山"论述的现实践行，顺应了人民日益增长的对和谐宜居的生态环境、生态服务的需要，让城里人能对乡村产生一种想要来、愿留下、过得好的心理憧憬。"生态宜居"替代了简单强调村容村貌单一化生产场域内的"村容整洁"，更加凸显建设可持续、绿色发展、人与自然和谐共生的新时代美丽乡村的自觉性，是对融生产、生活、生态为一体空间格局的乡村探索。生态宜居不仅要实现生态与经济的互融互通，推动乡村自然资本的价值在绿色生产生活方式中增值，还要注重文化传承、保留原始的村容村貌，推进现代文明生活方式与农村优秀传统文化融合，让绿色生活、生态经济成为乡村生态文明建设的新风尚，助力于乡村振兴战略。

（3）乡风文明。文明乡村根在文明乡风，文明乡村要靠乡风文明。乡风文明是乡村文化建设和社会主义精神文明建设的重要内容，是乡村社会延续发展的内核。乡村振兴战略和社会主义新农村建设都使用了"乡风文明"这个表述，可知乡村建设非常重视乡村文化对农民头脑的武装和农民精神面貌的改变。值得一提的是，当下的乡风文明为乡村文化振兴服务，更强调文化自信和社会主义核心价值观的引领作用，深化对文化传承的认识与理解，增强人民对乡村文化的认同感和信心。实现乡风文明离不开对文明乡风、良好家风、淳朴民风的传承和培育，也离不开对古村落的保护及其独有文化内涵的挖掘。同时加强保护传承和合理开发利用手工技艺、戏曲曲艺、民间艺术的非物质文化遗产，最终实现活态继承和经济发展双赢，兴盛乡村文化之路。

（4）治理有效。乡村治理的效果关乎乡村社会的稳定、乡村振兴战略的成败和国家的长治久安。从"管理民主"到"治理有效"，是走乡村善治之路的内在要求，从中可以看到我国对乡村社会治理的要求更高了，内涵更加深刻了。"管理民主"侧重保障农村居民的民主权利，使村民能够参与到村中事务的选举、决策、管理和监督中。随着农村社会结构的调整，农民的社会流动性加大，农村利益主体呈现多元化，给乡村治理带来了新挑战。"治理有效"更加突出对治理绩效的实际情况、治理手段的多样性和包容性，以及乡村社会秩序的关注，强调有效整合乡村治理的存量资源和增量资源。通过乡村"三治"的有效耦合，加强乡村社会动员机制的创新，发挥村规民约的区域性功能，推动互为补充、相辅相成、多元并蓄的乡村治理格局，实现乡村社会的有效治理。

（5）生活富裕。生活富裕是建立美丽和谐社会的根本要求，体现了实施乡村振兴战略的目标导向，并为实现共同富裕做足准备。中国要富，首先要求农民必须富，将近6亿的农民生活水平，事关全面小康的质量。生活"富"裕与生活"宽"裕相比较，虽然只相差了一个字，但其内涵和对乡村建设的要求却有了很大的变化。生活宽裕主要是由解决温饱问题和基本达到小康水平的目标驱动，依靠农村存量发展，而生活富裕则是受农民对美好生活的向往、全面建成小康社会和实现社会主义现代化强国的目标驱动，对生活水平提出了更高要求，以"好不好"为判断标准。生活富裕，不仅是乡村经济富足、农民衣食无忧，而且要有完善的农村社会保障体系；农村水利、交通运输、通信设备等基础设施提档升级；农民足不出村，便能享受优质的、令人满意的乡村教育；农民对健康生活的需求得到满足。实施乡村振兴战略能够提高农民在共建共享中获得的安全感、幸福感，让农民过上有品质的、舒适的生活。

乡村振兴战略的内容体现新时代乡村发展方向和理念的深刻变革，为补齐农业农村短板、全面振兴乡村的具体实践路径指明了方向，有利于乡村经济发展、生态建设、文明程度提升、社会治理和民生建设的统筹推进。

三、乡村振兴战略的总体要求

（一）乡村振兴战略总体要求内容阐释

乡村振兴战略的指导方针是乡村振兴战略的精髓所在。乡村振兴战略在党的十九大报告中提出之后，就成为我国现代经济体系建设中的重要内容之一。2024 年中央 1 号文件发布，提出有力有效推进乡村全面振兴"路线图"。作为推动乡村发展的重要驱动力，产业发展是乡村振兴战略中最基础的任务，同时也是最关键的任务之一。当前阶段，我国农村产业发展滞后，这一状况虽然显示出农村中农业发展存在的短板，但也预示着农业后期发展的巨大潜力。乡村振兴战略作为当下推进农业农村现代化进程的关键所在，需要借助农业供给侧结构性改革，优化农业结构，提高农产品质量，切实实现农业产业崛起。此外，将一二三产业深度融合，不仅能够有效促进产业链的延伸，而且能够进一步促进经济的发展，是帮助农民就业、增加农民收入、维护农村稳定的有力措施。将产业发展作为乡村振兴战略的重点有其现实意义，乡村振兴战略的实施应以农业产业的发展为切入点，直入农业产业结构性改革的深层。

第一，产业兴旺是乡村振兴的基础。产业兴旺，可以简单用两个成语概况："五谷丰登""六畜兴旺"，其中反映的正是乡村生产内容的丰富性和多样性。乡村有多样化的种植业、养殖业；有丰富多彩的乡村手工业；有大田的农业生产，还有房前屋后种瓜种豆的庭院经济；更有现代社会发展形成的乡村休闲度假等新型产业。乡村产业的经营主体也是多元的，有以农户为主体的产业类型，也有以合作社、农业企业、外来资本为主体的产业。从农民自身需求出发，促进多种生产经营活动一并推进，是农村产业繁荣的重要特征。

第二，生态宜居是乡村振兴战略的关键。推进生态宜居的乡村发展是一个长期且持续的过程，并不能一蹴而就。生态文明建设作为支持现代化建设的重要组成部分，对农业农村经济发展有重要影响。乡村振兴战略中生态宜居的需求是在长期生态文明建设工作的基础上所提出的新标准，生态代表着自然环境和社会环境的协同发展。在农村，良好的生态环境能为产业的发展提供建设的基础，能为农民群体提供更加宜居的生活环境，也能为文化等产业领域的开拓提供自然资源等基础。

第三，乡风文明是乡村振兴战略的保障。乡风代表乡村的特质，乡风文明建设旨在推进乡村精神文明的提升。我国农村地区传统文化很大程度上是乡土文化，需要社会各界共同努力来唤醒文明乡风。具体做法可以采取相关措施保护优秀的乡风，其中既包括所在村落的物质文明，也包括村落的非物质文明，而优良的乡风不仅表现了村民的精神状态，更代表了独特的乡村风貌。除此之外，还应当通过社会主义文化建设，弘扬现代主流思想和良好精神品质，鼓励村民积极投身乡村振兴工作。

第四，治理有效。首先，乡村地区的治理情况相对落后，要实现乡村全面振兴离不开治理水平的提升；其次，乡村治理还应当注重效果，注重政策方针的贯彻与落实；此外，乡村治理还应当注重乡村自治，而乡村自治过程中应当注重乡村自治过程中的公平、公正原则。乡村治理的目标是将乡村法治、乡村德治和乡村自治结合起来，从而形成"村村有村规，人人讲规矩"的乡村善治体系。只有这样才能实现乡村生活富裕这一乡村振兴的根本目标。

第五，生活富裕是乡村振兴战略的根本。要想实现农村百姓生活富裕的目标，就要加强扶持引导服务，实施乡村就业创业促进活动，大力发展文化、科技、旅游、生态等乡村特色产业，振兴传统手工业，培育一批家庭工厂、手工作坊、乡村车间，鼓励在乡村地区兴办环境友好型企业，实现乡村经济的多元化发展，为农民提供更多的就业岗位，拓宽农民增收的渠道，鼓励农民勤劳守法致富，增加农村低收入者的收入，扩大农村中等收入人群，保持农村居民收入的快速增长。

综上所述，乡村振兴战略的五大要求是涵盖了乡村政治建设、乡村经济建设、乡村文化建设和乡村生态建设的有机整体，这五大要求贯穿了乡村振兴战略实施的始终，并且描绘出了乡村全面振兴之后的美丽图景，是整个乡村振兴战略的核心所在。

（二）乡村振兴战略总体要求与乡村旅游扶贫的关系

党的十九大报告提出了实施乡村振兴战略不仅切中了农村发展的重点，而且指明了乡村未来发展的大方向。乡村振兴战略的提出和实施，为乡村旅游业的发展提供了新的机遇。"乡村旅游＋乡村扶贫"是指在具有一定旅游资源、区位优势和市场基础的贫困地区，通过开发旅游来带动当地经济发展，为其提供可持续的经济发展动力。

旅游业是朝阳产业，是乡村扶贫的重要支柱，是建设美丽中国的重要途径。旅游业，特别是乡村旅游业，是相对落后地区切实增加农民收入最现实、最直接、最有效、最可持续的支柱产业。其可以通过旅游项目的开发促进相对落后地区经济增长，帮助农民快速致富，可以借助当地资源有效配置市场资源，节约建设成本，并且对当地生态环境也不会造成损害。故而，乡村旅游扶贫能够大大提升当地经济发展水平，在最大限度上协调区域发展。

1. 乡村旅游对产业、生态、乡风、治理和生活的贡献应该更大

"产业兴旺、生态宜居、乡风文明、治理有效、生活富裕"的总体目标要求乡村旅游在产业、生态、乡风、治理以及生活方面要有更大作为及更大贡献。产业兴旺是根本基础，发展农村休闲旅游产业、丰富乡村旅游产品、做大做强乡村观光旅游业及休闲业对当地经济发展及农民生活改善有重要影响，因而要大力发展乡村旅游经济，吸引更多的资本、技术及人才到农村中去。在此基础上，保

护当地生态环境，注重开发及保护并举，重点保护当地农村自然资源及文化生态系统，在发展经济的同时做好乡村治理及乡村生态保护等各项工作。

2. 根据调查和分析综合确定乡村旅游经济发展定位及发展目标

乡村想要借助旅游项目的开展实现增收，首先就应当注重做好发展定位工作，包括功能定位、发展方向、市场定位、目标客源定位等。通过发展项目的定位来将农业旅游与乡村发展结合起来，通过对当地民风、民俗的调查及分析，进一步确定其旅游扶贫的重点，之后，在政策的引导下鼓励更多农民群体返乡创业，充分利用当地资源确定当地发展方向，提升乡村扶贫效果。

3. 突出乡村旅游特色与主题策划

特色是旅游休闲农业产品的核心竞争力，主题是旅游休闲农业产品的核心吸引力。要认真依托当地自然资源的开发情况，进一步分析周边地区的观光农业项目特点，借助不同的农业生产及农村文化资源打造特色旅游；要充分利用乡村地区丰富的历史底蕴、悠久的文化传统，以及地域性、景观性、生态性、知识性、文化性和传统性等。此外，要根据项目特色，积极进行更具创新意义的主题策划。

在此基础上，根据乡村振兴的五项要求进一步完善乡村旅游扶贫策略，创作出富有创意、生动的乡村旅游项目，借助更有意义的主题策划来宣传当地文化及做好传承工作。

按照产业兴旺、生态宜居、乡风文明、治理有效、生活富裕的总要求，建立健全城乡融合发展体制机制和政策体系，加快推进农业农村现代化。这一全新的战略部署对当今农村经济的发展以及生态保护等各项工作开展具有重要意义。具体到实施过程中，更应当基于战略性的顶层设计，开展系列实践，促进农村转型、农民致富。

新的历史背景下，如何借助乡村旅游增收推进乡村振兴，值得相关研究人员进一步思考。同时，也更应当发挥出旅游业对乡村的促进作用，发挥出乡村振兴战略的应有作用。

四、乡村振兴战略的重要意义

结合乡村振兴战略的理论要点及时代特征，充分认识到其对国内和世界的乡村建设具有的重大理论性、实践性意义，本节主要从宏观和微观两方面阐述新时代乡村振兴战略的重要意义。

（一）乡村振兴战略是新时代中国特色社会主义思想的重要组成部分

我国的乡村振兴战略体现了中国共产党对如何振兴乡村的深刻思考，从全局视野和长远战略眼光分析和把握了乡村发展的总体态势和前进趋向，对于全面建成小康社会和建设社会主义现代化强国具有重大战略意义。乡村振兴战略的"二十字"方针要求，统筹规划了产业、组织、文化、人才和生态振兴的整体部署，着眼于党的建设、粮食安全、城乡融合等问题，充分体现了"五位一体"总体布局和"四个全面"战略布局的最新要求，同时深入贯彻新发展理念，在乡村各方面建设中产生了中国特色乡村发展新理念和新观点，形成了乡村振兴战略的重要论述。可以说，乡村振兴战略是新时代中国特色社会主义思想的重要组成部分，这一战略科学回答了如何抓好新时代的"三农"工作，实现农业农村现代化，以及如何重塑城乡关系，推进城乡融合[①]等问题。

（二）乡村振兴战略是破解新时代"三农"问题的总抓手

"三农"问题与国家经济、人民生活息息相关，国家现代化的实现要求以农业农村现代化为基础。中华人民共和国成立以来，乡村建设的理论和实践探索中都强调了农业基础地位、农业现代化、农民主体性等内容，尤其21世纪以来，我国持续出台了关于做好"三农"工作的中央1号文件，逐渐构建了越来越成熟、越来越稳定的"三农"政策体系，也彰显了"三农"问题在全党工作的重中之重地位，彰显了我国解决"三农"问题的坚定决心和信心。党的

---

① 焦桂云. 乡村振兴战略中的农业地位与农业发展途径探索［J］. 山西农经，2020（24）：31-32.

十九大报告指出新时代已经到来，社会主要矛盾已经发生了重大转变，人民对美好生活的新期盼日益广泛，对经济社会发展、生态、安全、法治等方面有了更高要求，而城乡之间以及不同地区之间的乡村发展水平不平衡，农村的基础设施和公共服务、农民群体科教文卫发展、农业现代化水平发展不充分，凸显了农业农村优先发展的必要性。因此迫切要求实施乡村振兴战略，将"产业兴旺、生态宜居、乡风文明、治理有效、生活富裕"要求和城乡融合发展有机结合，借此弥补"三农"短板，激活农业、农村、农民的潜能，提升乡村的多重功能和价值，勾勒出乡村振兴的美好蓝图。

（三）乡村振兴战略对实现中华民族伟大复兴意义重大

农业农村现代化与国家现代化具有相互依存的关系，国家现代化是中华民族伟大复兴的维度之一，而农业农村是否现代化，不仅关乎国家现代化，也关乎中华民族的伟大复兴，这更加证明了乡村振兴战略的实施是当务之急。在顶层设计规划方面，乡村振兴战略划分了三个时间节点的战略部署，在 2020 年、2035 年、2050 年分别对应乡村振兴的制度框架和政策体系基本形成、农业农村现代化基本实现、实现乡村全面振兴，这与 2020 年全面建成小康社会、2035 年社会主义现代化基本实现、21 世纪中叶建成社会主义现代化强国的国家宏伟蓝图在时间、空间和内容等方面相契合。另外，实施乡村振兴战略将着力补齐农业农村短板，深化农业供给侧改革，把农业做大做强；创新乡村社会治理方式，传承乡村文明，提高乡村凝聚力；促进农民增收和生活质量提升，增强农民幸福感，从而实现农业强、农村美、农民富，诠释了国家富强、民族振兴、人民幸福对乡村的要求，对实现中华民族伟大复兴意义重大。

（四）乡村振兴战略为世界贡献解决乡村问题的中国智慧和中国方案

乡村振兴战略是从中国土壤中孕育出来的伟大创造，是中国共产党人探索乡村建设道路的时代选择，这一战略不仅汲取了马克思主义关于城乡发展思想的精华，而且立足于时代特色、国情农情以赋予其中国特色社会主义内涵，在解决农业农村农民问题、处理城乡关系方面取得了举世瞩目的成就，中国创造的社会主义建设初期的"赤脚医生"制度，以及改革开放初期的乡镇企业发展、精准脱贫、粮食安全、城乡融合等方面的成功范本，对世界各国，特别是发展中国家面临的乡村衰落、城乡不平衡等难题具有引领和参考价值，乡村振兴战略为世界贡献了解决乡村问题的中国智慧和中国方案，这也充分展示了乡村振兴战略的世界意义。

第二节　新时代乡村振兴战略的生成机理

乡村振兴战略的出现，既是历史必然，也是时代自觉，深刻反映了我国调节城乡关系、破解新时代"三农"问题的历史逻辑、理论逻辑和实践逻辑。只有明确了生成机理，才能始终秉承乡村思想理论的价值取向；才能更好理解为什么要振兴乡村、懂得如何继续振兴乡村，最终实现乡村全面振兴的目的。

一、乡村振兴战略是对乡村发展历史经验的深刻总结

乡村发展顺应中华民族"站起来—富起来—强起来"的伟大飞跃，体现了党和国家历届领导集体对"三农"问题和城乡关系的高度重视，在社会主义革命建设、改革等阶段的不断探索中留下了宝贵的经验。乡村振兴战略是我国乡村发展历程的必然逻辑，是在重视农业科学技术、尊重农民主体地位和正确处理工农城乡关系等历史经验的基础上经过深刻总结而生成的。

（一）重视发挥科学技术对农业生产的保障作用

我国历来重视农业的基础地位，农业承担着 14 亿人口的粮食供应和尚未转移的乡村富余人口的就业和生计的重任，在促进国民经济和维护社会稳定中具有压舱石的作用。农业的发展进步，尤其是农业生产力的提高需要注入强大的科学技术力量、先进技术设备等外部要素。近年来我国农业发展取得了不俗的成绩，如粮食总产量创历史新高，不断涌现出农业优良品种，节能、绿色、高效的配套生产技术在乡村得到广泛应用，农作物遗传发育与抗性机理、重

要种质资源评价等方面产生了一批前沿成果，这不仅得益于政策支持，还得益于农业科技作为坚实的技术后盾。同时，结合世界乡村发展历程，特别是发达国家农业现代化的实践，如作为全球农业大国的美国研发和推广应用酶工程、细胞工程、发酵工程、基因工程等农业生物新技术；韩国不断改进育苗育种技术，促进水稻新品种研发；荷兰投入大量资金支持温室技术的创新研究，打造出世界享有盛誉的农产品和研发中心——"食品谷"，深刻体现出科学技术的进步和应用是实现农业农村现代化不可或缺的重要方式和推力。相比于发达国家的高达 63.8％的农业机械化水平，以及智能化、大型化、多功能化的农机装备，我国的农业现代化水平仍有提升空间，因此更应该遵循现代化发展规律，积极鼓励科技创新，加大农业技术投入，以此推动农村生产关系和社会关系的变革。

基于农业科学技术对农业生产的巨大作用，我们要深刻认识到应从农业科研、农业技术推广入手助力农业科技进步。如今农业科研队伍日益壮大，其中不仅包括农业型高等院校、国有农业科研研究中心，还包括"农创客"、地方农业科技型企业、乡土科技人才等新型科研主体，为农业科技创新增添了活力。农业技术推广体系是科技要素和农业生产有机结合的重要环节，科技对农业生产的支撑具有不可替代的作用。此外，随着经济全球化发展，要把视野投向全球，学习国际前沿核心技术，并以国际农业科技标准要求审视我国农业生产水平，打造"引进来"与"走出去"协同的农业科学技术格局。

由此可见，乡村振兴战略的提出是建立在重视科学技术对农业生产的作用基础上，这要求我们要准确把握制约农业农村现代化的科技问题，依靠科技创新提高农业生产的综合效益。

（二）尊重农民的主体地位

马克思指出，为农民服务得越多，那么越能提高无产阶级获得胜利的可能性，这可以理解为巩固无产阶级政权应当尽力维护农民利益，尊重农民的主体地位，改善农民生活状况。农民作为乡村社会的重要人力要素、农业生产活动的直接参与者，在乡村建设中发挥着主体作用。

在乡村建设实践中，为了减轻农民负担，我国实施的农业税费改革是一项在公共财政上惠及农民农业的重要举措，真正意义上保护了农民的生产积极性。政府先后出台了降低农业税税率、逐步免征农业税试点的政策，是对我国财政税收结构的一次重大调整。农业税的全面取消是乡村改革中的一项重大制度性成果，使农民得到了解放，大大减轻了农民的负担，增强了农业自我积累和自我发展的能力。此外，深化农村集体产权制度改革是保障农民财产权益，增加农民财产性收入的一件大事，通过深入推进宅基地、农村土地的"三权分置"，盘活了乡村闲置的宅基地和农房；大力发展合作经济，探索农民持股计划，将股权量化到村到户，让农民长期受益，增进了农民福利。对农民主体地位的尊重，还应该看重农民在农业活动中发挥的作用，增强农民职业技能水平，激发农民参与乡村建设的积极性，这也对乡村振兴战略注重培育农业人才提出了要求。

（三）正确处理城乡关系

马克思认为，城乡关系的面貌一改变，整个社会的面貌也跟着改变，[①] 这让我们深刻认识到经济社会发展离不开正确处理城乡关系。城市与乡村是相互联系、互促共荣、相互影响的有机整体，城乡之间在产业、生态、社会、居民、文化等方面具有不同功能，乡村发展需要依靠城市集聚资金、技术、产业的辐射和带动，城市发展也脱离不了乡村的农产品供应、生态屏障、文明传承的支持。只有将城市工作与乡村工作紧密联系起来，才能实现两者之间的不同功能互相补充、互相融合。

从城乡关系的探索来看，我国经历了"城乡兼顾""统筹城乡""城乡一体化"等多个阶段，由此也可见中国共产党重视处理城乡关系，不断跨越、突破城乡关系理论和政策创新。新时代社会主要

---

① 马克思，恩格斯．马克思恩格斯全集 [M]．北京：人民出版社，1995：89.

矛盾的变化，导致农业结构转型速度与城市居民消费结构升级步伐不一致，农产品质量安全水平与城市居民日益提高的食品安全要求不匹配，我国乡村在承担环境保护、经济缓冲、教育等方面的任务日益复杂而繁重，因此对科学重塑新型城乡关系提出了新要求，寻求与农业农村优先发展导向相契合的城乡战略，提出乡村振兴战略也正是基于对新时代城乡关系的深刻认识而做出的必然选择，走城乡融合发展道路，也符合恩格斯指出的城乡关系会向融合演变的规律。

放眼世界不少地区和国家同样遇到了城乡难题，并尝试在解决农村发展问题的同时保持乡村活力，如韩国的"新村运动"，美国建设了大城市、中心城市、小城市、中心城镇的四级城镇体系以促进城乡均衡发展，法国开展了"领土整治"，日本实施了"乡村重建"计划等。由此可见，每个国家都有自己独特的缩小城乡差距的策略，其共同点是非常重视乡村发展，并在此过程中处理好城乡的协调关系，以推动乡村地区的稳定与繁荣，打造城市与乡村命运共同体。

二、乡村振兴战略是对乡村建设理论精髓的继承与发展

前文主要从历史层面阐述了乡村建设相关理论，对主要观点进行了梳理，发现不同时期的理论之间具有紧密的内在联系，而本节更倾向于挖掘相关理论的内在逻辑及其本质，对其关系进行进一步总结。

（一）马克思主义关于乡村建设的理论创新

中国共产党带领中国人民进行乡村建设过程中始终坚持马克思主义科学理论，事实上具有中国特色的理论和实践历史也证明了马克思主义是我们最为正确、最为重要的选择。自党成立之日起，党和国家历届领导集体在解决乡村发展中的现实问题以马克思主义科学理论为指导，逐渐形成了具有中国特色的乡村建设思想。

马克思、恩格斯的"三农"思想是基于对实践的不断探索，进一步对农业地位的判断、城乡关系、农业生态和合作社等理论内容

做出总结，这是马克思、恩格斯从无产阶级政党角度对共产主义未来发展而作出的伟大设想。在我国社会主义的革命、建设、改革的长期实践过程中，将马克思、恩格斯的"三农"思想结合本国"三农"现实问题和城乡发展实际，形成了我国乡村建设的科学理论，如我国的乡村建设理论始终强调农业对国民经济和社会稳定的基础地位；我国处理城乡关系的策略是以马克思、恩格斯的城乡融合理论为落脚点，经历了"城乡兼顾——城乡、工农互促互助——统筹城乡——城乡一体化——城乡融合"的演变过程；我国农业经营方式以马克思农业合作化思想为重要指导，大力发展村级集体经济，完善农村集体经济组织制度等；此外，我国注重乡村生态和人居环境的建设以及农业科技投入等也是对马克思主义生态思想的运用。中国共产党人始终坚持马克思主义的"一分为二""具体问题具体分析""以人民为中心""密切联系群众""抓住主要矛盾"等观点，不断推进我国乡村发展实践和解决不同时期乡村面临的现实问题，提出了一系列兼具继承性与创新性的发展举措。乡村振兴战略是在不同历史时期探索乡村建设实践的经验总结的基础上，应对新时代下"三农"产生的新问题，为了推进城乡关系走向融合，以及适应农民对生存环境、生活质量和水平、精神文化、消费能力等方面有了更高要求而提出的战略部署，是对我国乡村兴盛、乡村美丽、乡村富裕的美好展望，体现了马克思主义的理论指导在乡村建设中的指导作用。正因如此，也使得乡村振兴战略的实施具有科学的意义，有规律和理论依据可循，对于实现农业农村现代化，城乡融合发展具有深远的战略指导意义。

（二）践行马克思主义中国化最新成果的本质要求

乡村振兴战略的提出以新时代为机遇，是新时代发展中国特色社会主义的内在要求，是践行马克思主义中国化最新成果的本质要求。实施乡村振兴战略是顺应当前我国的使命任务、"五位一体""两个一百年"目标的要求。具体来看，要实现中华民族伟大复兴的使命任务，意味着对乡村也提出了振兴的要求，改变以往"乡村等于衰落""乡村不如城市"这些根深蒂固的观念，应以积极推进农业、农民、农村现代化为基础，将现代化要素、理念、机制融入乡村建设中。

"五位一体"总体布局，意味着乡村在经济方面要求转型升级，以推动农业生产更加兴旺发达；政治方面要求加强基层党组织建设；文化方面要求增强乡村文化自信；社会建设方面要求改善农民生活和缩小城乡差距，以维护乡村社会稳定；生态文明方面要求重视乡村自然环境保护，改善人居环境，以促进人与自然和谐共生。加大统筹推进这五方面力度，体现了乡村振兴战略对"五位一体"总体布局落实到乡村的具体实践。

"两个一百年"奋斗目标，要求乡村振兴战略与脱贫攻坚成果有效衔接，为农民提供就业和增收的渠道。同时要求乡村加强现代技术的应用、数字化建设和创新乡村治理方式，进而为乡村发展添上现代化的色彩。尊重农民主体的地位需要通过实施乡村振兴战略来支撑，深刻把握人民的主体地位逻辑、"以人民为中心"的发展立场，深入发掘农民聪明才智和提高农民文化素质，大力培育高素质农民，充分发挥农民的主体作用，是对历史唯物主义的具体践行。马克思主义中国化最新成果的价值旨归要求实施乡村振兴战略。坚持保障和改善民生，增进民生福祉，补齐乡村医疗卫生、教育资源配置、农民创业就业、农村养老事业等方面的短板，完善公共服务，促进社会公平正义，提高人民群众在共建共享发展中的获得感、幸福感和安全感。

（三）社会主义本质的必然要求

贫困是制约世界经济社会均衡发展的主要因素，是许多国家制定政策部署时都要考虑的因素。马克思反贫困思想认为，贫困问题的产生与资本主义私有制的存在脱离不了关系，指出解放生产力和发展生产力是消除贫困的根本途径。经过改革开放 40 多年的实践，我国经济进入新常态，人民生活得到极大改善。同时也出现了收入差距不断扩大等新矛盾、新挑战。中国共产党始终不忘共同富裕的初心，牢记实现全体人民共同富裕的使命，实现全体人民共同富裕不仅是共产主义的基本目标，也是我国长期发展任务的重中之重。

推进共同富裕以乡村振兴战略为实现路径，因为"三农"是国家经济社会发展中的短板，要实现全体人民共同富裕，关键问题在于农民是否富裕。乡村振兴战略作为新时代破解"三农"问题的总抓手，致力于提高农民收入和生活水平，最终目标之一是让农民更加富裕。另外，实现全体人民共同富裕还要结合农村经济社会发展的现状、农业现代化规律和城乡协同发展规律，不断缩小并消除工农差距、贫富差距、城乡发展差距，从而推动城市和乡村、工业和农业协调均衡发展，契合社会主义本质。此外，乡村振兴战略以实现全体人民共同富裕为根本目标，对乡村内部建设和解决城乡发展不平衡问题进行有效耦合，使城乡之间形成你中有我、我中有你的格局，为实现中华民族伟大复兴的中国梦，构建出契合新时代发展需要的政策支撑和战略组合。[①]

三、乡村振兴战略是激发乡村内生发展动力及推进城乡均衡发展的逻辑结果

城乡关系是经济社会运行中需要着重调解适配的一对关系，尽管"四化"趋向同步发展，国家发展模式在新时代背景下不断转型升级，但不可否认城乡之间依旧存在着共生并存的必然联系，二者关系的协调程度与农业发展水平、农民增收基础的牢固性、经济社会大局稳定程度呈同向驱动。

从国家发展规划来说，社会主义现代化强国的建设要求农业农村现代化同步跟进，需要不断挖掘和审视乡村在经济、政治、文化、生态文明、地理、历史等方面的功能和价值，特别是中国共产党在处理"三农"问题和协调城乡关系中充分展现了优越的政治优势，在党的正确领导下，带领人民扎实推进社会主义新农村建设、城乡发展一体化、美丽乡村建设。近年来，我国出台了一系列强农、惠农、富农政策，致力于使乡村内部要素发挥最大作用。与此同时，城镇化是我国经济社会发展的一大推力。城镇化发展关系到乡村建

---

① 孔祥智．乡村振兴的九个维度［M］．广州：广东人民出版社，2018：29.

设质量的成色，反之亦然。另外还有一点需要明确，城镇化与振兴乡村并不冲突，城市和乡村都有各自特点和功能，都是国家发展的重要载体。

在理想状态下，城市和乡村应共同享用资本、人力资源、生产要素，各要素能在城乡之间自由平等进行双向流动。二者共同建设和共享成果，最终实现共同富裕。然而，当前城乡之间现存的二元分化社会结构趋势尚未完全缓解，对资本、技术、土地、信息、产业、人力等要素的自由流动造成极大障碍。由于国家政策导向、市场经济中的资本运用、人对利益的趋向心理等原因，要素的流动方向以农村劳动力、生产要素、资本、土地等单方面流向城市为主，且乡村各要素的持有量相较于城市短缺，综合起来就会导致乡村发展动力不足，乡村的产业水平、乡村社会治理、乡村文化、乡村的生态建设等方面相较于城市而言也处于劣势，长期下去也是导致乡村衰落的重要原因之一。

从城乡演变历程来看，20世纪50年代，优先发展重工业是当时为了增强国内的经济实力和提高我国国际竞争力的重要方向选择。但当时城市面临资金短缺、生产资源有限、劳动力缺乏的困境，不利于工业建设的顺利开展，于是国家借助行政手段，将大量来自农村的人力、物力、财力等资源向城市转移，客观上造成各要素朝城市单向流入。此外，基于城市偏向战略导向的影响及夯实城市发展成效，国家通过统购统销、严格的户籍制度等举措，使农民进城落户受到限制，"城市、工业、市民"与"农村、农业、农民"二元分割格局逐渐形成，以致城乡之间差距愈发明显，农村日益不及城市发达。改革开放以来，随着家庭联产承包责任制的实施，城乡之间的壁垒有了突破口，产品交换、各种资源、劳动力等要素流动频率加强。纵然党中央对协调城乡关系的政策从"统筹城乡"到"城乡一体化"，再到"城乡融合发展"持续调整，城乡关系总体得到缓和及改善，城乡发展逐步走向平衡，但农村在金融服务、公共服务水平、社会治理、文化建设、产业等方面尚不及城市。而城市有着便利的交通设施、优越的生活娱乐条件、优质的教育和医疗资源、充足的就业岗位，对广大农民极具吸引力，因此各种要素无形中流向城市并不足为奇。由于收入水平低、生活娱乐方式单调、发展活力不足，乡村容易出现劳动力、人才流失，难以引进外来资本补充，进而加剧乡村的衰落，其中原因归结起来就是城乡结构不平衡，主要表现为公共资源配置不合理，缺乏健全的要素自由流动和平等交换机制、城乡土地市场分割、户籍人口与非户籍人口存在权利鸿沟、城乡社会治理分割。①

解决这些问题的前提在于发挥党的组织领导作用，采取有效措施为各种要素实现双向自由流动，营造平等、稳定环境，同时利用城市和乡村的内在优势，明晰各自职能，增强二者对人力资源、建设资本、信息技术等要素的自主吸引力，进而实现要素效能最大化。

如今中国特色社会主义进入新时代，意味着城乡关系也进入新阶段，对乡村在经济、政治、文化、社会、生态建设方面提出振兴要求，优先发展农业农村，同时又要兼顾协调城乡关系，乡村振兴战略可以说是激发乡村内生发展动力及推进城乡均衡发展的逻辑结果。

总之，乡村振兴战略的实施有利于缩小城乡之间在基础设施、公共服务、收入水平等方面的差距，推进城乡融合发展，注重城乡权利平等和生活品质的一致性，助力实现城市和乡村共同繁荣，乡村全面振兴。

第三节　乡村振兴战略实施中农民的主体作用

一、乡村振兴战略对农民主体作用的顶层设计

(一)农民主体作用的顶层设计

2018年1月2日中共中央发布了《关于实施乡村振兴战略的意见》，《意见》中62次提到"农民"，明确指出，要坚持农民主体

---

① 涂圣伟.中国乡村振兴的制度创新之路［M］.北京：社会科学文献出版社，2019：46-52.

地位，充分尊重农民意愿，切实发挥农民在乡村振兴中的主体作用，调动亿万农民的积极性、主动性、创造性，把维护农民群众根本利益、促进农民共同富裕作为出发点和落脚点，促进农民持续增收，不断提升农民的获得感、幸福感、安全感。

2018 年 2 月，中共中央办公厅、国务院办公厅立足乡村振兴大局，印发了《农村人居环境整治三年行动方案》，在《方案》中 14 次提到农民，并强调在方案落实中要发挥村民主体作用。

2018 年 9 月，中共中央、国务院印发的《乡村振兴战略规划（2018—2022 年）》中 110 次提到"农民"，并再次强调要坚持农民主体地位。

2019 年 1 月 3 日，中共中央、国务院《关于坚持农业农村优先发展　做好"三农"工作的若干意见》中 33 次提到"农民"，并指出，要加强制度建设、政策激励、教育引导，把发动群众、组织群众、服务群众贯穿乡村振兴全过程，充分尊重农民意愿，弘扬自力更生、艰苦奋斗精神，激发和调动农民群众积极性和主动性。发挥政府投资的带动作用，通过民办公助、筹资筹劳、以奖代补、以工代赈等形式，引导和支持村集体和农民自主组织实施或参与直接受益的村庄基础设施建设和农村人居环境整治。加强筹资筹劳使用监管，防止增加农民负担。出台村庄建设项目简易审批办法，规范和缩小招投标适用范围，让农民更多参与并从中获益。

2019 年 4 月 15 日，中共中央、国务院针对重塑新型城乡关系，促进乡村振兴和农业农村现代化提出了《关于建立健全城乡融合发展体制机制和政策体系的意见》（以下简称《意见》），《意见》中 44 次提到"农民"，在基本原则中再次强调要发挥农民在乡村振兴中的主体作用。

2024 年 2 月 3 日，新华社受权发布了党的十八大以来第 12 个指导"三农"工作的中央 1 号文件，题为《中共中央、国务院关于学习运用"千村示范、万村整治"工程经验有力有效推进乡村全面振兴的意见》。文件明确提出，要坚持以人民为中心的发展思想，完整、准确、全面贯彻新发展理念，因地制宜、分类施策，循序渐进地推进乡村全面振兴。同时，文件强调要集中力量抓好办成一批群众能够切实感受到、触手可及的实事，不断取得实质性进展和阶段性成果。

（二）农民在乡村振兴中居于主体地位

"充分尊重农民意愿，切实发挥农民主体作用"是乡村振兴的基本原则之一。乡村振兴的目的是"促进广大农民共同富裕"，乡村振兴的动力是"广大农民对美好生活的向往"，方法是"调动广大农民积极性、主动性、创造性"。

乡村振兴"产业兴旺、生态宜居、乡风文明、治理有效、生活富裕"总要求中的任何一项都与农民切实相关。产业兴旺离不开农民的积极参与，生态宜居离不开农民的自觉维护，乡风文明离不开农民群体对传统优良家风、优良文化的传承，乡村治理离不开农民群体对乡村治理事业的积极参与，生活富裕离不开农民对美好生活的不懈追求。

（三）农民是推进乡村振兴的价值主体

所谓"价值主体"是指农民是乡村振兴实施成果的享用者。农民问题最关键的是农民利益问题，最有效的解决路径是保障和促进农民增收。乡村振兴最直接的目的是维护农民利益，保障农民主体地位。我国社会主义国家的国家性质，从根本上决定了占我国人口大多数的农民，是国家的主人，更是乡村振兴的价值主体，农民应该享有包括乡村振兴战略在内的所有政策的积极成果。

中国共产党人深刻把握经济社会发展规律、总结分析并借鉴国内外发展的正反两方面经验，提出把"以人民为中心"的发展观贯彻到治国理政的全部实践中。这就要求我们在乡村振兴中，必须以实现农民的根本利益为出发点，充分考虑全体农民的需要，自觉维护农民群众在乡村振兴中的主人翁地位。

乡村振兴的根本目的是增进民生福祉，农民的利益是乡村振兴的内在价值取向，它规定了农民必须是乡村振兴的价值主体。马克思曾说过，满足生产生活所需的物质基础是人类的第一个需求。同理，在乡村振兴中要激发农民的积极性，需要先满足农民的需求。

如果农民最初的自然需要没有得到很好的满足，那么乡村振兴也就难以实现。

（四）农民是推进乡村振兴的实践主体

农民是乡村振兴中的实践主体，是指广大农民通过自身的行为活动有计划、有目的地参与到乡村振兴中，从而实现农村社会的产业兴旺、生态宜居、乡风文明、治理有效和生活富裕。

首先，从理论上分析，马克思主义主体观的基本内涵就是人民创造历史。农民在乡村振兴中的实践主体身份是马克思主义主体性理论的体现。当前，农民是我国人民的主要构成要素，特别是在农村，农民群众更是基本力量，因此乡村建设过程中要坚持以农民为实践主体，尊重农民地位，充分调动广大农民的积极性，有效发挥农民的主体作用。

其次，农民群体在中国历史上的革命、建设和改革中，始终发挥着重要作用。在新民主主义革命时期，农民是中国革命的主力军。革命前辈们一致认为：中国革命的核心力量是农民力量，中国革命的本质是农民革命。中国革命的胜利，是在中国共产党的正确领导下，充分激发农民力量，通过艰苦努力取得的。新中国成立初期，为了我国的现代化建设事业，不得已牺牲了农民利益。应该说，我国能够取得现在的各项成绩，农民群体功不可没。改革开放时期，农民是探路者和生力军。从改革开放之初的家庭联产承包责任制，到改革开放深入推进后的股份合作制、村民自治制度、乡镇企业等一系列制度创新或模式创新，有力地证明了农民为中国改革的主体，有足够能力担当乡村振兴的主体角色。

二、当前乡村振兴战略实施中农民主体作用的具体体现

中共中央、国务院关于实施乡村振兴战略的意见中明确指出，要充分尊重农民的主体地位，发挥农民的主体作用。农民在乡村振兴中的主体作用，对乡村振兴战略的实施有着重大意义，对农民主体作用具体体现的研究，可以为进一步研究乡村振兴中农民主体作用的限度问题提供现实基础。以下我们将针对乡村振兴总要求中概

括而来的四个方面的内容，对当前农民主体作用在乡村振兴中的具体体现进行分析。

（一）农民是产业发展的实践主体

产业兴旺是实现乡村振兴的重点内容，能为农业和农村事业发展提供稳固的物质支撑，能不断满足人民日益增长的对美好生活的需求；只有实现产业兴旺，才能保障亿万农民的安居乐业，才能更好地满足农民的获得感、幸福感和安全感。

农民是乡村振兴中的实践主体，是指广大农民通过自身的行为活动有计划、有目的地参与乡村振兴，从而实现农村社会的繁荣振兴。当前乡村振兴的产业发展方面，农民的实践主体身份被认可程度较高，大多数农民对其在产业兴旺中的实践主体作用表示认同，并积极参与到产业发展的实践中去。这说明当前农民在产业兴旺中的实践主体身份逐渐确立，农民主体作用正逐渐在产业发展过程中表现出来。

（二）农民是生态宜居的价值主体

生态宜居是实施乡村振兴战略的重要环节，是坚持以人为本发展理念的具体体现。农民是乡村振兴的价值主体，农民应该享有包括乡村振兴战略在内的所有政策的积极成果。

农民主体作用在乡村生态环境治理中的体现相对较为理想，价值主体身份得到了充分体现。首先，大部分农民对乡村环境治理工作都十分认可和赞同，并且认为自己是村庄绿化成果的享有者；其次，大部分农民在按要求自觉投放生活垃圾方面能够做到自律自觉；最后，虽然农民主体作用在生态环境治理方面的体现相对理想，但是其在国土绿化方面的参与度仍然较低。

（三）农民是乡风文明建设的参与者

乡风文明建设关系到农村发展的质量以及乡村振兴的实现程度。农民在乡风文明中的主要作用体现在：从自身提高精神风貌，继承优良的家庭风尚，不断提高自身的文明程度。根据乡村振兴战略目标的要求，乡风文明建设规划指标包括农村综合文化服务中心的覆盖率，县级或以上文明乡镇的比例，学士学位或以上全职教师的比例，以及农村居民在农村义务教育、文化和娱乐方面支出的比例等。

当前有大部分人切身参与到乡村综合性文化服务中心的建设中，这十分有力地说明，农民群体是推动乡风文明建设的积极参与者；在不断提高农民主体的文化程度方面，农民群体的作用也相当强大。

第二章 农村职业教育基础理论探究

第一节 农村职业教育的概念及理论依托

一、农村职业教育相关概念

（一）职业教育

职业教育本质上来讲是为受教育者的就业和工作做准备，各国对职业教育的定义不同，具体表述也不相同，总体上多指职业技术教育与培训。我国的《职业教育法》定义职业教育是现代意义上的大职业教育，职业教育作为促进经济社会发展和就业的重要途径，是国家教育事业的重要组成部分。

《中华人民共和国职业教育法》（1996 年 5 月 15 日第八届全国人民代表大会常务委员会第十九次会议通过，2022 年 4 月 20 日第十三届全国人民代表大会常务委员会第三十四次会议修订）第一章第二条规定，本法所称职业教育，是指为了培养高素质技术技能人才，使受教育者具备从事某种职业或者实现职业发展所需要的职业道德、科学文化与专业知识、技术技能等职业综合素质和行动能力而实施的教育，包括职业学校教育和职业培训。机关、事业单位对其工作人员实施的专门培训由法律、行政法规另行规定。

《国际教育标准分类法》提出职业教育是针对某一特定的职业或行业所需的实用技能、专门知识和认识而开展的教育。更多的专家学者认为职业教育的目的是传授某种职业或生产劳动知识和技能，也有专家和学者将职业教育分广义和狭义来表述。① 广义职业教育将针对专门技能和知识开展的教育都称为职业教育，其目的是促使一个人完成初始职业化的各种教育和活动，这种教育活动可以在工作场所和教育机构等多种环境中以多种方式发生。狭义职业教育是指针对青年人参与某一行业发展，进入相关劳动力市场所开展的初始职业教育和成年人的继续职业教育。综合各类定义，我们认为，职业教育就是专门针对职业或生产性工作方面的人进行专业知识、技能和职业道德的教育活动，受教育者一般有一定的文化基础，或有相关职业或生产劳动的专业知识或技能基础，对受教育者的年龄没有限制。职业教育因其培养应用型、技能型人才，不受教育者年龄所限而具有终身教育的特点。

（二）农村职业教育

农村职业教育重点针对具有一定文化基础的农民或者即将走向社会的农村青少年学生，开展各类职业需要的知识和技能教育，包括与农业相关的职业所需的知识和技能教育，教育对象以农村人口为主。农村职业教育随着历史发展阶段的不同而有不同的内涵，本书所说的农村职业教育是指各种以培养受教育者职业技术素质为主要目标，面向农村招生或服务农业、农村、农民发展的职业技术类的教育，重点指正规的学校教育。

二、农村职业教育的理论基础

（一）平民教育思想及乡村建设理论

晏阳初是我国著名的平民教育家和乡村建设家。他一生有两个成就，即平民教育思想和乡村建设理论。1920 年，晏阳初从法国回到了阔别已久的故乡，他看到中国的各方面都不是很强大，内心非常难过，于是他积极地开展各种社会调查，走遍了中国 19 个省，调查各地老百姓的生活和教育情况。经过一年多的实地考察，终于研究出了一套在中国行得通的平民教育计划和方案，而且他还说服

---

① 张家详，钱景舫 . 职业教育学 ［M］. 上海：华东师范大学出版社，2001：98.

各省当局，要重视平民教育，尤其是农村青少年的教育，效果显著。

晏阳初创建了乡村建设理论。这套理论是以平民教育为基础，是平民教育的延伸和整体上的推进。到1923年，"平教会"成立后，晏阳初就选择河北定县为试验点，进行平民教育计划的整体推进。他把四十万的定县农民分为多个不同层次来进行识字教育。晏阳初通过实践，最终得出了"人民是国家治理的标准"这一结论。换言之，不管是建国、强国还是富国，最根本的还是先要富民。

晏阳初平民教育思想和乡村建设理论最主要的一个特征是和农村紧密联系，平民教育和乡村建设一环扣一环，整体推进，从而创造出新的农村生活，让广大农民能具有创造力、知识力和公德心。主要包括五方面的内容。

（1）农民生活和乡村建设相结合。晏阳初认为，平民教育的目的是适应生活和改造生活，因此要以全体人民的全部生活作为出发点来改造民族。这主要表现为在农村举办平民化的教育，不但要教农民识字，而且还要让他们学会使用工具。

（2）理论和实际相结合。晏阳初认为，教育工作者应该深入理解他们所学的知识，然后用简单的方式将其传授给农民。通过这种方式，教育者不仅可以向学生传授知识，还可以教授如何利用他们在日常生活中学到的知识来建设农村，从而使教育取得成果。

（3）科学和农村实际相结合。晏阳初认为，民众教育的受众体是全体民众，而在中国主要是农村中的农民。农村是国家的基础，也标志着某个民族的生命，使农业科学进入民间，这是晏阳初的平民教育中比较关键的一个组成部分。

（4）物质文明和精神文明相结合。晏阳初认为，平民教育的目的是培养新的生命，塑造民族的新气象，促进民族的大团结。对农民进行教育不但是受教育者被授予的权利，而且还能让农民获得相应的知识技能，解决生活上的实际问题。平民教育旨在改造民众的生活，从而培养一个有着道德心、觉悟能力和团结向上的民族。

（5）个人和集体相结合。晏阳初认为，中华民族是一个伟大的民族，有着高度文明和智慧。他在公民教育中创造了一套方法，使民众能够自主地进行组织教育。

晏阳初的平民教育思想是中国独具特色的国民教育思想和理论，而我国现阶段所普及的九年制义务教育，也旨在提高劳动者的素质，在建立农村、科教相结合的新方式中发挥着越来越重要的作用。

(二) 人力资本理论

美国著名经济学家西奥多·舒尔茨 (Theodore W. Schultz) 在《人力资本投资》中提出了一个新的理论——人力资本理论。舒尔茨认为，经济能否发展不是看资本的多与少，也不是看自然资源是否丰富，而主要是看人力资本是否充足。人力资本包含劳动者的技术能力、知识水平和工作能力等。人力资本的投资最后产生了素质较高的劳动者，将在一定时期内推动经济的快速发展。

人力资本理论是乡村振兴战略在农村开展职业教育的理论基础，和其他投资相比，人力资本投资是回报率很高的投资。社会上的各种重要资源都需要人力去认识、开发与利用。农村职业教育要为广大农村地区经济发展培养优秀人才、提供人力资源支持，为新农村建设服务，带领农民致富，促进经济的快速增长，使农民在一定程度上实现自身价值，因此，农村职业教育具有循环性、增值性和无限开放性。

改革开放以来，国家对农村职业教育投入力度不断加大，劳动者的素质不断提升，在社会主义新农村建设过程中，我们要把我国的人力优势转化为人才优势，培养一大批有知识、有能力、有思想、高素质的优秀人才进入基层，增强原生基层劳动者的人才素养和能力，为乡村振兴战略实施提供有效保障，从而带动和促进农村翻天覆地的变化。高效配置这部分人力资源不仅关系到广大农村劳动者自身发展的实现，也关系到国家、民族的兴旺发达。

农村职业教育是一项关系全局的人才培养工作，是一项国家人才战略，是人力资本在社会资源中科学分配的结果。我国应贯彻落实"以人为本"的科学发展观，建立健全乡村振兴战略下农村职业教育发展道路，从而推动农村职业教育的健康发展，为广大农村培育出数量足够、质量合格的优秀人才，推动农村经济迅猛、健康发展，确保乡村振兴战略顺利实施。

（三）终身教育理论

终身教育理论认为，人的一生是可持续发展的，从出生到生命的终结，人都要学习。所谓"学到老，活到老"。终身教育包括社区教育、学校教育、教育培训等多个方面，以此来保证人们对变化的社会的适应性。20世纪20年代起，终身教育逐渐形成一种教育趋势并为大家所接受。

1970年，法国成人教育家保罗·朗格朗（Paul Lengrand）出版了《终身教育引论》一书，在这本书中，他把终身教育上升为科学的理论体系。该书主要包括以下几个方面的内容：传统教育包括学前教育、学校教育、继续教育和成人教育等；终身教育则包括学校教育、家庭教育和社会教育等。终身教育不同于传统教育，主要表现在：终身教育注重的是以人为本，以人的全面发展为最终目标；终身教育的对象是全体社会成员，不受教育类型、空间和时间束缚；这种教育的时间是终身制的，是开放性的教育体系，是向所有人开放的。职业教育的发展也是终身教育发展的一部分。在终身教育理论下，职业教育不是教育的终结，而是教育的一种，且一直存在于人的终身完善中。

因为历史条件的束缚和传统观念的影响，农村中等职业教育并没有发挥出它应有的作用，使农村人口很难实现终身学习。因此，我们要从中职、高职和更多层次教育出发，加强职业教育和企业间的合作，以促进农村的教育事业。终身教育理念也要加强农村职业教育体系和普通教育的联系。每个农民都要接受教育，农民的子女也是如此。并且还要建立开放式的空间，这样有利于在农村建立终身学习的系统。

终身教育的开放性特点和传统意义上的封闭式教学存在着很大区别。在传统农村，职业教育主要是政府一手操办的，是以公立职业教育为主的。现阶段，民办职业教育较少，但是秉承终身教育的发展理念，该项体制也要不断完善，让企业、个人和社会都参与到农村的职业教育中来，更好地为培养农村和农业人才服务。

第二节 我国农村职业教育模式的发展历程

一、我国农村职业教育模式发展的阶段

中国农村职业教育发展模式经历了以下三个阶段：[1]

（一）古代农业职业教育模式

我国早在八千年前就已出现农业生产。随着农业的不断发展，教授农民生产的职教模式也逐步演变。古籍记载并反映了古代农作技术的传授方式。春秋战国时，"农家学派"由许行设立，并教授学生有关农业方面的知识和技能；至秦、汉、魏、晋、南北朝时，在农业方面已经总结出祖辈教授和随师学习农业技术的模式。赵过创立的新耕作法，即"代田法"，总结了当时有关农业生产的先进方法和经验，汉武帝下令各地官员入京参加相关培训，再向民众普及，使当时的农业生产效率大大提高，农业科技水平快速提升。这是史上著名的"设官教民"模式，之后被历代封建王朝所袭用。

我国古代的农业教育模式只是一种广义的农业职业教育模式，并未纳入封建社会的农业教育模式体系中。古代官方职教的做法是：培养有专业技术的官吏、多才多艺的"百工"人员。"艺徒制"是古代传播技术和知识的主要模式。

（二）近代农业职业教育模式

在19世纪末期，中国近代农业教育获得初步发展。20世纪初全国范围内兴建了一些农校。清政府于1903年公布了规定课程设置、学制、入学条件和办学宗旨的《初等工农商实业学堂章程》《实业学堂通则》等。辛亥革命之后，实业教育得到了迅速发展。

一战后，欧美国家的农业职业教育得到了较大发展，这引起了

中国有关教育专家对农村农业职业教育的重视，他们力求通过在农村实行农业职业教育来实现提高农业生产水平与农业经济水平的愿望。1925 年 8 月，知名教育家黄炎培先生首倡"划区农村改进实验"模式，其中包括平民、义务、工艺、农事等几个方面的教育。农村改进实验旨在通过对存在的农业问题采取更合理的农业方法而达到提高农业效率的目的，对中、小学生也实施职业指导、训练。

随着科学技术的不断发展，近代职业类型也顺应时代的需要而随之丰富起来，且各地结合自身的经济特点形成了多种产业结构。农业职业教育模式随着实业教育的发展逐渐融入人们的日常生产中，并逐步建立起以技、农、工、商为中心、体系近乎完备的近代学校教育模式。我国著名的教育家陶行知提出的"乡村教育"思想、乡村教育家梁漱溟提出的"乡村建设"理论在培养农村技术型劳动力和推动乡村建设方面发挥了重要作用。

（三）中华人民共和国成立后的农业职业教育模式

1. 恢复发展期农业职业教育模式（1949—1957 年）

（1）恢复发展期农业职业教育模式的历史背景。我国国民经济在社会主义建设初期（1949—1956 年）的"一五"期间得到了较快发展。当时各地出现各种组织形态的农业合作机构。国家已重视加大对农业人才的培养力度，并明确了中等农业职业学校的任务，中等农校逐步壮大。

（2）恢复发展期农业职业教育模式的开展过程。首先，创新中等职业教育。1951 年 6 月举行的教育部第一次中等教育会议主要明确了对中等技术学校的组织架构、教学目标、办学理念等方面的要求，并进一步明确修业年限为 6 年，分为初中和高中两级。1953年，初级农业职业学校逐渐被淘汰，国家把接管的高级职业学校更名为中等专业学校；私立学校逐渐被公立化，多科性综合职业学校也逐渐按类别划分为农、林、牧校，由林业部门和农业部门进行统一管理。

其次，明确了中等农业学校的培养计划和目标。国家为了满足社会发展的需要，建立林业、农业等相关部门的人才储存库，这些人才必须具备专业素质。这就要求中等专业农业学校要培养其专业技术与知识，让其能满足工作的实际需求。学校须对学生 3 年的学习及实习给予充分的重视，国家给毕业生统分工作。毕业生可报考高校的前提条件是经单位准许、服务 3 年。中等专业农业学校由中央有关职能部门主管，实行领导负责制，进行统一管理，并把农业教学计划细分为茶叶、果树、作物栽培等专业，我国中等农业学校教育制度逐步建立。

（3）恢复发展期农业职业教育模式的效果概述。在"一五"经济复苏时期，农业教育体系也得到了创新和优化，中等农业教育也逐步走向规范化。在 1949—1957 年这一时期内，我国农业中专院校毕业学生 74 447 人，为国家培养了大批农业专业型人才。这是中华人民共和国成立以来我国中等农业职业技术学校发展最为迅速的时期。

2. 高速发展及困难期农业职业教育模式（1958—1977 年）

（1）高速发展及困难期农业职业教育模式的历史条件。"八大二次会议"（1958 年 5 月）指明了社会主义建设的方向和思路，随后全国教育改革势头也随之空前高涨。其实施过程为：江苏省委召开的农业中学座谈会对农业中学获得的相关成果做了交流分享（1958 年 3 月）。1958 年 4 月中共中央批复了江苏省委关于农业中学问题的请示。随后，全国各地农业中学如雨后春笋般地建立起来。

1958 年 9 月，为培养适应农业、工业发展的相关人才，各地有针对性地兴办了手工业、工业、农业中学。但在"左"的思想影响之下，人的自身能力被空前夸大，忽视了教育发展的客观规律。

在相同历史背景下，农业学校更易受到影响。1963 年冬，我国教育部门针对教育体系中存在的问题进行了全面的梳理和整改；1964 年刘少奇提出：必须实行初级农业中学和中等农业技校相统一的办学方针。[①] 与普通的中专教育不同的是，中级农业

---

① 中共中央文献研究室刘少奇研究组. 中共教育科学研究所编. 刘少奇论教育. [M]. 北京：教育科学出版社，1998：181-182.

技校修业时间设为 3 年、3.5 年或 4 年，但每年只需学半年，采用半读半农的教育形式。有 50％ 的农民达到中等农业技校毕业水平，工人达标比例更高，约 80％，这极大地推动了我国社会主义建设。

（2）高速发展及困难期农业职业教育模式的效果概述。在这一特殊历史时期（1965 年）的背景下，我国新进城的劳动力和知识青年返乡情况比较普遍，进而影响到城市化的稳定性。鉴于此种情况，国家也制定了相应措施来改善职业教育的现状。

3. 稳定、发展、提高期农业职业教育模式（1978—1991 年）

（1）稳定、发展、提高期农业职业教育模式历史背景。我国经济随着十一届三中全会的召开逐渐进入了快车道，这为中等农业职业教育模式的发展奠定了坚实的基础。

（2）稳定、发展、提高期农业职业教育模式实施过程。农业职业教育得到了国家政策的大力支持。《关于中等教育改革的报告》指出要合理改善高中阶段教育结构，实行职业教育与普通教育并举，把一些普通高中调整为技校、农业高中等，提高办学质量。20世纪 80 年代，全国农村职业中学为国家输送的掌握先进技术和知识的骨干人才达 500 万人次，接受各种农业教育和培训的农村劳动力达到了 3 000 万人次，这大大提升了农民的专业技术水平，改善了农民生活。随着改革开放步伐的不断加大，全国中等农业职业教育模式也加快了发展的步伐。

（3）稳定、发展、提高期农业职业教育模式效果概述。中等农业职业教育在这一时期得到有计划的恢复与发展。为了提高农民收入，适应农村经济结构调整的需要，中等农业职业教育模式进行了相应的改革：完善、优化专业结构，加快创新型专业的发展速度；创新招生体制，紧跟国家发展政策，统一招生、分配。

4. 改革发展期农业职业教育模式（1992—1997 年）

（1）改革发展期农业职业教育模式历史背景：这一时期的发展为农村经济发展注入了新的血液，强化了农村相关产业的发展力度。具体如表 2-1 所示：

表 2-1　我国改革发展期从事农、林、牧、渔业劳动力人数总数及文化程度

年份	乡村劳动力人数（万）	从事农林牧渔业人数（万）	文化程度	比例（%）
1995	91 674.6	32 334.5	（半）文盲	13.46
			小学	36.62
			初中	40.11
			高中	8.61
			中专	0.96
			大专以上	0.24

数据来源：根据中国农村统计年鉴（1995）整理所得。

从上表可以看到受教育程度低的劳动力大多从事农业生产，且人数较多。国家逐渐认识到，只有提高农民专业技能水平才能从根本上提高生产效率，这给中等农业职业学校发展带来了契机。

（2）改革发展期农业职业教育模式历史背景实施过程。农村职业学校农业类招生因社会主义市场体制的建立而产生了问题：招生人数减幅较大；"八五"时期，农村职业中学也面临着办学难题，农、林类专业学生人数大幅减少，这违背了最初建设农村职业教育学校的目的。为防止农村职业学校招生规模的进一步下滑，国家制定了相应的扶持政策，进一步显示出国家对职业教育的重视。《关于大力发展职业技术教育的决定》（1991 年）提出，加快中等职业教育模式的发展速度，增加全国中等职业学校的招生数量。《中国教育改革和发展纲要》（1993 年）提出，重点培养具有专业技能的初、中级人才，并不断加强人才的综合素质培养；要求职校整合多种办学资源，借助各方力量，实现企业、事业、行业单位联合办学的目标，最终达到教、产相结合的目标；"先培训，后就业"制度被逐渐确立和实施。国家教育部门颁发的《职业教育法》（1996年）确立了职业教育的根本目的、办学宗旨和管理制度等，并梳理了职教发展的模式和方向，提出了职业教育的准入条件和规范标准等。但随着高校扩招改革（1999 年）浪潮的冲击，职业中专招收的学生人数急剧下降。

（3）改革发展期农业职业教育模式效果概述。这一时期的农民职业教育打破了部门界限，形成了多部门配合、多渠道培训的新局面。绿色证书工程的实施，有效满足了农村职业教育的发展需求。

5. 调整期农业职业教育模式（1999—2011 年）

（1）调整期农业职业教育模式发展的历史背景。我国高等教育开始扩招（1999 年），使得普通高中也随之扩招，这对中等农业职业学校招生工作带来了巨大的冲击。"两包"（考生上大学学费由国家包下来，毕业后由国家包分配）改为"两自"（学生上大学要自己缴费，毕业后要自主择业）体现了当时典型的分配形式，只有培养出适应现代农业发展、顺应时代潮流的技术型专业人才才能符合现代市场经济体制的需要。

（2）调整期农业职业教育模式的实施过程。学校打破传统的单一型人才培养模式以适应经济发展之需要，为企业输送了一大批具备较高管理水平的综合型人才，同时也为国家培养出了技术过硬、能力突出的农业人才；为适应中等农业职业学校与农业职业高中、企业联合办学的模式，需要对教学任务和人才培养计划做全面梳理规划。

专业设置和经济结构二者相互结合，共同发展，为农村培养更高水准的优秀人才，也为农村的经济体制改革奠定了坚实的基础；专业设置趋于多元化：农业职业学校开设了经济管理类、园林园艺类、养殖类等专业以适应经济发展的需要。

（3）调整期农业职业教育模式的效果概述。这一时期，中等农业职业学校在机遇中发展、在困难中前行。①

服务于新农村建设的农村职业教育模式 2010 年发布的《国家中长期教育改革和发展规划纲要》指出：要快速推动农村职业教育的建设与发展。2010 年 11 月，教育部制定的《中等职教改革创新行动计划》指出：以加快新农村建设和促进现代农业发展为宗旨，

---

① 杨海燕.城市化进程中的职业教育发展研究［M］.青岛：中国海洋大学出版社，2008，219-265.

推进农校建设步伐，推动中等农业职业教育发展模式改革。2011年，全国供销社职业教育工作会议提出：要结合一切可利用资源、尽快加快中等农业职业教育的改革步伐。《加快全面发展面向新农村建设的职业教育的意见》在同年 12 月份由教育部等相关部门共同发布，其中指出：把建立质量高的涉农专业和农业职业学校作为政府工作的重要任务，提高农业职业教育的吸引力。2012 年，国家又相继颁布了一系列政策，指出：加大专业技术型农民的培养力度。农业职业教育发展模式应随时掌握国家政策动态，因势利导地培养适应社会经济发展的新型农民，为新农村建设培养合格人才铺平道路。新农村建设的主体为农民，因而，要想更好地建设新农村，就得拥有一支综合素质很高的农民队伍。中等农业职业教育发展模式是提高农民素质的有效途径，它在新农村建设中起着举足轻重的作用。

6. 十九大"实施乡村振兴战略"的提出

2017 年 10 月 18—24 日，中国共产党第十九次全国代表大会在北京召开。此次会议提出了"实施乡村振兴战略"的重大理论观点、战略思想和工作部署。会议指出，"三农"问题是关系国家经济、人民生活的根本性的重大问题。不折不扣地把解决好农业、农村、农民问题作为全党工作的重中之重。"实施乡村振兴战略"要按照生态宜居、生活富裕、乡风文明、治理有效、产业兴旺的乡村发展总要求，建立健全中国政策体系和全国城乡统筹发展体制机制，加速农村与农业现代化。"乡村振兴战略"既对现代农业建设提出了新要求，又为农业现代化发展明确了方向。

通过对我国农业职业教育模式的发展历程深入探索，总结了如下成功经验。第一，为农业、农村和农民服务而要坚持正确的办学方向。实践证明：农业职业教育要想转型升级，一定要清晰办学宗旨，即振兴农村经济、提高人民收入、改善农民生活水平。第二，经济建设不能单枪匹马，要整合教、科、农等可利用资源，协调统一发展。中等农业职业学校可为乡村建设输送专业人才，并结合科技示范以及农业技术培训等方式推进农村经济建设；中等农业职业学校应加强实习基地的建设力度，通过理论与实践相结合的方式，将基地作为生产、示范、服务、科研和教学的结合点，发展功能也应趋于多元化。目前，在我国发展现代农业、实施乡村振兴战略、推进城乡一体化的大好形势下，中等农业职业教育应明确其功能定位、整合优化教育资源、扩大其内涵、进行自我调节。

7. "十四五"期间，职业教育的任务是巩固脱贫攻坚成果

作为脱贫攻坚"排头兵"的职业教育，在"十四五"期间乡村振兴中应该有更大的作为。中央1号文件明确提出，对摆脱贫困的县，从脱贫之日起设立5年过渡期。在5年过渡期内，如何确保贫困村脱贫不返贫、不产生新的贫困人口，成为"十四五"期间乡村振兴应当迈好的第一步。

"十四五"期间，我国应建立职业教育"兜底招生""倾斜招生"的制度体系，保障贫困边缘群体和易返贫家庭学生能够更大范围和更大限度提升受教育水平。同时，打通贫困学生就读中职—高职—本科的路径，并鼓励学生回到生源地农村地区就业，推动农村全面发展。

创新帮扶模式是职业教育巩固拓展脱贫攻坚成果的另一路径。脱贫地区村民普遍存在职业教育缺乏、职业技能滞后的问题。因此，更应该充分发挥职业院校作用，组织师生深入脱贫地区进行科技帮扶、精准帮扶、特色帮扶，开展农村劳动者和返乡农民工的针对性培训，促进农民全面发展。

职业教育面向乡村振兴，应该采取更务实、接地气的工作思路，通过盘活人才存量，吸引人才增量，解决人才培养输送与乡村发展所需精准对接与长期对接的问题。农民是乡村振兴的主体，应该让农民群众唱主角。职业院校可以构建面向农村的招生制度，既可以有全日制办学，也需建立适应各种涉农培训需求的弹性学制。将农民职业培训纳入农村职业教育体系，开展多层次、系统化的涉农培训，让农村职业教育成为"最受欢迎的教育"，让农村人才真正"留得住"。

职业院校应该转变人才培养结构和培养方式。在培养学生时，应该在乡村需要的、职业教育能做的、学生愿意去的领域"找交集"——围绕乡村基层治理、创新创业等需求，在学校系统训练当中，针对农村应用场景进行实习实训，培养乡村振兴的种子选手。

职业院校可以成为乡村文化振兴的"智库"。职业院校师生可以开展乡村特色文化、民族文化、农耕文化的挖掘整理、传承创新工作，探索乡村文化产业化发展和运营模式，助力乡村打造主题特色文化品牌。

8. 党的二十大奋力推进职业教育产教融合模式

党的二十大报告明确指出，"要统筹职业教育、高等教育、继续教育协同创新，推进职普融通、产教融合、科教融汇，并优化职业教育类型定位"，这再次为职业教育的发展指明了方向。从国内外职业教育实践来看，产教融合不仅是职业教育的基本办学模式，更是其发展的本质要求。从经济发展角度来看，产业是经济增长的引擎，经开区、高新区等经济功能区则是经济增长的极点，而企业则是经济增长的具体承载者和实施者。一个国家或地区经济发展的持续力和竞争力，很大程度上取决于其产业、经济功能区及企业的实力。因此，为了持续推动产业、经济功能区及企业的发展，走产教融合的道路显得尤为重要。

二、我国农村中等农业职业教育发展模式的经验与启示

（一）我国农村中等农业职业教育发展模式研究情况

蒋乃平从实践中总结出中等农业职业教育的课程模式为：活模块、宽基础。[①]"活模块"，即针对某一特定职业需求来重点培养特定的职业技能；"宽基础"，即培养劳动者的综合能力以谋求跨职业的发展。史久旭独创性地提出"订单式"，这种培养方式能让中等农业职业学校与企业之间的交流更为紧密，也能降低毕业生就业的难度。[②] 毛大龙提出能促进"产学研"一体化的以人才合作培养为

---

① 蒋乃平. 对宽基础活模块的再思考 [J]. 教育与职业，2010 (10)：18-20.
② 史久旭. "订单培养"的柔性三维探析 [J]. 湖北广播大学学报，2010 (6)：19.

基础的"校企合作"的中等农业职业教育模式。[①] 王爱民等基于对保定市中等农业职业教育推行状况的考察研究提出，为了能给农村提供创业人才，应大力发展培养农村人才新模式。[②] 邵瑾菊基于对甘肃省职业教育的具体实情的研究，提出发展乡村中等农业职业教育的培养模式应为"半工半读"。[③] 康宴喜基于对农村中等农业职业学校之内部模式的研究，提出"模块式"办学模式应以"模块式"教学研究为基础。[④] 谢佳奇研究的农村中等农业职业教育发展之新模式是以河北农大开展的"一村一名大学生工程"为基础。[⑤] 施杨认为，苏州农村地区应大力开发人力资源这一全新模式，即融高等教育与职业教育为一体，在注重引导教育的同时开展实用的技能教育，最终使人才全面发展而达到终身教育的目的。[⑥] 梁忠厚通过创建"农业林业职业教育集团服务模式"来推进乡村建设中的农业产业化。[⑦] 刘新智认为，农村中等农业职业教育应致力于统筹城乡发展的终极目标，其办学模式应当是全面、可持续、科学地从不同的教育层次、不同的教学纬度多重考虑，最大限度地发挥中心城市带动农村发展，以获取最大的成效。[⑧]

---

① 毛大龙. 以人力合作为纽带建立高职产学研一体的新模式 [J]. 改革与战略，2004 (5)：102 - 104.

② 王爱民，王淑红，卞颖桃. 保定新农村建设中创业型人才培养模式研究 [J]. 经营管理者，2010 (12)：259.

③ 邵瑾菊，桑维军，刘颖. 职业教育半工半读培养模式的运行机制研究，甘肃省发展职业教育的对策措施 [J]. 职业教育研究，2007 (8)：6 - 8.

④ 康宴喜. 探讨职教办学模式走"模块式"育人之路—农村职业学校"模块式"办学研究 [J]. 教育科学研究，2001 (2)：57 - 61.

⑤ 谢佳奇，李文静，赵伟. 实施"一村一名大学生工程"探索农村职业教育新途径 [J]. 继续教育研究，2010 (7)：54 - 55.

⑥ 施杨，童举希. 面向教育现代化的农村人力资源开发模式—以江苏省苏州市为例 [J]. 科学管理研究，2010 (15)：111 - 114.

⑦ 梁忠厚. 创新农林职教集团模式服务农业产业化发展—以衡阳农林职业教育集团为例 [J]. 职业教育研究，2010 (6)：137 - 138.

⑧ 刘新智. 城乡统筹中农村职业教育发展模式创新研究 [J]. 职业技术教育，2010 (13)：57 - 61.

（二）我国农村中等农业职业教育的政策措施研究情况

徐东认为，针对目前农村中等农业职业教育远远落后于中心城市职业教育发展的严峻态势，该由政府主导以诸如倾斜政策和转移支付之类的方式来对农村地区的中等农业职业教育发展进行宏观调控。[①] 雷世平认为应加大财政对农村中等农业职业教育的投入力度，制定科学合理的农村中等农业职业教育模式及相关职业教育行政制度政策，以城带乡、城乡结合，通过城乡互动加快农村中等农业职业教育发展步伐。[②] 王泽林指出，国家应以立法的形式来构建农村中等农业职教体系，确保教育培训所需的物力、财力以及人力，力争实现评估有理，考核有据，实施有序，推广有力。[③] 张瑞红提出，可以通过多渠道吸纳民间资本以期拓宽农村中等农业职教的发展模式。不仅如此，还可吸纳政府的部分扶贫资金，有效利用农村银行、农业合作社等金融机构的金融手段来扶持农村中等农业职业教育。[④]

（三）我国农村中等农业职业教育发展模式的启示

第一，把农村中等农业职业教育之发展模式与反贫困措施紧密结合起来。农村中等农业职业教育办学需扶贫资金的投入，通过提高农村中等农业职业教育的教学水平、扩大其教学规模，力争为农村地区培养出大量能力强、水平高的综合性人才，从而以人才战略引领更为广泛的农村地区乡村全面振兴。

第二，农村中等农业职业教育的发展是转移农村地区剩余劳动力的重要推手。农村中等农业职业教育不但能培养出实用型人才，更能培养出技术人才，可以说这对于农村的发展和城市的建设都具

---

① 徐东．建国后我国职业教育的发展历程 [J]．高职教育，2007 (3)：32 - 34.

② 雷世平．我国农村职业教育体制政策研究 [J]．湖南社会科学，2006 (2)：139 - 142.

③ 王泽林．新农村建设视野中的农民素质培育 [J]．学术论坛，2009 (3)：113 - 117.

④ 张瑞红．新农村建设与农民职业教育问题研究 [J]．广东农业科学，2010 (5)：251 - 252.

有重要意义。那么，农村中等农业职业教育是如何实现农村剩余劳动力的转移呢？这就在于它能培养出更相适应第二产业和第三产业的专业人才，为他们走向城市发展提供了行之有效的途径。

第三，保障农村中等农业职业教育发展的必要条件是教育经费拨付与农村农业职业教育立法。农村中等农业职业教育制度化、正规化发展的要求是：用权威的法律来保障农民接受中等农业职业教育的权利，使农村中等农业职业教育办学走规范化之路。

第三节　我国农村职业教育办学的主要模式

一、反贫困发展模式

反贫困发展模式适用于西部农村，它与政府的扶贫政策紧密相关。其特征有：政府对于农村中等职业教育加大扶贫力度，增强扶贫功效。不断提升农民的素质和技能，继续增强扶持力度，推动农村职业教育发展，推动当地经济发展。在具体的教学过程中，建议采用多种学制、多样形式，以丰富多彩的教学内容、灵活多变的教学模式吸引更多的受教育者，实现不同群体对中等农业职业教育的需求。将农村中等农业职业教育融入该地区的乡村振兴发展战略中来，使其成为扶贫的中坚力量。将地方经济建设的需要与农业类专业设置紧密联系起来。

二、"科教农"结合模式

"科教农"结合是指在农村经济建设和农业发展中，把教育、科技与农业有机融为一体，构建三位一体的发展模式。首先，以推广普及农业职业教育来提升广大农村地区人才的综合素质；其次，利用科学技术的发展来扩大更多农村地区的农、林、牧业的发展规模，双管齐下，助力农村经济的发展。值得一提的是，政府在这一过程中应该起到强有力的宏观调控作用，"科教兴农"离不开政府的统筹，集合各方人、财、物三方面资源全力助推农村经济建设。可喜的是，"科教农"结合模式在中部农村地区的运用有了很好的成效，当地农民净收入显著提高，农村和农业经济结构不断优化调整，农业科技成果得到了更大面积的推广，农村、农业经济产业取得了较大的发展。

三、职业教育"集团型"模式

中国多家职业教育集团成立于 20 世纪 90 年代。职业教育集团（以下简称职教集团）以教学质量优、社会威望高、办学规模大的职校为中心，以合约为保障，中等职业学校、高等职业学校以及成人教育培训单位彼此分工协作，同时又共同构成包含科学研究、社会服务以及教育教学三方面内容的办学结合体。职教集团具有以下几个特征：理顺职业教育管理体制，形成行业企业共同参与、部门协调配合、政府统筹、教育部门主管的职业教育管理机制，冲破了学校和部门的种类限制。促进职教资源的整合和重置，最大限度地激发了各公司以及机构参与职业教育学习的主动性，加强企业机构与职业学校的合作，鼓励企业行业办好职业学校，强化职工培训，提高企业职工的综合素质，建立健全当代企业教育制度。

职教集团是职业院校（含中等职业学校、技师学院）与行业企业、科研院所等为实现资源共享、优势互补、合作发展、提高办学效益、节约办学和企业发展成本而组成的教育团体，是近年来我国加快职业教育办学体制机制改革、促进优质资源开放共享的重要模式之一。根据《关于开展示范性职业教育集团（联盟）建设的通知》（教职成司函〔2019〕92 号）文件要求，示范性职教集团必须是成立 3 年以上，并且 2016 年至 2018 年在国家职业教育集团教育统计和公共服务平台上登记的信息基本完善。同时，要求示范性职教集团管理结构完善，有效整合集团内的职业教育资源，发挥行业企业在职业教育办学中的参与和主体作用，服务国家和区域发展战略并为区域经济提供强力人才支撑，在运行模式和机制方面具有显著特色。教育部职业教育与成人教育司于 2020 年和 2021 年先后公示了"第一批示范性职业教育集团（联盟）培育单位名单"和"第二批拟入围示范性职业教育集团（联盟）培育单位名单"。其中，第一批次共认定 150 家，第二批次共认定 149 家。这 299 家示范性职教集团由 329 家不同性质的主体通过单一牵头或跨界多元合作组建而成。

2024 年 1 月，职业教育国际化协同发展共同体（以下简称"共同体"）正式成立。该共同体由现代职业教育研究院指导，威海职业学院与北京外研在线数字科技有限公司（简称"外研在线"）共同发起，并联合了中国职业院校、"一带一路"共建国家院校、国家智库及出海央企等多方力量共同组建。共同体旨在聚合各方资源，共享优质教育资源和先进技术，加强中国职业教育与世界各国的合作交流，提升中国职业教育的国际影响力，并推动全球职业教育的共同发展。自成立以来，共同体在短短半年内已吸引了 85 家成员单位，其中包括威海职业学院、南通职业大学、深圳职业技术大学、开封大学、浙江金融职业学院、浙江交通职业技术学院、廊坊卫生职业学院、江苏卫生健康职业学院、成都农业科技职业学院、临沂职业学院等知名院校。共同体以土木建筑、装备制造、电子与信息、交通运输、财经商贸为重点，涵盖了 253 个优势专业，充分展现了其在职业教育领域的广泛影响力和深厚实力。

推动职业教育集团化办学的意义如下。

（1）有利于推动职业教育跨界跨部门合作，协调多元主体的利益分配。职业教育的属性决定了其发展离不开与产业界的合作。但是，长期以来我国职业教育存在条块分割的现象，跨界跨部门的合作缺乏深度，这已成为职业教育产教融合的瓶颈，严重阻碍了职教集团的进一步发展。在传统的校企合作过程中，学校和企业会更多地考虑自身利益，利益需求难以协调，由此产生冲突。如何协调校企之间的利益纠纷，成为亟待解决的问题。新时代加强了职业教育集团化办学，通过多方协商成立集团办学指导委员会，在委员会的沟通交流和目标引导中明确各主体的利益结合点，有利于推动跨界跨部门的利益协调工作，从而实现多元主体的合作共赢。

（2）有利于整合分散的职业教育资源，提高资源的利用效率。职业教育集团化办学为职业院校、行业企业及其他教育机构之间的资源共享提供了平台。按照职教集团的制度要求，明确多元主体的责权利关系，在不改变原有单位的隶属关系、资产分配和人事制度的前提下，增加相互之间的信任和理解，达成多边合作协议。通过职教集团在实训场地、实训设备、师资和其他实训条件等方面实现资源的共享共建，能够有效整合分散的职业教育资源，提升资源的利用效率。同时，职业教育集团化办学还能进一步增强多元主体对合作成果的可预知性，减少合作过程中产生的不确定性，调动多元主体参与资源共享的积极性，进一步突破资源整合与共享的体制屏障。

（3）有利于发挥系统化人才培养功能，培育满足产业需求的高素质人才。随着我国经济社会的发展，劳动力市场对高素质技术技能人才的需求不断增加。通过职业教育集团化办学，能够促进产教融合与校企合作，有利于充分发挥系统化人才培养功能，实现学历证书与职业资格证书的互融互通，强化对在岗人员的职业技能鉴定，推动职前、职中、职后一体化培训体系的建设，不断提升劳动力的职业技能水平。通过职教集团内部成员之间的合作，建立多样化的学历提升通道，打通职业技术人员的学历上升途径，实现中高职专业课程体系之间的衔接与沟通，建立中高职一体化的人才培养体系，从而为行业企业提供更多高素质的人才。有效利用集团化办学的资源共享平台，为行业企业员工的培训提供便利条件，有利于在职人员不断提升自身综合素质，满足产业转型升级的发展需要。

（4）有利于助推产业转型升级，为经济高质量发展提供人才支撑。当前我国正处于产业转型升级的关键时期，需要高素质技术技能型人才。职业院校作为技术技能型人才的主要输出机构，通过开展集团化办学，能够为经济高质量发展提供人才支撑。一方面，充分发挥职教集团对高素质技术技能型人才培养的引领作用，通过办学模式、培养方式、教学方法、评价方法的革新，促进产业链、岗位链和教学链的有机融合；另一方面，通过统筹职教集团内学校的专业布局和培养目标，结合区域经济发展特色有针对性地提供人才支撑，助推产业转型升级。

第四节　我国农村职业教育办学模式的功能定位

我国已进入城镇化和工业化深入发展时期。提高农民收入、振兴乡村、增强农业综合生产能力、转变经济发展方式是这一阶段的核心任务。这要求中等农业职业教育发展模式必须致力于促进国内农村地区经济的繁荣。

一、培养农业人才以服务乡村振兴

十九大后，中央政府要求必须持续增大对农业领域的各种投入、进一步进行乡村改革，加快传统农业向现代农业方向转变。实现乡村振兴战略最主要的手段是大力发展生产力，而构建现代化农业则是加快生产力发展的重要方式和途径。乡村振兴就是要将现代化农业的发展放在首位。在乡村振兴战略的背景下，为当地农村培养农机作业能手、农业科学技术推广人才和实用型人才的带头人既是我国中等农业职业教育的任务，同时也是一种责任，让中等农业职业教育模式成为培养新农民的关键。

二、农业技术推广

由于大部分农民未接受过农业科学知识的专门学习，因此他们无法掌握较多的农业科学技术知识，此原因正是造成其贫困的根本所在。乡村振兴必须以农民收入的提高为中心目标，向农民大力传授科学知识助力农民创收。中等农业职业教育发展模式要充分、高效地利用设备、技术、师资等方面的优势，开展形式多样的教育、培训活动以推广新品种与新技术。首先，可以广泛组织师生利用农闲时间下乡及时向农民传播更新的知识。各中等农业职业学校可组织多批次老师与学生共同构成"三农服务"科学技术小团队，利用"五一""国庆"及暑假农闲期进入各乡、镇的乡村田间现场将农业技术传授给当地的农民。此类活动在很大程度上能解决农民从事实际农业活动时面临的各种有关难题。其次，当地农民同样可直接到学校接受农业技术课程培训。各类中等农业职业学校在有关部门的共同协助下，还可开设汽修、养殖班等专业来对农民朋友进行技能培训为他们带来更多的就业机会。最后，要对广大农民开展技术咨询服务活动。

三、对农村剩余劳动力进行培训

目前，实施乡村振兴战略的主要任务包含三方面，即发展农村经济、提高农民收入、构建现代化农业。现阶段，中国正处在"城乡一体化"的进程中，大批农村过剩劳动力不断转向城镇以及非农行业中。有关数据表明，我国农村人口离家在城市打工者有1亿多，且以每年约1 000万的数量在增加。大力发展中等农业职业教育能将这巨大而丰富的劳动力资源转化为人力资本，从而解决剩余劳动力就业和人口转移问题。[①]

随着现代工业、农业的兴起，劳动分工变得越来越具体，对从业人员的职业技能水平的要求也变得越来越高。不过在国内，大部分转移农民的职业技能水平都比较低。在这种情况下，依照农民职业的要求，中等农业职业教育必须要对应地整改教学内容，着重对农民进行职业技能的培养以及从业前的指导。对农民的教学方式应避免一味灌输式讲授，应根据农民的理解水平，尽可能用符合他们理解力的方式展开培养，同时要多途径、多层面地进行教育培训。例如，广西钦州农业学校就开设了各种教育课程为农民提供免费的教学。教学期3个月，教学内容不仅涉及农业方面的专业知识，也涉及诸如制冷、维修等领域。[②]

四、培养现代农业所需的人才

要培育出一大批农机作业能手、科技先锋、养殖和种植业能手

---

① 杜娟.中国农村剩余劳动力转移培训研究综述［J］.中南财经政法大学学报，2010（4）：100-103.

② 易俗，田杰.农业劳动力转移理论及就业培训机制研究［J］.安徽农业科学，2009，37（34）：17132-17134，17138.

等现代农业所需的新型农民人才，就得转变技能型人才的培养模式，大力发展中等农业职业教育。从各学校的招生简章以及对农民实际培训工作中不难看出，中等农业职业学校的功能在不断完善。譬如，云南昭通农校招收的现代农业技术、农村电子电气技术、保鲜以及加工、农业机器操作与维修、农村经济整体管理等和现代农业有关的专业人员的数量都呈现上升态势。广西钦州农业院校针对基层农业技术人员开设了各种水果以及农作物的教学班；广西钦州农校以当地专业合作社的负责人为培养对象，通过举办农产品经纪人培训班，打造了一支高素质的农村农产品经纪人队伍，培训的内容有现场实习与外出考察相结合、市场信息采集分析等专业性知识。

第三章 乡村振兴背景下农村职业教育的机会与变革

第一节 乡村振兴战略下我国农村职业教育推进的新使命

一、激活农村经济活力，促进农业产业振兴

实现乡村振兴必须从根本上转变农村经济发展方式和升级农村产业结构。一方面，市场迫切要求提升农产品质量，深入推进农业向优质化、特色化、绿色化转型，不断提高农产品的附加值和优势农产品的国际竞争力。另一方面，农村迫切要求加快构建现代化新型农业产业链体系，农业产业链涉及农产品从原料采集、加工、生产，到产品储藏、分级、包装、营销等各个环节的关联。这就需要建设现代化农产品销售服务平台和农村电子商务发展的基础设施，以加快农产品流通的现代化。同时要扶持发展一批现代化新兴产业，如数字农业、智慧农业、休闲观光农业、创意农业、生态农业以及设施农业等。这些对农村劳动力质量、结构和类型均提出了新要求，不仅要求农村劳动力要满足现代化农业产业结构升级、适应新兴产业的发展需求，而且需要他们具备绿色发展理念、掌握现代农业技术和管理经验以及"互联网＋"技术。这就要求农村职业教育与培训的专业设置、课程设置、教学内容与教学方式的选择，紧密对接农村经济社会的全面发展，为农业产业振兴培养生产型、经营型和服务型等高素质农民，以促进农业产业结构调整升级、激活农村经济活力。

二、提高农村人才素质，加快城乡融合发展

十九大报告明确提出建立健全城乡融合发展体制机制和政策体系，这是中央文件提出"城乡融合"的理念和目标。党的二十届三中全会审议通过的《中共中央关于进一步全面深化改革、推进中国式现代化的决定》（以下简称《决定》）明确指出，要统筹新型工业化、新型城镇化和乡村全面振兴，致力于提升城乡规划、建设、治理的融合水平，推动城乡要素实现平等交换与双向流动，缩小城乡差距，促进城乡的共同繁荣发展。

2024 年 7 月 27 日，由上海财经大学城乡发展研究院主办的第一期"城乡发展论坛"在线上顺利举行。此次论坛汇聚了众多专家学者，他们围绕《决定》的相关内容进行了深入的分析和阐释，共同为我国的城乡融合发展献计献策。"城乡融合"不同于以往农村建设实践中提出的"城乡统筹"和"城乡一体化"，城乡融合不仅是农村与城市经济层面、服务层面的融合，更是一种观念层面的融合。经济层面融合要求实现农村农业现代化，通过定期培训提升农民的农业生产经营管理技术和创业就业能力，促进农民收入稳定增长，缩小与城市居民的收入差距。服务层面融合要求公共服务体系（包括教育服务体系、医疗服务体系等）、治理体系等进一步向城市看齐，不断提升农民的生活质量。观念层面融合要求农民具备绿色观念、创新观念、法律观念、诚信观念和基本的人文素养，缩小与城市居民的意识和观念差距，成为具有一定流动能力的现代新型职业农民。显然，立足于实现城乡融合的战略目标，农村人才职业素质的提高是关键。基于此，农村职业教育应紧紧围绕现代农业发展的要求大力培养现代农业所需要的各类人才，使人才链与产业链相对接，最终实现城乡融合。

三、对接精准扶贫，激发贫困人口内生动力

乡村振兴，摆脱贫困是前提。农村地区的精准扶贫、精准脱贫是实施乡村振兴战略的重要内容和内在要求。农村职业教育可通过

技能扶持和精神扶持彻底帮助贫困人口精准脱贫，阻断贫困代际传递。一方面提升贫困人口的综合实用技术、实用技能，转型升级农村产业结构，从而助力农产品附加值的不断提高，为贫困地区经济社会的全面发展注入新活力。另一方面提升贫困人口的综合素养，引导其形成自强自立、争先脱贫的精神风貌，逐步改变"等、靠、要"思想，从精神上摆脱贫困。农村职业教育一是要开展精准扶贫的学历教育，通过精准建档、精准识别、精准管理、精准招生、精准教育，使贫困学生能够免费接受农村职业教育，实现精准就业、精准创业；二是通过精准扶贫的非学历培训，让贫困人口至少掌握一门实用技术技能，激发贫困人口内生动力，帮助其脱贫致富。

2022 年 9 月 29 日，教育部召开乡村振兴工作领导小组会暨乡村振兴工作推进会。会议总结经验、分析形势、明确任务，巩固拓展教育脱贫攻坚成果，全面推进乡村振兴的各项工作。会议指出，接续做好乡村振兴工作，是传承发扬脱贫攻坚精神、巩固拓展十年工作成果的必然要求，是推动"四化"同步发展、加快实现国家现代化的重中之重，是落实"三个转向"要求、促进乡村加快发展的关键举措，是践行教育社会服务功能、深化立德树人大课堂的有效途径。2022 年以来，教育系统强化组织领导、形成教育系统乡村振兴协同推进机制，精准分类施策、构建较为完善的乡村教育体系，聚焦关键领域、筑牢乡村教育保障基础，发挥教育优势、提升教育服务乡村振兴能力，各项工作取得新进展、新成效。

高质量的农村职业教育是乡村振兴的关键。要办好以学生为本、因地制宜的农村职业教育，优化布局、守住底线、提升质量、强化保障。要持续提升农村职业教育服务乡村振兴的能力水平，加快构建高质量农村职业教育体系，发挥农村职业教育在乡村振兴中的关键作用，构建服务乡村振兴的科技创新体系，发挥学校教育的浸润作用。要充分发挥教育信息化助力乡村振兴的关键作用，把数字化作为创新农村职业教育的有效手段，形成实用管用的课程体系，探索适应农村职业教育的数字化教学模式，鼓励职业院校开展数字支教。

四、传承优秀传统文化，加强乡风文明建设

乡风文明是乡村振兴的灵魂和思想基础。乡风是特定乡村村民的思想观念、生活习惯、文化习俗长期积淀形成的精神风貌。乡风文明是乡风在新时代发展到较高阶段或层次的状态。伴随着市场经济的发展和城市化进程的加快，我国农村地区尤其是相对落后地区的农村精神文明建设不足，逐渐丧失了对传统乡土文化的坚守，轻农、离农、去农现象愈演愈烈。农村职业教育对于促进乡风文明建设和满足农民精神文化需求起着重要作用，这就要求农村职业教育首先要充分发挥人才和基地的优势，以社会主义核心价值观为引领，深化农村传统思想道德宣传教育，不断强化农民的责任意识和主人翁意识。其次，通过校村共建共享、宣讲涉农法规政策、推进文化惠民下乡、深入挖掘优秀农耕文化遗产和民间艺术等，在切实保护农村优秀传统文化的同时，增强农民对自身乡村振兴主体地位的认识，引导农民积极进取、自立自强，培育文明乡风、良好家风、淳朴民风。最后，广泛开展群众性精神文明活动，遏制农村陈规陋习，如豪华丧葬、天价彩礼、人情攀比等，不断提高农民的科学文化素养。

第二节　乡村振兴战略下我国农村职业教育推进的现实基础

一、政策支持

改革开放 40 多年以来，政府颁布了一系列农村职业教育政策，对农村职业教育的发展起到了强大的规范引领作用。总体来看，政策主要聚焦于农村职业教育基础能力扶持（包括师资队伍建设、经费投入、基础设施建设）、农村实用技术人才培训、农村劳动力转移培训、新型职业农民培育以及职业教育精准扶贫。

（一）农村职业教育基础能力扶持

推进农村职业教育基础能力建设，是乡村振兴战略实施的关键一环，对于夯实农业基础、促进乡村全面振兴具有重要意义。自党的十八大以来，中央对"三农"工作给予了高度重视，多次明确提出要加强农业基础，推动乡村的全面振兴。在这一政策的指导下，国家陆续出台了一系列旨在支持农村职业教育发展的政策文件。这些政策不仅深刻阐述了农村职业教育在乡村振兴战略中的核心地位，还具体指明了扶持的方向和应采取的措施。

农村职业教育基础能力扶持政策呈现以下特点。

（1）开始重视师资队伍规范化建设，从师资来源渠道多元化到强调"双师型"教师队伍建设并逐步重视农村职业学校师资培训。

（2）倡导融资多元化。

（3）开始注重基础设施建设，包括农村职业教育和培训网络的构建和实训基地建设。

（二）农村劳动力转移培训

农村劳动力转移培训政策是推动乡村振兴和经济发展的重要举措。通过大规模、多形式的职业技能培训，政府不仅提升了农民的就业能力和收入水平，还促进了农村劳动力的合理有序流动和农村经济的多元化发展。

这些政策的出台呈现以下特点。

（1）依托项目工程。政府启动"农村富余劳动力转移培训工程"和"阳光工程"，加快农村劳动力转移。

（2）重视通过公益性培训激发受训者的积极性，并加强对农民学习权益的保护。

在政策的推动下，农村剩余劳动力转移培训帮助数千万农民工融入城市，促进了农村劳动力向非农产业和城镇转移，农民的技术技能和综合素质得到了提高，为国家经济社会发展增添了活力。

（三）高素质农民培育

高素质农民（新型职业农民）培育政策如表 3-1 所示。

表 3-1　高素质农民培育政策

政策文件	政策内容
《中共中央　国务院关于加快推进农业科技创新持续增强农产品供给保障能力的若干意见》(2012)	首次明确提出培育新型职业农民
《中共中央办公厅、国务院办公厅关于引导农村土地经营权有序流转发展农业适度规模经营的意见》(2014)	立足于提高现代农业生产经营水平，提出要构建新型职业农民和农村实用人才培养、认定、扶持体系，建立公益性新型职业农民培育制度
《中共中央　国务院关于落实发展新理念加快农业现代化实现全面小康目标的若干意见》(2015)	基于全面建成小康社会的战略目标高度，提出建立健全新型职业农民制度，相关政策向其倾斜
《"十三五"全国新型职业农民培育发展规划》(2017)	提出新型职业农民享受创新创业扶持
《中共中央　国务院关于实施乡村振兴战略的意见》(2018)	从实施乡村振兴战略的角度，进一步提出培育新型职业农民
《国家质量兴农战略规划（2018—2022 年)》(2018)	提出到 2022 年要培育新型职业农民 500 万人以上，高中以上文化程度职业农民占比达到 35%
《农业农村部办公厅关于做好 2024 年高素质农民培育工作的通知》	鼓励各地创新思路，因地制宜探索农民教育培训的新模式。要积极搭建农民与农业企业、新型农业经营主体等用人主体之间的桥梁，探索校地合作委托培养、校企合作订单培养等路径。针对特定区域或产业的农民群体共性需求，开展定制化的专业课程，并加强师资队伍建设。此外，还应关注农民在融资保险、流通销售等方面的需求，推动相关课程教学与课外服务的联动开展，为农民提供更加全面、贴心的教育培训服务

这些政策主要呈现了以下特点。

（1）政策价值取向立足于服务新农村建设和乡村振兴，目标定位具有时代感。

（2）高素质农民的内涵不断丰富，同时强化社会对农民职业身份的认同，彰显了对农民的人文关照。

（3）开始重视扶持关怀，涉及教育培训补贴、政策倾斜和创业扶持等方面。

以上政策文件的颁布和实施，取得了实际成效，高素质农民培育得到重视；各地政府纷纷响应党中央号召，扩大培育规模；新型职业农民培育经费增长；新型职业农民人数增长。

（四）职业教育精准扶贫

职业教育精准扶贫政策如表3-2所示。

表3-2　职业教育精准扶贫政策

政策文件	政策内容
《关于完善中等职业教育贫困家庭学生资助体系的若干意见》（2006）	建立贫困家庭学生专项助学金制度、奖学金制度、以学生参加生产实习为核心的助学制度、学费减免制度、助学贷款或延期支付学费制度以及社会资助制度，不断完善资助体系
《中共中央关于推进农村改革发展若干重大问题决定》（2008）	重点支持发展农村中等职业教育并逐步实行免费
《关于实施教育扶贫工程意见》（2013）	对当地农民或已进城的农民工接受技术技能培训予以资金补贴，同时国家奖助学金对农村家庭经济困难学生给予倾斜
《建立精准扶贫工作机制实施方案》（2013）	要求完善雨露计划实施政策和规划，对参加中高职教育或两年及以上职业技能培训的建档立卡贫困学生家庭发放生活补助
《中共中央　国务院关于打赢脱贫攻坚战的决定》（2015）	未升入普通高中的初中毕业生都能接受中等职业教育，并免除建档立卡家庭贫困学生的学杂费
《教育脱贫攻坚"十三五"规划》（2016）	面向未升学初高中毕业生、进城农民工、农村富余劳动力等群体开展公益性职业技能培训；并且中等职业学校要确保建档立卡贫困家庭子女至少掌握一门实用技能
《中共中央　国务院关于实施乡村振兴战略的意见》（2018）	激发贫困人口内生动力

这些政策呈现以下特点。

（1）开始重视职业教育扶贫对象全覆盖。职业教育扶贫对象不仅包括农村已有贫困人口、农村剩余劳动力和进城务工农民工，还包括农村和城镇初、高中毕业后新成长劳动力。

（2）开始重视职业教育扶贫操作精准化。国家对每个贫困家庭、贫困人口精准建档、精准识别、精准帮扶、精准管理，方便职业教育进行精准扶贫。

（3）开始注重激发贫困人口内生动力。确保贫困人口掌握实用技能，提升其"造血"能力。

二、建立专门的教育机构网络

目前，我国建立了自上而下的农村职业教育机构网络，具体包括学校（农业广播电视学校、县级职教中心、农村成人文化技术学校、农业中等专业学校）、农业院校和农业科研院所、农民专业合作社以及农业技术推广站等。

（一）农业广播电视学校

农业广播电视学校是将远程教育平台面向农村广大农民、基层干部和农技推广服务体系人员实施职业素质提升的重要机构，具有超时空性和便利性，是利用现代远程教育资源对农民进行科技教育培训的重要渠道和阵地。

党的十九届五中全会描绘了开启全面建设社会主义现代化国家新征程、向第二个百年奋斗目标进军的远景目标，明确了"十四五"国家经济社会发展的总体规划和新发展阶段"三农"工作的决策部署，提出要"优先发展农业农村，全面推进乡村振兴"，强调"提高农民科技文化素质，推动乡村人才振兴"。这充分体现了党和国家对农业农村人才、对农民教育培训的一贯高度重视。

展望"十四五"，全国农业广播电视学校将一起努力，深入推进农民教育培训工作。

1. 农民教育培训工作的总体思路

全国农业广播电视学校体系将以习近平新时代中国特色社会主

义思想为指引，全面贯彻党的会议精神，按照党中央关于全面建设社会主义现代化国家的战略部署，深入贯彻创新、协调、绿色、开放、共享的新发展理念，以加快构建国内大循环为主体、国内国际双循环相互促进的新发展格局为指引，紧紧围绕巩固拓展脱贫攻坚成果同乡村振兴有效衔接、推进农业现代化、推进农村现代化三大任务，以办好农民满意的教育培训为目标，以推进农民教育培训提质增效为核心，以促进农民教育培训改革创新为动力，大力开展农民职业培训、职业教育、农村实用人才带头人培养和农业实用技术培训，促进各层次教育培训之间有效衔接，加强农业广播电视学校体系、教师、基地、教学资源和信息化建设，推进农民教育培训事业全面发展，促进农民科技文化素质全面提升，为推动乡村人才振兴、实现农业农村现代化提供强有力的人才支撑。

2. 农民教育培训的努力方向

（1）全面贯彻落实党的教育方针。农民教育培训作为国民教育体系的重要组成部分，必须坚持为党育人、为国育才，以强农兴农为己任，在坚定理想信念、厚植爱国主义情怀、加强品德修养、增长知识见识、培养奋斗精神、增强综合素质和生产经营管理能力方面下功夫，为乡村振兴培养优秀的人才队伍。

（2）努力办好农民满意的教育培训。农民教育培训既要遵循成人学习的基本规律，又要充分考虑农民群体的特殊要求。在形式上，要善于运用农民易于接受、便于接受、喜闻乐见的形式，把教育培训办到农业企业、农民合作社、农业生产一线；在评价上，要把农民是否需要、是否接受、是否满意作为衡量培训效果的主要标准。

（3）着力培养乡村振兴带头人。聚焦主体带头人、创新创业带头人，突出绿色发展、品牌创建、市场营销、风险防控等内容，补齐农业农村政策和知识短板，提升产业发展水平和带动能力。强化青壮年农民职业教育，同步考虑务农农民学历提升，探索灵活多样的培养形式，让更多愿意学、能够学的农民就地就近就便接受中高等职业教育。鼓励支持学生学农务农，引导农业院校办农教农，培养更多具有较高学历层次的农村青年和新农人。

3. 农民教育培训体系的新格局

"十四五"期间，农民教育培训将立足农业农村中心工作，加快构建以新型教育培训体系为支撑，以政策体系为保障，形成协作、共享、高效的新格局。

（1）服务农业农村中心工作。农民培育工作要紧紧围绕粮食生产、绿色发展、农民增收等重点工作，与涉农重大工程、重点项目统筹谋划，向粮食生产功能区、重要农产品生产保护区和特色农产品优势区倾斜，努力做到示范区建到哪里、教育培训就跟到哪里，农业产业园建到哪里、培训班就办到哪里。

（2）加快构建新型教育培训体系。要切实发挥好农业广播电视学校体系覆盖全国、影响力大的优势，进一步强化资源力量整合和组织服务职能及培训能力建设；涉农高校、农业科研院所、农业龙头企业以及各类新型农业经营服务主体等社会力量要发挥各自特长，推进科技成果承接转化，提供实习实践、创业孵化、跟踪指导等支持服务，加快形成各类资源在机构间和区域间协调对接、共建共享、优势互补、高效协作的新型农民教育培训体系。

（3）加快构建政策体系。持续构建农民能够学、愿意学、持续学的政策体系，推动创设非全日制农民中等职业教育和高职教育助学政策。整合促进农民发展的扶持政策，建立教育培训、成果转化、技术推广、经营服务、创业支持一体化的全程跟踪支持服务机制。争取将农业广播电视学校办学经费列入各级财政预算，提升教育培训能力。同时，加快推进农民教育培训立法进程，为深入持续推进农民教育培训、保护并稳定农业从业人员、提升农民素质提供法律依据。

4. 推进农民教育培训高质量发展的主要任务

"十四五"时期，推进农民教育培训高质量发展，主要抓好三项工作。

（1）着力培养高素质的现代农民。首先，围绕"现代农民培育计划"，深入开展现代农民培训。要围绕区域经济发展和地方主导产业布局，聚焦全产业知识技能链条，重点培养新型农业经营和服务主体带头人、创业创新带头人、农村集体经济带头人。结合冬春农民大培训等广谱性培训，培养直接从事种植、养殖和农产品加工的小农户。其次，围绕"百万高素质农民学历提升行动计划"，开展现代农民学历提升。要深化农民职业教育"农学交替、弹性学制、送教下乡"的办学模式，推进教学链与产业链融合。要强化专业教学标准建设，推进农民中职教育教学改革。配合实施"百万高素质农民学历提升行动计划"，就地就近培养更多高层次、本土化人才。再次，围绕"农村实用人才带头人素质提升计划"，加快高素质农村实用人才带头人培养。要充分发挥农村实用人才带头人和大学生村官示范培训的带动作用，深化教学内涵建设，规范教学过程管理，延伸教学实践链条，提升培训质量。要加强农村实用人才基地建设，搭建农村实用人才发展综合服务平台，打造一批示范性培训基地。最后，围绕人才一体化培养，推进农民培训与职业教育衔接。要探索农民职业培训与职业教育在生源、课程、学制、学时、教材、跟踪服务等环节有效衔接，促进农民培训与中职教育、高职教育贯通。探索开展职业学历证书和职业技能等级证书学习成果的认定、积累和转换。

（2）实施农民教育培训能力提升行动。首先，大力发展现代农业远程教育。建设现代农民远程教育大课堂，推进 5G、人工智能、互联网技术应用于教育教学，开展智能化在线学习、资源开发和教学管理服务，促进线上线下教育培训有效融合。建立农民教育培训信息管理大数据，挖掘数据资源，探索对学员的个性化教育培训服务。加强云上智农 App 建设，推动科研、推广与培训融会贯通，促进广播、电视、网络等媒体在内容、手段、形式上深度融合，提升全媒体融合水平。其次，加强师资队伍能力建设。分层分类轮训农业广播电视学校体系校长队伍、专职教师队伍、教学管理人员三支队伍。吸纳"土专家""田秀才"加入兼职师资队伍。建立师资培训课程体系，逐步建设国家级师资培训基地。开展教学评比等活动，鼓励各地成立讲师团、名师工作室、教学创新团队。以全国共享师资为重点，打造农业广播电视学校体系名师队伍，推进名师名课名教材一体化发展。继续宣介优秀基层校长、优秀教师。再次，打造推广精品经典教材。拓展全国通用教材建设领域，鼓励建设适应地方产业发展的区域教材和特色教材。调整教材建设方向，由注重第一产业和生产技能向一二三产业融合、乡村建设转变。运用现代信息技术手段开发与文字教材配套的音视频教学资源、数字化教学资源。健全完善教材建设机制，分批分步骤推出农民教育培训精品经典教材。最后，推进农民田间学校建设发展。坚持以用为主，依托农民合作社、农业龙头企业、农业园区等资源，选好用好农民田间学校。合理布局田间学校，促进田间学校数量、质量与产业发展相匹配。突出田间学校核心功能，规范运行管理，推出一批全国示范性田间学校。加强田间学校之间交流合作，促进区域间教育资源共享共用。鼓励有条件的地区延伸田间学校功能，服务乡村事业发展。

（3）提升教育培训质量效果。首先，提升培训标准化水平。加大教育培训关键环节标准规范建设，重点规范现场教学、线上学习的基本流程，完善师资、基地、教材遴选标准。以农业经理人、家庭农场主为突破，持续推进知识能力标准化建设，实现培训目标、内容、课程衔接配套。其次，规范人才培养管理。抓实对象摸底和需求调研，精准确定培养对象。规范教育教学管理，推进中央校统开、省级校自开专业教学标准建设，探索农民职业教育教学改革。严格按照目标分类、任务分层、课程分模块、培养按周期的要求实施现代农民培育，选好教师、用好基地、配好教材，抓好训后延伸服务。再次，强化跟踪服务和考核评价。建立培训后跟踪服务机制，跟进农民学员产业发展，持续提供政策信息、技术指导、帮助农民获得金融信贷、电商服务、法律援助等服务。建立以农民满意度为导向的培育效果在线评价指标体系，实现培训过程全程可追溯、可跟踪，推进农业广播电视学校体系培育质量效果评价全覆盖。最后，搭建多元化农民发展平台。继续办好全国农民教育培训发展论坛。定期发布现代农民发展报告。发挥好农民教育培训和农业农村人才培养研究智库作用。争取定期举办全国农业行业职业技能大赛。支持各地举办农民创业创新竞赛、创意比赛等活动，激发现代农民发展创新活力。

（二）县级职教中心

县级职教中心是县域经济发展人才供给的主要机构。县级职教中心为农村经济社会全面发展培养了大批实用型人才。

2022 年 5 月 1 日，新修订的《中华人民共和国职业教育法》（简称新《职业教育法》）颁布实施，提出"县级人民政府可以根据县域经济社会发展的需要，设立职业教育中心学校，开展多种形式的职业教育，实施实用技术培训"，明确了县级职教中心在新的历史发展阶段的新方向、新任务、新功能。新《职业教育法》背景下县级职教中心的功能定位如下。

1. 县级职教中心要坚持基础定位，为培养"技术型人才"服务

（1）坚定办学方向，凸显职教特色。新《职业教育法》明确提出"职业教育是与普通教育具有同等重要地位的教育类型"。作为一种教育类型，职业教育是教育系统的重要组成部分。因此，在办学过程中要"坚持社会主义办学方向，贯彻国家的教育方针"不动摇。此外，作为一种类型教育，职业教育更要凸显"坚持产教融合、校企合作，坚持面向市场、促进就业，坚持面向实践、强化能力，坚持面向人人、因材施教"的典型特征；要根据职业教育的类型定位和发展特色，关注个体的职业需求与终身发展，并将职业教育作为服务产业经济发展重要组成部分，努力实现培养多样化人才、传承技术技能、促进就业创业的办学目标。同时，新《职业教育法》强调了"同等重要"，规定职业学校学生在升学、就业、职业发展等方面与同层次的普通学校学生享有平等机会，作为县级职教中心尤其要根据县域经济的发展需要，注重培养学生的职业发展能力，在安排学生实习、就业时做好学生权益保障和跟踪服务，为学生成就出彩人生奠定基础。

（2）落实立德树人，坚持德技并修。立德树人、德技并修是新《职业教育法》对职业教育人才培养提出的目标要求。作为县级职教中心，首先要落实立德树人根本任务，深入开展新时代中国特色社会主义思想教育，强化理想信念和社会主义核心价值观教育，加强中华优秀传统文化、革命文化和社会主义先进文化教育，培育弘扬劳动精神、劳模精神和工匠精神，通过课程育人、文化育人、活动育人、实践育人、管理育人、校企协同育人等可行途径，教育和引导学生热爱中国共产党、热爱祖国、热爱人民，树立正确的世界观、人生观和价值观。其次，要加强校风学风、师德师风建设，建设一支业务精进、师德高尚、作风过硬的师资队伍，为开展教育教学工作、提高育人质量提供保障。最后，要围绕职业教育提高质量、提升形象的目标，认真落实系列政策文件精神，深化产教融合、校企合作，提升学生技能水平，建立多方参与、过程和结果并重的"德技并修"评价机制。

（3）促进横纵贯通，推进体系建设。新《职业教育法》着力健全职业教育与普通教育相互融通、不同层次职业教育有效贯通的现代职业教育体系。在普职融通方面，县级职教中心应积极探索，在中小学开展职业启蒙、职业认知、职业体验等课程，结合区域产业文化特色建立研学旅行基地，让学生在参与中感受劳动精神、劳模精神和工匠精神，在他们心中种下一颗"技能"的种子。在纵向贯通方面，县级职教中心作为职业教育的基础机构，应积极推进技术技能人才成长"立交桥"的有效畅通，坚持"就业和升学并重"的办学定位，对于有升学意愿、想进一步提升技能的学生，应该积极引导他们参加分类招生和对口单招考试，在培养学生掌握基本技能的同时，强化公共基础课程的学习，帮助学生进入高职和本科深造。此外，县级职教中心要积极与高职院校合作，建立起中高职衔接联合办学机制，充分利用高职院校的师资、设备、科研等优势，在人才培养方案制定、课程设置、联合培养、师资培训等方面开展深入合作，提升学校办学水平，构建中高职衔接培养渠道。

2. 县级职教中心要强化技能培养，为建设"技能型社会"助力

2021 年 4 月，全国职业教育大会首次提出"建设技能型社会"的理念，提出加快构建面向全体人民、贯穿全生命周期、服务全产业链的职业教育体系，加快建设"国家重视技能、社会崇尚技能、人人学习技能、人人拥有技能"的技能型社会。新《职业教育法》也首次以法律形式提出"建设技能型社会"愿景，明确提出"增强职业教育适应性，建立健全适应社会主义市场经济和社会发展需要、符合技术技能人才成长规律的职业教育制度体系，为全面建设社会主义现代化国家提供有力人才和技能支撑"的构想。县级职教中心作为县域职业教育的办学主体和职业培训的龙头基地，必然是构建"技能型社会"的主力军，在构建"技能型社会"的过程中任重而道远。

（1）引导学生树立劳动光荣、技能立身、技能强国意识。随着社会的快速发展和产业的高速迭代，各行各业的新技术、新方法层出不穷，社会分工越来越专业化和精细化，对职业人的素质和能力要求越来越高，掌握一门技术已成为立足社会的根本。新《职业教育法》提出，职业教育要对受教育者进行思想政治教育和职业道德教育，培育劳模精神、劳动精神、工匠精神，传授科学文化与专业知识，培养技术技能，进行职业指导，全面提高受教育者的素质。因此，县级职教中心要引导和教育学生形成劳动光荣意识，培养劳动习惯，习得劳动技能，树立劳动精神。在专业教学中引导学生树立技能立身、技能强国意识，努力提高学生职业技能，为职业生涯打好基础。通过夯实专业技能教学、规范组织顶岗实习、开展和参与各级各类技能大赛，在系列实践活动中培育学生的职业素养和工匠精神。

（2）坚持产教融合、校企合作，办好高质量中等职业教育。县级职教中心的主要任务就是办好高质量的中等职业教育。要紧跟市场变化，深度开展产教融合、校企合作，努力培养与职业岗位对接的技术技能人才。坚持产教融合、校企合作的人才培养模式，重点培养学生的职业素养和能力，将工匠精神融入学生培养的全过程；强化"岗课赛证"综合育人，将培训证书、职业资格证书、职业技能等级证书以及技能大赛标准与要求融入人才培养方案、课程标准、教学内容、质量评价；持续深入探索、实践产教融合、校企合作，积极主动推动形成校企命运共同体。

（3）整合县域职业技能培训资源，服务乡村振兴建设。县级职教中心一直肩负着县域内各类技能培训的职能，新《职业教育法》提出赋予县级职教中心培训功能，通过"国家采取措施，支持举办面向农村的职业教育，组织开展农业技能培训、返乡创业就业培训和职业技能培训，培养高素质乡村振兴人才"等有效途径，更好地发挥县级职教中心培训功能。主要举措具体包括：不断提升县职教中心为县域经济发展和乡村振兴建设服务的能力，使其更好地成为县域内劳动者职业技能素质提升、农村劳动力转移培训、农村实用技术培训与推广的重要基地。在县级教育行政部门指导下，承担教育教学指导、教育质量评价、教师培训等县域职业教育公共管理和服务工作。积极开展劳动力技能培训、农村实用技术培训、返乡创业就业培训（主要指"创办你的企业"，Start Your Business，SYB）、企业岗前培训等培训项目，有效解决乡村振兴工作中的人才短缺问题，切实提升劳动力就业创业能力，助力构建"技能型社会"，提升老百姓幸福生活指数。通过成立大师工作室，聘请区域内的技能大师、劳动模范、能工巧匠、非物质文化遗产代表性传承人担任专兼职教师等方式，使他们深度参与人才培养、教育教学，推动职业教育人才培养与民族文化传承创新相结合，创新人才培养模式，促进专业建设内涵式发展，从而扛起服务乡村振兴的大旗。

3. 县级职教中心做实社区教育，为创建"学习型社会"赋能

（1）提高认识，完善社区教育体系建设。21世纪初，我国提出要"形成全民学习、终身学习的学习型社会"总目标，旨在提高全民素质，推进继续教育，提升国家发展能力和水平。经过二十余年坚持不懈的努力，我国在终身学习体系和学习型社会建设方面取得了可喜的成就，终身学习体系不断完善，充分发挥了社区教育在助力"学习型社会"建设中的基础性作用。新《职业教育法》提出"国家建立健全服务全民终身学习的现代职业教育体系"，也为县级职教中心的发展提出了新要求。

县级职教中心作为县域社区教育的职责承担部门，肩负着推进学习型社会建设的使命，站在新的历史时期，必须要主动作为。从认识层面而言，要加强政策学习，充分认识到职业教育服务"学习型社会"建设的职能，积极思考，大胆创新工作思路和方法，持续推动社区教育走向深入；从实践层面而言，要加强县级职教中心建设，推进内涵发展，提升办学实力，将学校作为开展社区教育的重要基地，适度开放运动场、图书馆、实训室，拓宽社区教育的活动场所；从管理层面而言，要依托县级职教中心建立"县—镇—村"三级社区教育网络体系，完善管理制度，规范社区教育开展；从组织层面而言，立足街情民意与当地经济社会发展需求，充分发挥县级职教中心的教学资源、师资、实训条件等优势，加强社区教育地域课程、特色课程的开发，扩充数字化教学资源，丰富学习内容，提高社区教育的实效性和针对性。

（2）因地制宜，开展丰富多彩的社区教育活动。社区教育的开展要因地制宜、注重方式、加强引导，通过开展一系列丰富多彩、寓教于乐的活动，积极营造"人人皆学、处处能学、时时可学"的良好氛围，让广大居民"参与其中、乐在其中、学在其中"。通过开展"全民终身学习活动周"活动，向社区居民开放学校学习资源，推进线上线下学习，强化社区教育和老年教育资源共享功能，推动全民阅读学习，开展"百姓学习之星""终身学习品牌项目"推荐认定，开展"智慧助老"专题宣传展示活动等举措，营造全民终身学习氛围，引导更多群众参与学习；通过举办"职业教育活动周"活动，积极通过校园开放日、技能体验进社区、为民技能服务等活动，宣传职业教育方针政策及法律法规，让老百姓了解职业教育促进"学习型社会"建设的措施和成效，了解职业教育改革发展的重要成果和支撑县域经济社会发展所做的重要贡献；通过组织社区教育培训活动，充分了解社区居民的精神需求，常态化开展智能手机的使用、防电信诈骗、网络购物、摄影技术、家用电器保养维护等专题讲座和培训，通过理论结合实践、注重动手体验的模式，提升居民的学习兴趣和参与度，丰富大众的业余文化生活。

　　进入新的历史时期，县级职教中心应认真贯彻落实新《职业教育法》，坚持"基础定位"，强化技能培养，夯实技能型社会建设基础。通过做实社区教育，把学校办学与技能型、学习型社会建设紧密结合，助力区域产业经济社会发展，在服务乡村振兴等国家战略中发挥更大的作用。

（三）农村成人文化技术学校

　　农民成人文化技术学校是面向农民实施文化素质教育、实用技术培训、剩余劳动力转移培训与扶贫开发服务的主阵地。农村成人文化技术学校当前正展现出积极的发展态势，但仍需面对诸多挑战。这些学校在提升农村劳动者科技文化素质方面发挥了关键作用，累计培训农村劳动者达 12.9 亿人次，有效促进了农村经济的繁荣。它们的努力不仅推动了农村成人教育的发展，还为农村物质和精神文明建设作出了重大贡献，具体表现为提升了农民的种植、养殖技能，拓宽了青年农民和返乡农民工的就业创业渠道，并培养了一大批优秀的农村基层干部和企业骨干，助力农村实现脱贫致富。例如，湖州市南浔区双林镇成人文化技术学校累计培训学员超 5 000 人次，其中 200 余人投身杜鹃盆景产业创业，成为高素质农民。

　　然而，农村成人教育仍面临一些困难和问题。部分地方在完成基本扫除青壮年文盲任务后，对农村成人教育的重要性认识不足，导致管理薄弱、投入减少、工作进展不力。此外，农村成人教育的办学条件相对薄弱，培训规模和质量难以适应新形势下农村经济社会发展的要求。

　　为解决这些问题，一些学校已进行了创新和改革。江山市上余镇成人文化技术学校便是典型，该校通过听取汇报、实地考察、访谈教师、查阅材料等方式，对学校的创建工作进行了细致的考察和评估。同时，其他学校也在尝试改革当前农村成人教育学校的发展模式，如加强教师技能培训、更新教学设施、优化现代化教学装备、开展多元立体合作办学、大力推广远程教学等。

　　总的来说，农村成人文化技术学校在提高农民素质、促进农村经济发展方面发挥了积极作用，但仍需解决管理和投入方面的问题，并通过持续创新和改革以适应新时代的需求。

(四) 农业中等专业学校

农业中等专业学校（简称农业中专），是服务于农村经济社会建设，面向农村青年开展现代农业科技教育和农业科技推广、为农村培养中等专门人才和管理人才的重要机构。我国农业中等专业教育实现了逐步发展，为农村进步、农业发展、农民增收作出了积极贡献。我国农业中等教育发展所积累的历史经验，主要有以下几个方面。

1. 遵循服务"三农"的办学宗旨

我国农业中等专业教育始终遵循服务"三农"的办学宗旨。在20世纪80年代调整时期，各农业中等专业学校深入农村，通过举办辅导班、进修班等形式，对农民广泛开展了实用技术培训工作。进入90年代，农业中等专业学校结合国家实施的农村"星火计划""燎原计划"和"丰收计划"，积极参与科教兴农工作，不仅使学校师生获得了丰富的实践技能，也促进了当地农业增产和农民增收。

进入21世纪，随着现代化农业的逐步推进，各农业中等专业学校积极参与国家实施的"绿色证书工程""电波入户计划""百千万工程""跨世纪青年农民培训计划"等，主动服务于当地农村文化教育活动，有效地促进了农村人力资源开发。部分农业中等专业学校积极改造传统专业，发展与现代农业相关的新型专业，有效地促进了现代农业的发展。我国农业中等专业学校已成为服务"三农"的重要生力军，为当地农村建设、农业发展、农民增收作出了巨大的贡献。

2. 坚持"农科教"结合的办学思路

农业中等专业学校通过"农科教"结合以及建立推广站、联系户等途径，积极向农民提供技术、物资、信息等服务，有效推动了国家"科教兴农"战略的实施。与此同时，农业中等专业学校还经常组织学生参与下乡学习实践活动，培养其服务"三农"的意识和实践能力。农业中等专业学校充分发挥自身人才和技术优势，坚持"农科教"结合的办学思路，在"三农"工作中发挥了重大作用。

3. 采取多层次、多元化的办学形式

我国农业中等专业学校根据农业干部和技术人员的培养目标，多与市（地区）、县、乡镇（人民公社）农业行政和农技推广部门进行合作，安排学生开展生产实践活动等。随着社会主义市场经济体制的逐步建立，全国农业中等专业学校办学形式多层次、多元化发展特色更加明显。多元化的办学形式，使中等农业专业学校教师更多地了解了市场，提高了实践能力和创新能力，确保了办学质量和学校社会影响力的不断提升。

（五）涉农院校及农业科研院所

涉农院校和农业科研院所是发展农村职业教育的重要阵地。涉农院校主要是面向农村，为农村区域经济发展培养农业发展带头人和农业技术管理人才。农业科研院所是开展农业科学研究、农业应用研究、农业基础研究和高新技术研究的机构，主要负责开展农业技术综合开发和推广服务、农业科技成果的示范和农业科技工程项目的开发与实施。

（六）农业技术推广站

农业技术推广站简称（农技站），是直接面向农民开展农作物栽培与管理、农作物良种引进与试验、农业科学种植管理技术推广服务的基层单位。

现代化农业生产是我国农业生产发展的总目标，但是要想让将近6亿的农民真正改变传统的农业生产技术，采用现代化农业生产技术，却是一项艰难的系统工作。在这项系统工作中，不仅仅要有先进的、适用的农业科学技术，更重要的是如何让农民接受这些技术，并真正应用到农业生产中去，发挥先进现代化农业生产技术增产增收的作用。这就必须要有一支庞大的、长期工作在农村生产第一线的科学技术宣传推广队伍，那就是基层农业技术推广工作人员。要使先进的农业生产技术真正在农业生产第一线变成生产力，没有基层农业技术推广站的工作这是非常困难的。因此，国家在全国农村普遍建立了农业技术推广站，形成了一个庞大的农业技术推广体系，广大基层农业技术人员在这个体系的领导下为实现农业现

代化的工作贡献着他们的聪明才智。农业技术推广站的优势如下。

（1）最了解当地、当前农村的生产情况。基层农业技术推广站的技术人员长期工作在农业生产第一线，他们清楚当地、当前农业生产上存在的主要问题是什么，急需解决的问题是什么，哪些技术在当地可以适用，哪些技术在当地不能推广应用。他们了解推广某项技术的难点在哪里，采取什么办法可以解决这些难点问题等。

（2）与农民建立了相互信任的关系。部分农民由于受文化程度较低的影响，对新生事物接受得比较缓慢，如当年推广化学肥料、化学除草剂、地膜覆盖技术等都遇到了很大的阻力，是在基层农业技术推广站的积极配合下才得以迅速推广应用。基层农业技术推广站的科技人员长期生活工作在农村，与农民建立了深厚的相互信任的密切关系，农民对他们的信任度高，因此先进农业生产技术的推广才得以快速展开。

（3）与农民有共同语言。他们与农民朝夕相处，有共同的语言，可以将先进的农业生产技术，用纯朴的、农民易懂的语言讲给农民，这样可以收到事半功倍的效果。

（4）不可替代的穿针引线作用。要想真正把科研成果尽快地应用到农业生产中，使之真正转化为生产力，必须在生产实践中实现。基层农业技术推广站可以起到穿针引线的作用，把农业高等院校和科研院所先进的技术成果引进到本地区，为本地区农业生产和农民服务，起到引线搭桥作用。

（七）农民专业合作社

在农村经济发展过程中农民专业合作社是主要的组织形式之一，能够为新型农村产业体系的建设提供重要帮助。农民专业合作社是在农户承包经营土地的基础上，主要面向合作社成员提供农产品贮藏、加工、销售以及农业生产经营管理技术等服务而自愿联合的经济互助性组织。农民专业合作社作为农村的新型经营组织，能够把现代农业产业发展和农民个体需求紧密结合，通过对社员及农民开展教育培训活动，提高农民的科学文化素养和组织化程度，促进农业产业结构的调整和农业现代化信息化的发展。农民专业合作社在乡村振兴战略中的重要作用有以下几点。

（1）农民专业合作社是乡村振兴战略的重要实施载体。近几年来中央1号文件都会围绕"三农"工作进行总体部署。推动实施乡村振兴战略，要遵循"产业兴旺、生态宜居、乡风文明、治理有效、生活富裕"的总体要求，加快实现农业农村现代化和城乡融合发展。农民专业合作社是农村重要的经济组织，承担着带领农民脱贫致富的重要责任，也是实现乡村振兴战略重要的排头兵。乡村振兴农民专业合作社先行，这已经成为一个普遍的共识。经过多年发展，我国大部分农村地区发生了翻天覆地的变化，农民收入水平不断提高。但是与城镇地区相比，城乡发展不均衡、农业总体规模较小、农业生产与消费市场需求之间差异较大等问题依然没有得到彻底解决。农民专业合作社具有较为完备的章程和运行管理机制，在农村社会治理和社会服务过程中可以发挥出更大的作用。为了推动新时代乡村振兴战略的深入实施，农民专业合作社应当充分发挥自身优势，主动融入农业产业结构调整和优化升级、农业高素质专业人才培养和农业现代化的过程之中。

（2）农民专业合作社是构建新型复合式现代农业发展体系的重要推动力量。从现阶段大部分农民专业合作社成员构成情况来看，个体农户占据了绝大多数，此外还包括专业大户、农场等，共同构成了主体多元化的机构框架。这种多元化的组织框架有利于保持和激发农民专业合作社的发展活力，更好地发挥出合作经济的优势，抵御外部市场竞争的压力。从功能发挥情况来看，大部分的农民专业合作社集农产品生产和销售等功能于一体，个体农户基本负责生产环节，深加工及销售等附加值较高的环节大都由专业大户等负责。这种分工明确、职责清晰的模式有助于实现农村土地、劳动力、技术、资产等优势资源的有效配置和生产要素的有效流转。

（3）农民专业合作社为新时期乡村治理打牢基础。要实现"三治"结合必须依靠乡村社会多元主体的配合才能完成。农民专业合作社作为广大农民群众自发联合的互助性经济组织，理应成为多元主体共治中的一元，也有能力成为其中的一元。首先，农民专业合作社作为一个互助的组织将广大的农民联合在一起，改变了一些农村地区原子化、个体化的社会结构，为"三治"结合的乡村治理体系打下了组织基础。其次，一个良性发展的农民专业合作社有自己完整的规章制度，其成员需按照合作社既定制度有序参与合作社的经营活动与管理活动。基于此，广大农民群众参与民主选举、民主决策、民主管理、民主监督的能力将得到极大的提高，由此也可以极大地激发广大农民群众参与乡村公共事务的积极性，充分发挥广大农民群众在乡村治理中的主体性作用。

第三节　乡村振兴战略与农村职业教育发展的辩证关系

乡村振兴战略的实施对于我国农业农村的发展和"三农"问题的解决具有重要意义。目前，我国正处于社会转型的关键时期，"三农"问题是我党工作的首要问题。在实施乡村振兴战略背景下，农村职业教育的发展是解决"三农"问题的重要手段。农村职业教育的发展会促进乡村振兴战略目标的实现，同时实施乡村振兴战略也为农村职业教育的发展提供了新的机遇。

一、乡村振兴战略助推农村职业教育的发展

乡村振兴战略为新时代农村社会经济发展提供了新的机遇，同时也对农村职业教育提出了更高的要求。在乡村振兴战略下农村职业教育要努力实现发展改革，同时要精准对接乡村振兴战略目标，担负起自身的使命和责任，抓住机遇成为实施乡村振兴战略的先锋队。

（一）国家的政策支持为农村职业教育的发展提供有力保障

乡村振兴战略的实施要求农村地区必须优先发展乡村教育事业，为农村社会经济建设开展职业教育与技能培训。乡村振兴战略的聚焦点在农业、农村、农民问题上，与"三农"工作联系最密切的教育类型则是农村职业教育。从国家层面提出政策，有利于引导社会对农村职业教育的关注，改善社会对于农村职业教育的认识。

树立正确的教育观，将乡村振兴战略下农村职业教育的发展摆在重要位置，有利于缓解农村职业教育学校应用型专业生源不足的问题。另外，国家的政策支持也会提升农村职业教育相关从业者从业自信，有利于农村职业教育学校积极改革管理、建设"双师型"教师队伍、吸引更多专家和教师的加入，促进农村职业教育的高质高速发展。

（二）社会经济进步有利于带动农村职业教育的发展

农村各项建设滞后、竞争力弱、缺乏人才，农业发展的基础差、底子薄问题是我国迫切需要解决的问题。农业产业是我国发展的支柱型产业，是我国赖以生存的基础产业。农村社会经济的进步离不开农村建设人才的支撑，农村建设人才的培养又依赖于农村职业教育，所以实施乡村振兴战略能够促进经济的发展进步，三者相辅相成。

农村职业教育培养的人才可以推动各个产业的发展，提高农业的创新力和竞争力，为建设现代化经济体系夯实根基。农村职业教育应担负起培育振兴乡村人才的使命，充分发挥其应有功能，为乡村振兴培养涉农专业人才以及农业农村现代化建设所需的技术应用型人才。农村社会经济建设要求农村地区实现农业现代化、发展智慧农业，将农业技术创新作为农业产业发展的重要方向。农村职业教育要创新管理体制，转变传统人才培养模式，才能跟上农村社会经济建设步伐，为农村社会经济建设提供人才支撑，保障农村经济建设高效高速进行。随着经济的发展，农村职业教育不应再局限于中职教育，应该联合普通高校和高职教育进行联合发展，为乡村振兴培育提供高质量高素质人才。

乡村振兴战略实施是我国解决乡村问题的重要战略部署，乡村振兴战略的实施给农村职业教育的发展提供了新的机遇和挑战。农村职业教育不再局限于农村地区的职业教育，也包括城市中为农村地区社会经济发展服务的职业教育，乡村振兴战略为"三农"工作问题的解决提供了新思路新方法，使农民可以获得与城市人相同的受教育机会。乡村振兴战略的实施要求建立健全乡村振兴体制机制和政策体系，加快实现农村农业经济建设现代化，进而推动农业农村现代化发展。农村社会经济的进步，反过来又可以促进农村职业教育的发展和壮大，所以农村职业教育发展是乡村振兴战略实施的题中应有之义。

二、农村职业教育助力乡村振兴

（一）农村职业教育能够培养高质量的乡村建设人才

目前，我国人口红利已经消失，劳动力数量在减少，社会正处于人口老龄化阶段，并且老龄化进程在加快，经济发展也处于转型期，要求提质增效，亟须培养大量高质量人才为现代化建设服务。农村经济一直是我国发展的短板，由于城镇化进程不断推进，农村空心化问题日益凸显，大量高质量人口和适龄劳动力流入城市，导致农村生产发展活力不足。大力实施乡村振兴战略就是要改变农村落后现状，破解农业农村农民发展困境。打造留得下、用得上、做得好的"三农"人才队伍。乡村振兴战略背景下，培育涉农人才是农村职业教育的本职工作和基本职责。一方面，农村职业教育通过教育与培训能够为农村经济发展和农业产业升级以及农业现代化建设培育大量实用技能人才，提高农村劳动力质量。另一方面，乡村振兴是全方位的，包括经济、社会、文化、生态、科技的全面崛起和兴盛。农村职业教育具有服务面广、形式多样等特点，能够有效对接乡村振兴战略需求，加快农村各类人才和高素质劳动者的培育，助力乡村振兴人才支撑。

（二）农村职业教育是培育高素质农民的主要途径

乡村振兴战略提出打造一支懂农业、爱农村、爱农民的"三农"工作队伍，最好培养出来既懂生产技术、又会经营管理的新型职业农民，而农村职业教育所承担的任务之一就是面向农村，服务"三农"，在人才培育与技能培训方面发挥积极作用，不断提升劳动力培养质量，为农业发展、农村进步、农民幸福贡献力量。农村职业教育通过学校专业课程与相应培训活动讲解农业知识，推广农业技术，教授农业生产技能，目标是培养具有相关农业知识技能与懂得管理知识的高素质农民，为提高农业生产活动效率，推动农业机械化、信息化发展以及农业现代化发展提供保障。

第四节　乡村振兴背景下农村职业教育的转型

乡村振兴战略是我国进入新时代解决社会发展不平衡不充分，推进社会进步与发展而实施的七大战略之一。乡村振兴"三步走"目标的全面实现，有赖于职业教育的全力支持，农村职业教育更是不可缺席。农村职业教育必须依据乡村振兴过程中，现代产业发展及城乡人民群众的诉求，对农村职业教育进行全面的改革，以成为乡村振兴的核心支持力量。

一、乡村振兴赋予农村职业教育新使命

实施乡村振兴战略对于全面建设社会主义现代化国家极其重要，对新时代解决"三农"问题也具有重大现实意义。要实现乡村振兴的目标，就必须把农村职业教育与农业农村发展紧密结合起来，提高农村职业教育为农育才、为民增富和服务现代农业发展的能力。而乡村振兴最迫切需要解决的是农村人才匮乏的问题，这个问题不仅与农村职业教育的发展紧密相关，也应是需要社会关注和研究的现实问题。

乡村振兴为新时代农村发展带来了新机遇，也赋予了农村职业教育新的使命。农村职业教育承担着培养乡村振兴所需人才的使命。人才是乡村振兴的关键因素，要加快推进农村人才培养供给侧结构性改革，要统筹兼顾技能型、专业型等实用人才和创新型、复合型等高端人才的培养。农村职业教育要筑牢农村人才基础，优化农业人才结构，积极造就一支懂农业、爱农村、爱农民的"三农"工作队伍，培养一批有文化、懂技术、会经营的新型职业农民。农村职业教育承担着促进农村就业创业的使命。乡村振兴承担着解决城乡发展不平衡，特别是巩固脱贫攻坚成果、确保贫困地区不返贫的重大任务。农村职业教育要以服务乡村振兴为己任，发挥农村职

业教育的优势与特色，将"扶智"与"扶志"相结合，通过技能培训帮助农民掌握一技之长，拓宽增收渠道。为农村剩余劳动力提供就业机会，促进农村就业与创业，努力实现"农业强、农村美、农民富"目标。农村职业教育承担着推进农业产教融合发展的使命。新形势下，传统农业向农业农村现代化转型发展，促进乡村振兴要将人才与创新、农村职业教育与产业有机衔接。农村职业教育与农民具有天然血脉联系，农村职业教育与当地农业行业企业不脱离，高素质农民培养才能与当地农村社会紧密结合，将跨界融合发展取代单一"封闭式"发展，增强农村农业发展的内生动力。

二、乡村振兴背景下农村职业教育转型的战略

乡村振兴为新时代农村经济社会发展描绘了新蓝图、指明了新方向，也为农村职业教育提出了新要求和新使命，即要精准对接乡村振兴全要素需求，为乡村振兴提供全方位、多功能服务，这是实现自身转型发展、服务乡村振兴的题中要义和价值所在。

（一）对接产业振兴要求，培育乡村各业人才

长期以来，由于我国城乡资源配置和要素流动不均衡，导致县域中职学校数千万毕业生在内的农村大量高素质年轻劳动力不断涌向城市。培养涉农人才是农村职业教育的基本职能和根本任务，在乡村振兴战略下，农村职业教育应紧紧围绕现代农业体系的产业链布局人才链，在涉农人才培养与新型职业农民培训等方面大力创新，优化农业从业者结构，提高农村人口素质。同时，要根据乡村"治理有效"的要求和建设农村公共服务体系的需要，培养现代乡村治理人才，培养造就一支既具有农村工作情怀、懂得农业基本特性和乡村价值体系、传承"三农"工作价值理念，又善于务农兴农、致富带富的复合型、创新型乡村人才队伍。

（二）巩固成人教育与继续教育阵地，开发农村人口资源

党的十九大明确提出，完善终身教育体系；办好继续教育，加快建设学习型社会，大力提高国民素质；大规模开展职业技能培训。要实现这一目标任务，需要在农村落实好职业教育、成人教

育、社区（老年）教育三类教育。目前，这三类教育在县域层面主要由职业学校承担，这对农村职业教育与培训工作提出了新要求。从大职业教育系统内部看，农村职业教育有机地联结着成人教育、社区（老年）教育，在统筹"三教"融合发展、促进职业教育与终身教育接轨、构建学习型社会中具有先天优势和不可替代的功能与作用，是开发农村人力资源、提高国民素质的重要阵地和有效途径。因此，在国家终身教育体系构建中，县域农村职业学校要承担起应有的责任与使命，强化大职教理念，面向广大农民新需求，坚持培养与培训并举、全日制学历教育和非学历教育并重，引导农民树立新型的教育观和学习观，重塑传统农民知识素质结构，使每位学习者及时获得相应的职业知识和岗位技术技能，推动农村人口由数量红利向质量红利转型发展。

（三）融入农业科技创新体系，承接现代农业技术研发与推广工作

乡村振兴战略赋予了农村职业教育新的时代使命，而其中最鲜明的特征就是全方位服务"三农"。农村职业教育要不断完善农科教相结合、产学研用深度融合发展模式，推动涉农专业建设、社会服务与区域内的产业联合、与企业联盟、与园区联结，有效对接不断转型升级的农村新产业、新业态、新产品对各类涉农科技创新要素的新需求。农业信息化是乡村振兴的重要抓手和重要保障，农村职业教育应该发挥人才优势、资源优势和阵地优势，积极开展智慧农业新技术的应用研究、社会服务和推广工作。政府在乡村振兴实践中应将农村职业教育作为农业科技创新体系的重要组成部分统筹谋划，把农村经济发展、农业科研基地建设和涉农技术人才培训紧密结合起来，创新产学研用一体化发展体制机制，整合农业、科技和教育等部门资源，搭建农业科技协同创新平台，组建农业科技创新联盟，形成科教兴农的强大合力。

（四）传承发展乡土文化，促进乡风文明和谐

乡村承载着独特的地方文化。广大农村大多还保留着古村落、古建筑、古仪式等有形资产及附着于其上的无形财富，仍然保存着历史遗留的地域、民族、习俗、礼仪、节庆、建筑等，生动地体现着乡村文化传统、农政思想、乡土伦理传统、乡村管理制度等，这是乡村振兴的重要思想资源。在发展中应更加珍视历史传承，延续乡村文化脉络，守护乡村文化生态，这对于乡村振兴具有重要的现实意义。乡村文明需要建设相应的教育文化阵地，培养一批具有一定乡土文化基础的人去收集、挖掘、整理、发扬；与此同时，农耕文明也有其历史局限性，需要深入研究、扬弃和发展。传承乡村文化既是农村职业教育的基本职能，也是其优势所在。农村职业教育肩负乡土文化传承与发展使命，一方面，要设立乡土文化研究机构，开展乡风民俗研究，主动对接设置农村古宅保护、现代农村村落规划与民宅设计等专业，发掘地方民间文化特色，开发乡土教育教学资源，推进乡土文化进校园、进课堂，从整体上增强乡土文化的自觉和自信；另一方面，要推动乡土文化的创造性转化和创新性发展，将社会主义先进文化和核心价值理念融入乡村建设各个方面，构建既充满本土特色又体现现代理性色彩的新乡村文化，推动乡村文化的现代转型和繁荣发展。

三、农村职业教育的转型定位

农村职业教育是经济社会进步和现代农业发展的重要支撑。发展农村职业教育对于改善当地农村劳动力结构、提高农民职业技能、发展农业特色产业意义重大。农村职业教育的根在农村，只有真正服务于农村经济社会发展，才能体现其价值与作用。在乡村振兴的背景下，农村职业教育的振兴与发展在一定程度上决定了农村农业的振兴与发展。振兴农村职业教育，要坚持以问题为导向，推动农村职业教育从办学定位、专业设置、培养方式、教师队伍等方面转型发展。

（一）办学定位：从"普通职教"向"农村特色"转型

我国著名教育家黄炎培认为，职业学校的基础，是完全筑于社会需要上的。农村职业教育发展必须与经济社会需求相统一，社会需要什么样的人才，即办什么样的职业学校。作为农村经济社会发展的重要支撑，办什么样学校、培养什么人，是农村职业教育面临的首要问题。现代职业教育的核心指导思想强调特色办学，形成不同的办学理念和办学风格，在不同领域各展所长、办出特色、办出水平。农村职业教育应坚持特色办学定位，从"普通职教"向"农村特色职教"转型，同时避免照搬城市职教的发展路径，切实承担起培养"三农"实用人才和乡村振兴建设者的职责和使命。农村职业教育既要考虑将传统农业、特色农业转型升级，也要考虑现代农村一二三产业融合发展的趋势，围绕"农"字做文章，彰显"三农"办学特色，将"为农爱农"职业精神养成与"兴农强农"职业技能培养有机结合起来，培养大批"留得住、干得好"的乡村建设者。

（二）专业设置：从"生源驱动"向"服务三农"转型

职业教育在经济社会发展、产业转型升级中发挥着重要作用。职业教育与产业通过专业设置形成互动关系，产业结构调整会带动职业教育的专业设置和人才结构变化。农村职业教育以培养高素质农民为主要任务，影响着农村人才供给和需求变化。面向现代农业产业发展，农村职业教育必须遵循市场原则，以服务现代农业发展为导向，调整专业设置和人才供给。在乡村振兴的背景下，农村职业教育要从现代农业"需求端"出发，推进人才培养"供给侧"改革，专业设置向"服务三农"转型，形成以农业类专业为辅向以农业类专业为主转变的专业布局。科学合理地设置专业，以适应地方人才与就业需求，提升农村职业教育的办学吸引力，提高与当地经济社会发展的依存度和贡献力，赢得社会对农村职业教育的认可和支持。如广西昭平县农村职业学校的办学曾经举步维艰，通过调整优化专业设置，形成了服务该县农业支柱产业茶叶的特色专业链，支撑了该县茶产业的蓬勃发展，赢得当地政府部门和社会的充分认可，县政府划拨几百亩茶园作为学校茶叶专业实训及生产基地，进一步深化办学改革，并取得一系列产学研成果，在广西农村职业学校办学影响力排名中名列前茅。

（三）培养方式：从"单向育人"向"产教协同"转型

现代职业教育倡导"产教融合、校企合作"农村教育的办学指导思想和"工学结合、知行合一"的人才培养理念，强调技术技能人才培养必须与社会实践相结合，与生产劳动相结合，崇尚劳动、崇尚技能、崇尚实践，做到理论与实践并举、知识与技能并重，这样才能培养出经济社会发展需要的高素质技术技能人才、能工巧匠、大国工匠。长期以来，大多数农村职业教育办学脱离社会、脱离实践、脱离生产劳动，学校是唯一的育人主体，没有行业、企业和社会的参与。农村职业教育这种"单向育人"的培养方式，不符合现代职业教育的办学指导思想，也难以符合现代农业对技术技能人才质量的要求，导致学生"毕业"即可能"失业"。农村职业教育要积极推进"产教协同"人才培养模式，大力推行符合农村农业生产规律的"产教融合、校企合作"和"工学结合、知行合一"人才培养方式，才能培养造就一支懂农业、爱农村、爱农民的"三农"工作队伍，夯实农村人才基础，满足乡村振兴的需要。特别是现代农村一二三产业融合发展的趋势下，农村职业教育凭一己之力难以承担培养复合型人才的任务，需要吸引行业、企业等社会优质资源参与，形成教育与生产、人才与技术等方面的多元合作和资源共享，在培养与当地经济社会需求相适应人才过程中体现责任共担、人才共育、互利共赢，形成开放兼容、多方共赢的合作格局。

（四）教师队伍：从"注重结构"向"专业发展"转型

教师队伍建设是农村职业教育的重点和难点，与"三农"人才培养质量紧密相关。社会对于农村职业教育教师队伍建设的关注度不高，教师队伍专业化能力不足的问题没能得到重视和有效解决。农村作为城乡二元结构的薄弱部分，切实提高教师队伍的专业能力，而非片面追求素质结构，应比提高农村职业教育人才培养质量更为迫切，也更符合农业人才成长规律。涉农职业院校难以引进高职称、高学历人才，而自身培养的高职称、高学历人才也难以留住。农业生产经验丰富、实践操作能力强的教师或师傅，即使素质结构不太完善，但其丰富的实践经验与能力足以支撑实践教学，符合农村职业教育的办学规律。建设既具备扎实理论教学功底，又兼具实践教学能力的"双师型"教师队伍，是农村职业教育教师队伍建设的终极目标。当前农村职业教育教师队伍建设的导向应从"注重结构"转向"专业发展"，包括专业理念、专业知识、专业能力、专业情感等核心要素，理念上注重专业发展与教学变革融合，形式上注重校内与校外培养并重，内容上注重专业知识、实践教学与行业企业动态及技术创新协同，着力打造一支高素质专业化教师队伍。

四、农村职业教育转型发展的策略

农村职业教育要能在乡村振兴实现过程中有所作为、大有作为，首要的是必须准确定位，也就是必须基于乡村振兴战略三步走目标，明确自己的服务方向，拓展自己的功能，以满足乡村振兴对人才培养的需要。

(一) 基于现代农业发展需求，培育高素质农民

无论是"四化同步"战略，还是农业农村优先发展战略，其明确信息都是必须改造传统农业，必须推进农村一二三产业融合发展。然而，正像著名经济学家西奥多·舒尔茨所指出，改造传统农业的根本出路在于引进新的生产要素，不仅要引进农作物良种、农业机械这些物的要素，而且要引进具有现代科学知识、管理能力和适应市场新要素的农民。[①] 现代农业的根本特征是经营主体必须具有现代经营管理理念和知识，善于掌握和应用先进的科学技术改造传统农业，发展现代农业；特别是因为我国目前仍处于"要富裕农民必须减少农民"的发展阶段，在新型城镇化推进过程中，还要继续促进部分农民到城镇转移就业。然而，一个值得人们关注的问题是，以往和目前，乃至今后能够转移的农业人口具有"精英移民"的特征，即能够转移的农村人口其人力资本积累相对更为丰厚，而且以文化教育程度较高的青壮年为主，而滞留在农村的留守农民以弱势群体

---

① 西奥多·舒尔茨. 改造传统农业 [M]. 梁小民，译. 上海：商务印书馆，2010：63.

为主。由此，要实现乡村振兴战略，必须在促进农村劳动力转移的同时，注重优化农村劳动力结构，必须提高经营现代农业人口的人力资本质量。为此，我国提出要培养现代农业经营主体，优化现代农业从业者结构，加快培养现代青年农场主、新型农业经营主体带头人、农业职业经理人的要求。在乡村振兴战略推进过程中，必须大力发展农村职业教育培训事业，将部分留守农民、返乡创业农民工、大学生等培育成高素质农民，尤其是要培育现代青年农场主等，以满足现代农业发展对高素质农民的需求。

（二）基于返乡人员创业需求，组织教育培训工程

乡村振兴战略的实施、农业农村发展政策吸引力的提高，使越来越多的各类人员愿意到农村就业和创业。目前，各地都积极开展吸引人才返乡创业的计划，如有些地区实施的"青年振兴"计划，就是抓住农村乡贤和青年才俊功成名就后想回乡发展的心理；有更多的地区正在实施返乡农民工创业计划、城市居民上山下乡人员和大学生创业计划等。

创业是一个艰难的奋斗过程，创业者必须具有优良的综合素质和创业资本，在人力资本、社会资本、心理资本等方面必须有良好的基础和积累。目前这些返乡创业人员虽然具有一定的创业基础，有一定的务工经历、管理经验、社会关系，但是，总体而言，他们的创业资本仍存缺陷，难以满足创业发展的需要。农村职业教育培训就是要根据返乡创业人员的不同需求，积极组织各类教育培训工程，为他们积累必需的人力资本、心理资本，并使他们形成优良的创业素养。

（三）基于"治理有效"的目标，培育乡村精英人才

"治理有效"是乡村振兴战略的主要目标之一。要实现这一目标，就必须健全自治、法治、德治相结合的乡村治理新体系，做到乡村善治。自治和法治是乡村治理必不可少的路径和手段。然而，自治、法治都是有成本的，而且基于我国乡村的特殊性，在许多情形下，乡村自治、法治成效并不显著。如果能够以德化人，将自治、法治和德治结合，则不仅可以大幅降低乡村社会的治理成本，而且

可以提升社会治理效能，形成优良的乡村文化传统。为此，农村职业教育和培训，尤其是社区教育中心，必须根据农村社会结构的新变化以及实现治理体系和治理能力现代化的新要求，积极开展对乡民的"教化"，提升农民的素质，提高乡村文明的程度，从而真正形成自治、法治、德治相结合的乡村治理机制。

　　普遍提升乡民的素质固然是实现乡村"治理有效"目标不可或缺的环节和基础工程，但在乡村治理中，还迫切需要培育乡村领袖式的核心骨干，这就是乡村精英。乡村精英在乡村治理中的角色特殊，作用巨大。相对于普通村民而言，村庄精英往往拥有更多的社会资本，能够将乡土社会的道德观念、风俗礼仪融入乡村生活中，重新塑造有集体认同的村庄文化和核心价值观，通过这种社会文化机制的带动，影响农民的行为逻辑，促使集体需要的行动产生。① 当然，乡村精英包括"留守精英""城归精英""返乡精英"，还包括未来可能成为乡村精英的大学生村官等。这些精英中的一部分既了解城市，也熟悉乡村，而且有较多的社会资本，在乡村社会管理中具有更大的比较优势；部分精英具有较好的人力资本，具有开拓精神，善于在乡村建立起威信，具有号召力。但是，这些精英需要进一步提升其政治素养、政策领悟和理解能力、管理水平以及产业发展等方面的能力，职业教育培训要基于提升其综合素质的需要，开展各类培训。

---

① 沈费伟，刘祖云. 精英培育、秩序重构与乡村复兴 [J]. 人文杂志，2017（3）：126.

第四章　乡村振兴背景下农村 职业教育的服务定位

第一节　乡村振兴与高素质农民的培育

随着城镇化进程的不断加快，农村剩余劳动力以前所未有的速度向第二、第三产业转移，加上新生一代对农业生产兴趣不高、对农村生活情感不浓，造成农村人口老龄化问题严重、耕地撂荒现象突出。可以说，"谁来种地""怎样种地"已经成为农村经济社会发展所面临的重大难题。

乡村振兴是解决城乡发展不均衡问题、促进城乡居民共同富裕的关键。实现乡村振兴的关键在于人才振兴。乡村振兴需要一大批文化素养高、经营管理理念先进、农业生产技术过硬的高素质人才，而高素质农民的固有特征恰恰符合乡村振兴对人才的要求。积极培育高素质农民，既是破解"谁来种地""怎样种地"问题的关键，也是促进乡村振兴战略实现的关键。高职院校的核心职责是培养出符合社发展需求的应用型人才，作为高等教育的重要内容，高职教育是与农业产业发展关系最为紧密的教育类型，在培育高素质农民、实现乡村全面振兴方面具有明显优势。乡村振兴背景下，深入分析高职院校参与高素质农民培育问题意义重大。

一、高素质农民的主要特征

高素质农民是指那些具有现代化农业经营理念，拥有较高的理论水平和较强的生态意识，掌握现代农业科学技术，且专门从事农业生产相关活动、以农业生产为主要经济来源的现代化农民。高素质农民具备以下显著特征。

（1）将农业生产视为职业或者事业。随着城乡一体化进程的不断加快，大量农村人口离开家乡来到城市，并通过自身努力在城市买车、买房，最终成为城市居民；与此同时，不少城镇居民厌倦了快节奏的生活，他们掌握着丰富的农业理论知识，并具备先进的农业生产技能，将农业发展视为自己的职业追求。事实上，高素质农民是一种职业，不论是农村人口，还是城镇居民，均可以主动选择成为高素质农民。

（2）生态意识较强。传统农民的思想观念相对落后，环保意识相对淡薄，在农业生产经营活动中滥用化肥、农药，客观上威胁到当地土地资源环境。不同的是，高素质农民普遍素质较高，能够认识到保护生态环境的重要意义，他们在推动农业产业化发展的过程中，始终以保护环境为前提，在此基础上运用自身所掌握的现代化技术进行农业生产。

（3）现代市场意识较强、生产管理理念先进。高素质农民的农业生产管理理念较为先进，对国家制定的最新"三农"政策以及相关法律法规较为了解，拥有较强的现代市场意识，能够迅速捕捉到市场信息及变化，并及时做出调整，这些特征使得高素质农民更容易适应现代化农业市场的发展需求。

（4）社会地位较高。对于传统农民来说，他们的整体素质较低，职业能力不高，为了维持家庭日常生活只能在家务农。受多种因素影响，以耕种为生的传统农民生活在社会底层，并长期处于弱势地位，难以得到社会的认可与尊重。乡村振兴战略背景下，在各项惠农政策的支持下，农民的社会地位有了明显提升。高素质农民在农业生产经营中扮演着多种角色，既可能是生产者、经营者，也可能是投资者、管理者，他们的理论知识水平、技能水平等都普遍较高，同时，经济收入水平也不低于其他职业，发展前景良好，也更容易获得社会大众的认同。

二、高职院校培育高素质农民的优势

积极培育高素质农民，对促进农村经济发展、推动农业现代化建设至关重要。从传统农民到高素质农民的转型是顺应时代发展潮流的，促进这种角色转变的有效途径便是职业教育。作为实用型人才的重要培养机构，高职院校在确定人才培养目标、设置专业课程以及师资队伍建设等多个方面都要符合社会发展需求。乡村振兴战略要求下，高职院校将积极发挥自身优势，培养更多高素质的农业劳动力及农村经营管理人才。

高职院校在制定人才培养目标、设置专业类型以及增加经费投入等各个方面都要首先考虑当地资源优势，并能够紧扣区域经济发展需求。具体到培养高素质农民方面，不少高职院校可以充分利用自身优势，依托重点支柱产业，与有关部门联合搭建"农业学院、农业技术培训基地、农村基层干部学校、农民学校"等平台，引导农业人才、技术、政策、信息、资本等要素流向农村和农业经营主体，促进农业科技发展。从办学角度分析，高职院校能够突破区域限制，鼓励学生积极参加全国性职业资格等级考试，创办专业技能大赛，以及采用中外合作办学模式等，这些均反映出高职教育具有一定的开放性。

为了培养更多服务于乡村振兴的实用型人才，高职院校要始终围绕农业发展需求，准确把握新型职业岗位特征，敢于创新、勇于创新，不断探索"校企合作""工学结合"等教学模式。事实上，国内不少高职院校都设置了诸多与乡村经济社会建设相关的专业，常见的如农学、林学、水产养殖、动物科学、农业资源与环境、旅游管理、土木工程、公共管理与服务等，这些专业所设置的课程都完全符合就业岗位需求，有助于学生在毕业后顺利走上工作岗位，为乡村建设贡献力量。此外，职业教育重视的是学生技能，这决定了高职院校将职业资格等级证书作为评价学生技能水平的关键，所以毕业于高职院校的学生既掌握了专业的理论知识，又拥有较强的实践操作能力。高职院校在高素质农民培育方面具有明显优势，不论是在提升农民理论知识水平方面，还是在提升农民职业资格能力方面，均有着丰富的教学经验。

接受高等职业教育的前提是必须首先完成中等教育，作为职业教育体系中的高层次教育，高等职业教育旨在通过理论知识学习以及社会实践训练等方式为社会培养出大量高层次的职业人才。与中等职业教育或者高等职业培训不同，高等职业教育所培养出的人才兼具研究性与职业性两种特征，换句话说，完成高等职业教育的毕业生不仅仅能够胜任蓝领工人的工作，还能够成为某一领域的技术工程师。乡村振兴对高素质农民提出了更高要求，他们除了要拥有一技之长，还必须要具备较高的思想政治素质与文化素养，拥有较强的专业技能。显然，短期的职业技能培训或者中等职业教育所培养的人才是难以满足乡村振兴战略对人才的需求的，而高职院校则能够担此大任，其所固有的高等教育属性恰恰能够培养出高素质高技能的职业农民。

三、乡村振兴背景下的中国高素质农民角色定位

（一）作为实践者的高素质农民：以强化主动实践为基础探索农业现代化

高素质农民不仅是破解农业农村发展难题的关键力量，也是推动乡村振兴和践行农业农村现代化的重要角色。当前中国农业的出路就在于现代化，现代化的农业生产经营方式已从单一农户向多元主体转变，从种养为主向多领域融合拓展，从手工劳作向运用现代科技转型。高素质农民在现代农业生产经营中居于重要地位，有效地支持了现代农业的持续发展。当然在国家大力推进农民职业化的同时，高素质农民在农业生产经营中或多或少存在学习能力差、熟练操作新生产技术能力欠缺、经营能力相对不足等问题。总体来看，中国高素质农民呈现成员来源多元化程度高、规模化经营程度高、农业绿色发展水平高、互联网利用程度高、农业经营纯收入较高的"五高"新特征。

高素质农民不只是要被动适应农业现代化发展，保障粮食生产，

更是要主动推动乡村振兴、变革传统农业。相应地，高素质农民对于自身角色的设定，不只是要将农业当作产业来经营和维持生计，更是要进一步提升自身素养，通过农业生产经营追求经济利润最大化，实现对美好生活的向往。高素质农民在现代农业中所承担的功能作用，也不应只是被动地适应国家农业农村发展的新形势和新要求，应更加主动积极地参与到社会主义新农村建设中，融入农业生产经营"新四化"中，贯穿于对生态、环境、下一代发展的各个实践环节之中，承担更多的责任。

在全新的时代背景下，高素质农民嵌于乡村振兴和农业现代化进程中，已经溢出了原有传统农民的被动型实践角色，其角色身份在扩展和丰富，彰显其主动型实践者的角色特点。具体而言，高素质农民意味着农民从土地的束缚中解脱出来，可自由选择职业，从限制性身份转变为职业身份，使得更多人可以选择、能够选择农民身份，由此回答了"谁来种地"的问题。高素质农民通过改善农业生产经营方式，实行绿色化生产、精细化管理，确保了国家粮食安全和生产绿色农副产品，由此回答了"种什么地"的问题。此外，高素质农民通过对自身农业科学素养的培养以及现代农业生产技能的提升，进一步回答了"如何种地"的问题。高素质农民能够根据农业与农村现代化的标准要求，准确为市场提供绿色健康的农副产品，确保老百姓的食品安全，并对当代与未来农业绿色发展做出自己的思考。高素质农民需具备经济头脑。农业不仅是一个生产粮食的部门，还是集生产加工、经营销售、售前售后服务于一体的产业。高素质农民应明白"怎样经营管理"，将绿色化、精细化、高效化贯穿产前、产中、产后的每个实践环节之中。此外，高素质农民还需具备较强的市场意识，积极探索销售渠道，创新销售方法，实现多方共赢。

（二）作为执业者的高素质农民：以提升竞争力为基础探索农业职业化

乡村振兴作为新时代农业农村农民工作的总抓手，是当前国家治理的基本战略和事项，其中人才处于独特地位，担负着不可或缺的造血功能与使命任务。就此而言，在乡村振兴战略框架内，在新时代农民职业化发展驱动下，高素质农民应运而生，这不仅改变了原有农村的封闭状态，打破了农民的保守思想认识，同时通过城乡一体化的发展，融合了各领域优质资源，提升了农业行业实力和农民职业竞争力，使高素质农民成为推动农业农村现代化的领头羊。若从乡村振兴战略视角出发，高素质农民作为农业职业化的执业者，包含了职业化、专业化、组织化等时代意蕴。就高素质农民的内涵而言，其字面意思不仅是将农业生产经营作为固定职业的农民，更意味着乡村振兴战略的深入，意味着农业农村现代化实践进入到更深层次、更发达、更成熟的阶段，高素质农民相应具有了多重丰富含义。

在乡村振兴的背景下，高素质农民不只是长期从事农业生产的人，而且还是作为农业职业化的执业者。乡村振兴与农业农村现代化无法离开农民的职业化，高素质农民才是乡村振兴的有生力量。从理论上讲，国家通过有关高素质农民政策的制定与实施，通过加强政策扶持、开展技能培训、试点试验等引导性的体制机制来培育高素质农民，使农民身份得到社会认同；反过来讲，农民通过政策的引导和自身感受确立起对其职业化的自我认同，也会对国家以及制度的调整起到积极的反向作用，可以说这是一种相互塑造的过程。由此，培育农民成为农业职业化的执业者角色是乡村振兴战略下所要实现的重要定位。

乡村振兴战略所需要的高素质农民应该具备专业性、职业性、组织性、创新性等职业特点，以及较高的职业道德素质能力、较强的学习能力和管理能力、较灵活的交际沟通能力等职业能力。一方面，高素质农民作为农业现代化的主力军，不仅以务农为基本任务，更重要的是坚持学习与创新，提高农业生产的基本专业知识和技能水平，包括农作物的栽培、土地营养供给与施肥、农业气象等方面的技能和知识，还应主动掌握相关农业政策要求、法律法规、职业标准等职业知识。此外，还应熟练掌握现代农业器械的操作使用、新材料新能源应用技术，以及采购、使用、保养、维护、检测等现代农业设施的保养维护技术，延续农业设施的寿命及维护使用状态。另一方面，由于长期以来深受农民身份以及生活理念与社会观念方面的影响，传统农民与时代发展脱节。随着现代农业的转型升级，脱颖而出的高素质农民抛弃了以前对农民身份的偏见，能把农业作为固定的、终身的职业，并且在从事农业生产经营过程中，通过增强农业职业道德素养，具有自主学习与提升的意识，不断提升自身的交际沟通能力，以及管理思维与商谈能力。总之，农业职业化的执业者角色，不仅增进了对乡村振兴战略价值意蕴和农业农村现代化的科学认识，同时通过对农民职业化执业者角色的认同帮助农民坚定参与到乡村振兴战略与农业农村现代化之中。

（三）作为研究者的高素质农民：以提高专业知识为基础探索农业绿色化

近年来，许多国家开始进行系统的现代农业实践研究，较为著名的有美国生态农业、有机农业，日本自然农法、环保型农业，欧盟绿色农业等。总结各国经验探究绿色农业，其是指运用绿色农业技术、绿色农业装备器械、绿色农业管理理念，强调节约能源、利用可再生能源进行农业绿色生产，同时汲取传统农业绿色经验，形成将绿色化理念贯穿到整个产业中的绿色农业发展模式。因此，随着中国乡村振兴战略的深入推进，在农业发展各个方面取得一定成就之后，需要着力提升农业绿色化水平。但突出问题在于目前现代农业生产经营主体缺乏对农业绿色化观念的认知、对绿色农业技术的运用以及对中国农业绿色保护体制机制的了解等。

进行农业绿色化发展意味着绿色农业的目标应包括环境效益、经济效益以及社会效益等。其中环境效益主要包括减少杀虫剂、除草剂的使用，虽然使用这些化学药剂可以抑制害虫、真菌、线虫、杂草等，有效促进农作物产量的提高，但其依然属于有毒物品，会直接危害人与牲畜和土地环境，并通过空气水源危害其他生物。此外，还应减少在农业生产经营过程中产生的废弃物、污染物，通过节水节能，收集雨水用作清洁、灌溉等方式进行土地治理、生态维持，改善农村土地环境。另一方面，社会与经济效益主要包括美学价值、经济效应、健康与舒适性等，也就是通过绿色化改造、创新农村风貌，增加农村土地和建筑在美学上的规划协调以及设计创意、建造，提供对人们心理生理具有积极影响的更多亲密互动、层次丰富的空间。这些方式除了改善农村基础建设和土地环境，直接或间接地创造社会效益外，还能吸引更多投资者和消费者，为政府和村民带来积极的经济效益。

高素质农民不仅是农业生产的实践者、执业者，也是进行农业绿色化的研究者。换句话说，高素质农民不能仅以种养为主，满足自身的生存需要即可，还需要激发自身学习研究农业绿色化的主动性，主动熟练运用绿色农业技术，掌握绿色农业装备机械的使用，使自身拥有足够的敏锐度适应绿色农业市场行情，进行绿色农业经营管理。通过提升高素质农民的绿色农业专业素质，确保其既能了解掌握绿色农业的专业知识和技术，又能在农业生产和经营管理中运用，更好地发挥其引领与驱动作用。

（四）作为保护者的高素质农民：以增强环境保护意识为基础探索农业生态化

乡村振兴战略涉及产业、人才、文化、制度等各个层面，也离不开生态环境的有力保障。高素质农民作为农业生态化的保护者，可以为乡村振兴和农业农村现代化提供生态环境保障。乡村振兴战略背后的生态环境保护基础在于高素质农民之间能够形成生态共识，生态共识体现在高素质农民群体在生态保护领域的一致性，是乡村振兴与农业农村现代化获得生态屏障的基础。改革开放以来，农业生产经历了由粗放到绿色可持续的发展历程，曾经出现过的在农业生产中大量使用农药、城市侵蚀农村土地、破坏生态环境等现象，使农村生态环境经受了较大的考验。目前，高素质农民要担负起优化农村生态环境的重任，构建农业农村现代化生产生活和发展的生态平台。

乡村振兴战略的推进离不开高素质农民广泛的生态认同，如果说生态发展是高素质农民进行农业农村现代化建设的基础，那么塑造支撑农业农村现代化建设的生态屏障则是新型职业农民必须承担的社会责任。为乡村振兴战略提供生态保障，需要把握着力点。积极引导高素质农民进行绿色农业的生产与研究。在这方面，高素质农民通过了解国家关于乡村振兴以及农业农村现代化建设的要求，通过积极参与、引导进行农业生态化保护以及农村生态化建设，为乡村振兴战略提供生态屏障。

辨析农业生产经营中的各种错误方式。高素质农民进行农业生产经营应以生态环境保护为基本立场，科学审思关于乡村振兴战略全部实践过程与各个实践环节的各种认识、观点和理念，辨析在农业生产经营中各种错误操作，如高毒性农药的使用、化肥过量使用、养殖造成的废弃物排放、各种营养物和污染物排入江河湖海等，同时还需进一步强化科学环保意识引导，倡导绿色自觉的农村新风尚。

培育保护农村环境的绿色发展观。新型职业农民应通过明确生态保护意识，营造良好的农村生态环境，倡导进行绿色生产和生活方式，推动农村生态化发展贯穿乡村振兴战略发展主线。

四、乡村振兴背景下培育高素质农民的路径

为实现对高素质农民的精准培育，高职院校必须在找准潜在培育对象的基础上，丰富培育内容，科学设置培育方案，不断强化培育对象的职业意识，提升其知识水平、道德素养以及专业技能等。

（一）找准潜在培育对象

找准潜在培育对象是高职院校培育高素质农民的基础与前提。高素质农民的来源是广泛的，既可以是农村的适龄劳动力、返乡创业农民工、致富带头人，也可以是有志投身农村建设的城镇居民，还可以是在校大学生。

要在村集体内部就乡村振兴战略的相关政策法规等内容进行宣传，调查并统计各个行政村的适龄劳动力、返乡农民工以及退伍军人等群体的基本情况，由相关部门建立高素质农民培育对象的信息资料库，据此搜集那些有意愿参加职业培训的适龄劳动力人口信息，在此基础上，协同职业院校制定相关的培训计划。另外，在经济条件较为落后的偏远农村，留守劳动力数量相对较

少，可考虑重点培育当地的致富带头人，高职院校要立足于当地经济发展状况，结合致富带头人的学习能力、接受能力等因素，有针对性地制定合理的人才培养计划，以此来提升高素质农民培育的精准性。

进入高职院校的在校大学生中，有相当一部分来自农村。与城镇居民不同，农村籍大学生更加熟悉农业生产、农村生活。有鉴于此，高职院校要不断丰富涉农专业的理论课程，提升大学生的专业素质，同时还要结合社会发展需求，有意识地强化大学生在互联网技术、网络营销等方面的学习。此外，为了鼓励更多大学生将自己的所学应用于家乡发展，高职院校要定期开展大学生返乡创业活动，在校园内宣传最新农业政策、"三农"法律法规等内容，培养大学生的"爱农"意识，并引导大学生将服务农村、建设农村作为职业发展方向。

高素质农民的来源并非单一的，他们既可能来自于广大农村地区，还可能是来自于城镇地区。针对愿意到农村实现个人价值的城镇居民，高职院校应该为其敞开大门，创新教育教学模式，丰富课程内容，并通过继续教育、在职培训等方式，为这部分城镇居民提供学习农业理论知识、提升农业生产技能的机会，为其日后更好地服务于乡村振兴打下坚实的基础。

（二）科学设置培育方案

找准潜在培育对象后，要全面把握其基本状况，结合乡村振兴战略对人才的需求，进一步制定合理的培养方案。

对于在校高职院校大学生，他们的文化基础比较扎实，学习能力较强，即便将其作为培育对象，高职院校依然可以继续使用全国统一的教科书；但是针对农村适龄劳动力、农民工、退伍军人等其他培育对象，就要考虑到他们的文化水平、学习能力、接受能力的不同，高职院校应当挑选优秀教师，由其围绕教学大纲及学科特征，并结合当地支柱产业发展需求编写培训教材，教材内容要通俗易懂，也可以制作与培训教材同步的视频教程，以便培育对象更好地理解教材内容。

为满足培育对象的多样化需求，高职院校应紧扣当地特色产业，尽可能多地设置专业课程，支持并鼓励培育对象自主选择，这样便能在提升教学效果的同时，实现"学"与"用"的有效衔接。除了可以自由选择课程内容之外，授课方式也可以由培育对象自行决定。目前多所高职院校都推行了面授与远程函授结合、短期与长期培训结合、脱产与半脱产结合等方式。综合考虑培育对象的学习特征及时间安排等因素，可以对同一类型的培养对象进行小班授课，例如，举办农家乐经营管理培训班或者农村淘宝研修班等，有针对性地为其提供专业技能指导。

高职院校要提升办学质量和教学水平，除了采用课堂教学形式之外，还要敢于创新，尽可能选择那些兼顾理论学习和技术指导的教学形式，如网络直播课程、实地考察、跟踪服务等。其中，实地考察是培育对象到实践基地参观、学习的过程，这期间会有专家进行现场讲解、案例分享，并引导学员交流学习心得；跟踪服务是授课教师、农业技术员等深入到农业生产经营一线，来到田间地头为培育对象进行技术指导；组织教师、专家及农业技术人员通过网络进行线上授课，在传授知识与技能的过程中，及时为培育对象解答学习中的困惑，或者针对培养对象需求打造精品课程，便于培育对象随时随地进行课程学习。

鉴于培育对象的类型不同，高职院校要不断优化师资队伍，适度提高教职工的薪资待遇，以此吸引来自农业部门、科研院所、农业企业等不同组织机构的专家、学者以及技术员等，他们普遍熟悉国家政策，理论基础扎实，实践经验丰富，并掌握着先进的农业生产技术，完全能够胜任培育高素质农民的教育工作。针对在职教师，要提升其执教能力及水平，完善教师培训制度，定期或者不定期地组织教师参加培训，当然，也可以邀请农业专家或者学者走进校园对教师进行培训，培养教师的创新意识，并强化教师的课程开发能力。当然，完善教师考核制度也是极为必要的，凡是在考核中不合格的授课人员，要及时予以清退。

（三）丰富培育内容

乡村振兴战略的提出促使各个行业对所需人才的要求越来越

高，对于高素质农民而言，除了要拥有扎实的理论基础之外，还必须要具备较强的个人素养、生态意识，并掌握一定的农业技术，拥有较高的经营管理能力，只有这样，才能更好地服务农业、发展农业。高职院校在培养高素质农民过程中，必须不断丰富培育内容，否则所培养出的人才是难以符合社会发展需求的。

首先，要培养职业意识。通过高职院校的系统化教育，让更多青年人消除对高素质农民的误解或偏见，让他们准确把握高素质农民的本质与内涵，深刻认识到高素质农民是体面职业，是具有良好发展前景的职业。要激发青年人的职业意识，促使其实现向高素质农民的完美转型，一是高职院校应综合考虑多种因素，依托当地产业发展优势，有针对性地制定教学目标、教学计划，并合理设置职业意识理论课程，让在校学生对高素质农民有更为深刻的认知与理解；二是高职院校要积极创造条件与机会，尽可能多地邀请一些投身于新农村建设的典型群体（如大学生村官、优秀扶贫干部等）到校演讲，或者邀请部分转型成功的农民，以访谈形式与在校学生交流经验，这种现身说法更具说服力，对提升在校生的职业意识大有裨益。

其次，要强化道德素养。为了有效提升高素质农民的道德素养，高职院校必须强化对培育对象的思想道德素质培训，开设与法律基础、职业道德、个人素质以及人际交往礼仪等相关的课程，让培育对象树立正确的职业观、价值观等，与此同时，高职院校还要将创业规划、农业发展等内容纳入人才教育内容之中，促使培育对象树立正向的"终身学习观"，提升培育对象的"爱农"意识，帮助其做好职业规划，并科学引导其将新农村建设、乡村振兴作为自己人生选择的目标。只有具备了爱农、兴农的思想意识，才能树立起爱岗敬业的职业观，才能在农业生产中以保护生态平衡、维护食品安全为己任。

最后，要提升生产技能。科学运用现代农业技术，能够在提升农产品产量的同时，改善农产品品质，这对于发展特色农产品、打造农业品牌具有积极作用。为全面实现乡村振兴，高职院校应当尝试推行科研兴农、技术助农的长效机制，在培养高素质农民过程中，除了要向其传授理论知识之外，还要有针对性地培养农民的农业技术与技能。一是培养农业生产及发展所需要的基础技能，如土壤改良技术、农作物种植技术、植物病虫害防治技术、动物养殖技术、动物疫病防治技术、特色农产品的深加工及储藏技术等；二是提升农业现代化建设中必备的核心能力，如营销能力、经营管理能力、创新能力等，这需要高职院校强化对培育对象在企业管理、电子商务、互联网应用、营销推广、投融资管理、品牌建设等方面的课程培训。

第二节　乡村振兴背景下返乡创业农民工的高素质农民培训

党中央、国务院大力支持农民工等人员返乡创业。通过职业教育培训促使更多的返乡创业农民工成为高素质农民已经成为时代所需，这是乡村振兴背景下加快农村现代化进程的必然选择。

一、返乡创业农民工是高素质农民的重要来源

（一）农民工回流趋势明显，返乡创业引发"归雁效应"

在城市"推力"与农村"拉力"的共同作用下，越来越多的农民工选择返乡创业，回流趋势明显。

农民工返乡创业有着自身的优势，外出的务工经历一方面开阔了农民工的视野、积累了一定的社会资本与创业资金；另一方面也使他们掌握了先进知识和劳动技能、锻炼了职业品质、具备了敏锐的市场洞察力，这使很多农民工萌发创业意识、愿望与理想，为其返乡创业奠定了坚实基础。返乡创业农民工这样的"归雁"不仅能促进农村经济发展，还能使更多的农民工返乡就业助力乡村振兴。

（二）农业渐成有奔头产业，返乡农民工涉农创业助推乡村振兴

新生代农民工返乡创业呈递增趋势，主要是依托农村发展潜力

和市场需求，开展新型农业种植养殖开发的项目，依靠电子商务平台进行的土特产品销售项目，创业成功率较高。① 由此可见，农业逐渐成为有奔头的产业，涉农创业助推乡村振兴已经是绝大多数返乡农民工的理想选择。一方面，国家对"三农"工作的高度重视为返乡农民工涉农创业创造了条件与机遇；另一方面，返乡农民工的农村情结，以及农村优美的环境、家人的期盼、与城市接轨的机会，对农民工返乡涉农创业形成了一种很强的拉力。乡村振兴过程中，农民的主体地位不可动摇，返乡创业农民工更将成为新农村建设、实现农业现代化的主力军。

（三）返乡创业农民工成高素质农民，为"三农"发展注入新动力

高素质农民区别于传统农民的一个重要方面是他们善于利用新技术、新方法，通过市场供求规律成功实现农产品商品化，在实现自身增收同时带动其他农民致富，进而推动产业的进步。很多进城务工多年的农民，都有较强的学习能力、市场意识，他们具备较高的社会资本、人力资本、创业资金，为培育高素质农民挖掘了新的潜力。目前，"农民"已经不再是一种身份标签，爱农业、懂技术、善经营的高素质农民正逐渐被人们所熟知并成为令人尊敬与向往的职业。大量农民工返乡创业，其中很多已经或正在成长为高素质农民、新时代农业企业家，这对农业供给侧改革、农民素质整体提升、农村可持续发展具有重要意义。

二、职业教育培训促进返乡创业农民工成为高素质农民

（一）地方积极配合，形成多种模式大力开展返乡农民工创业培训

国家政策的出台只是顶层设计上的宏观指导，政策的落地最终还要靠地方政府因地制宜的具体实施。从实际情况看，地方政府能

---

① 赵振国．山东省农民工返乡创业发展的调查与思考［J］．山东人力资源和社会保障，2017（6）：16-20．

积极配合国家政策，形成多种模式大力开展返乡农民工创业培训。如山东省为返乡农民工创业培训提高补贴标准，依托高校、创业园区等共建创业大学。四川省为抓好农民工等人员返乡创业培训工作，创新培训模式，增加培训频次，采用网上培训、农民夜校、巡回培训班等方式，推动培训资源进县下乡。河南省为农民工返乡创业提供"一站式"服务，其中重要的一点就是探索"课堂培训＋创业实训""技能培训＋创业培训""示范基地培训＋创业项目案例培训"等不同形式的农民工返乡创业培训体系，让有创业意愿的农民工学到创业技能。上海市根据返乡创业农民工不同的需要，将培训分为创业入门班、实训班和提高班三种类型，采取模块式的培训方式，同时加强对返乡农民工的个性化辅导和跟踪服务等。可以看出，地方政府在开展对返乡农民工的创业培训时，进行了多种尝试与探索，有些已经形成了成熟的培训模式，可以在其他地区进行推广。

（二）培训成效显著，返乡创业农民工逐渐成为高素质农民典型

通过职业技术培训提高返乡农民工的文化素质、创业知识、职业技能等更能促使农民工获取政府返乡创业支持，加大其创业成功的可能性。目前，返乡创业农民工中有很大比例已经成为高素质农民的典型，他们不仅实现了自身的创业梦想，还带动了更多的人发家致富，为实现农业现代化而贡献力量。

三、基于返乡创业农民工的高素质农民培训策略

（一）树立典型，大力宣传返乡创业农民工务农收益

近年来，国家以及地方政府出台了一系列鼓励返乡农民工涉农创业的政策与培训，但是由于宣传工作的不到位以及农民工获取消息的渠道有限，导致部分返乡农民工不能及时了解优惠政策，无法顺利接受高素质农民培训。也有很多返乡农民工对高素质农民、现代农业认识不足，不敢涉农创业，从而只能在第二、第三产业进行创业。因此，我们可以树立返乡创业农民工成功典型，大力宣传返

乡创业农民工务农收益，吸引更多的返乡农民工接受培训成为高素质农民。如江苏省盐城市通过编印农民创业典型集锦，赠送给有返乡创业意向的农民工。同时组织开展农民创业大赛，评选十佳农民创业之星、创业标兵等，极大地提升了农民工涉农创业的热情。山东省通过举办创业成果展、创业峰会等活动，普及创新创业知识，推介成功创业案例，营造良好创业氛围。

总体来说，树立返乡创业农民工典型，同时让返乡农民工对高素质农民有充分认识并及时获取培训信息，充分利用广播、电视、报纸、网络等传播媒体，提供创业成功案例、高素质农民事迹、"三农"优惠政策、培训班招生信息等，让更多的返乡创业农民工在耳濡目染中激发涉农创业动机。同时，还可以举办十佳高素质农民、返乡农民工创业之星、创业农民工高峰论坛等活动，让返乡创业农民工现场感受涉农创业的魅力，领略创业之星的风采，同时可以通过面对面的交流增强返乡农民工创业信心，为使其成为高素质农民奠定基础。

（二）联合校企，打造更优返乡创业农民工培训共同体

目前，不管是返乡农民工培训，还是专门的高素质农民培训，其培训主体涉及，农业农村部、扶贫办、妇联、人力资源和社会保障部等。虽然培训的主体很多，但是大多数情况下他们都仅从自己的任务出发，没有形成真正的培训共同体，难以形成合力。通过调查发现，已有的培训大多都是政府行为，与学校、企业、社会等联系较少。要想增强培训效率与效果，可以联合校企，打造更优返乡创业农民工培训共同体。一方面，可以建立专门的返乡创业农民工培训和高素质农民培育部门，把政府部门、涉农院校、农业龙头企业、职教专家、农民企业家等机构和人员纳入部门工作组，这样可以避免多头管理、重复培训；同时可以实现资源整合，形成合力，提高培训效率。另一方面，可以通过政府购买服务的方式，拓宽高素质农民和返乡创业农民工培训渠道。鼓励涉农院校、涉农企业、农民合作社等市场主体开展培训，政府通过购买服务实现资源的优化。这样不仅可以营造良好的培训环境，还可以通过市场的作用提

高培训的质量。

四、更新"菜单"，完善返乡创业农民工培训内容

"爱农业、懂技术、善经营"已经成为社会广泛认可的高素质农民的内涵。要使返乡创业农民工通过培训顺利成为高素质农民，必须不断更新"菜单"，完善返乡创业农民工培训内容促使他们达到"爱农业、懂技术、善经营"的目标。

为了使他们达到"爱农业"的目标，可以设置农业农村发展现状与前景、农业创业扶持政策、农民企业家创业事迹等培训内容，让返乡创业农民工及时了解农业方面的最新政策，进一步坚定其涉农创业的信心与服务农业现代化建设的决心。

为了使他们达到"懂技术"的目标，应至少设置两大模块的内容。一是一般的创业技术模块，包括创业意识、创业品质、创业流程等方面的内容；二是具体的农业技术模块，包括农产品的种植养殖技术、农产品储藏保鲜与加工技术、病虫防治技术、秸秆炭化技术等。使返乡创业农民工不仅具备企业家的各项素质与技术能力，同时还要对最新农业技术有深入了解。

为了使他们达到"善经营"的目标，应设置创业训练、创业模拟、创业实践与服务等内容。让返乡创业农民工把学到的理论知识运用到实践中，通过各种实训了解企业创建与运营经验。同时可以组建优秀农民企业家队伍，为返乡创业农民工提供政策解读、创业项目推荐、创业问题咨询等全过程跟踪指导与服务。

五、调整手段，创新返乡创业农民工培训方式与形式

由于返乡创业农民工生活经验丰富、个性鲜明，培训时应该充分了解他们的需要与偏好，同时结合农业生产的特点，调整培训手段，创新培训方式与形式。

目前，采用最多的培训方式是课堂讲授法，这种方法容易操作、受训数量多。但是这种方式存在单向培训的缺点，受训者无法与培训教师及时进行交流。返乡创业农民工培训在采用传统课

堂讲授法的基础上，应尝试创新其他培训方式。可以采用农民企业家沙龙或高峰论坛方式，让返乡创业农民工近距离感受农民企业家创业的风采，进而把创业者身上的创业品质、能力内化成自己的需要。同时通过农民企业家的创业经历，为创业者自己涉农创业提供方向与路径。①

可以采用田间课堂形式，让返乡创业农民工在实际操作中学习农业新技术，感受新农村的美好，强化对农村的热爱。可以采用模拟创业方式，让返乡创业农民工在模拟的企业创办的每一个情景模式中真实地感受创业，掌握企业经营环节与技巧。

可以采用"互联网＋培训"方式，把相关培训资源、多媒体教学包等放在相关网站上或制作专门的手机 App 学习软件，把培训与互联网有效结合，让更多的返乡创业农民工随时随地学习自己感兴趣的知识。

第三节　农村职业教育与乡村精英再造

改革开放 40 多年来，我国城市取向的发展政策、新型城镇化的快速推进等引发的共振效应，使城市对乡村产生了巨大的"虹吸效应"，使越来越多的农村人口向城市社会单向流动。不难发现，从乡村流入城市的人口总体上是素质相对较高的群体，其中不乏一批乡村精英。然而，正是因为这些以乡村精英为重要组成部分的人才源源不断地流出，使"谁来种地""乡村如何治理"等成为我们面临的时代课题，如果任由这种状况持续下去，那么，乡村振兴目标的实现将只是空中楼阁。

乡村振兴的关键是人才。要实现"产业兴旺，生态宜居，乡风文明，治理有效，生活富裕"的目标和任务，就应因循乡村振兴必须首先人才振兴的理念和路径，大力吸引和积极培育以乡村精英为

---

① 何维英. 乡村振兴背景下县域返乡农民工创业培训研究［D］. 长沙：湖南师范大学，2020：26.

主体的优秀人才参与到乡村振兴的伟大事业之中。新乡贤、乡村精英在乡村振兴中扮演特殊的、不可或缺的角色，基于农村职业教育培训路径，大力培育乡村精英是亟待职业教育理论工作者和实践领域的专家们探索和实践的重要课题。

一、乡村精英的内涵与特征

（一）乡村精英的含义

精英原本是一个社会分层概念，社会学家帕累托认为，可将社区精英定义为社区中那些具有特殊才能、在某一方面或某一活动领域具有杰出能力的社区成员，他们往往是在权力、声望和财富等方面占有较大优势的个体或群体。[①] 关于乡村精英这个名称及其定义学者们有多种表述，如有学者把乡村精英称为"村庄精英"，并将其定义为：有素质、有抱负、有见识，有志于按自己的设计去改变乡村的面貌，做事有明确的目标和计划，在村民中有威信，并且具有一定的号召力和组织力的村民。[②] 另有学者认为，所谓乡村精英是指个体能力强且能够在村民中发挥影响的那部分村民，他们大都拥有优势资源、成功经历和社会影响力。[③] 这些定义大同小异，并没有本质的区别。

（二）乡村精英的特征

乡村精英是乡村社会中出类拔萃的一个群体，一般来说，精英具有一种超群的禀赋；具有一定程度的受教育的经历；对村庄的建设和发展有自己独特的理解和愿景；对农民有比较深刻的理解和认识。乡村精英一般具有以下典型特征。

1. 情感特征

浓浓的乡愁，反哺故乡意愿强烈。乡村精英与乡村社会具有天然的联系，他们具有比较强烈的乡土情结。他们把曾经养育过自己

---

① 李军.乡村精英：农村社会资本内生性增长点［J］.调研世界，2007（3）：28.
② 乔运鸿.乡村治理中的村庄精英角色分析［J］.中国行政管理，2012（10）：39.
③ 王中标."乡村精英"发挥作用的制约因素及对策［J］.特区经济，2007（10）：136.

的故乡作为心灵深处的精神家园，人生终极的依归，他们与家乡有割舍不断的感情。乡村精英是当代社会的新乡贤，那些目前仍然生活、工作在农村，或者多数出生在这片土地，曾经在乡村生活和成长，后因升学、外出打工、参军一度离开乡村，而今在政治（仕途发展）、经济（企业家）、文化等各领域取得杰出成就，具有一定社会名望的精英群体，他们中的大多数都与乡土社会有千丝万缕的联系，有浓浓的"乡愁"，正是这种乡土情结成为他们回归和反哺乡村的重要动因。他们希望能够反哺曾经养育他们的家乡，或者因为"落叶归根"浓浓的思乡情绪，吸引他们回归这片土地。乡情、乡愁是乡村精英的典型情感特征。

需要指出的是，乡村新土地精英作为一个正在迅速崛起的精英阶层，一方面与"资本下乡"的外源嵌入性不同，新土地精英具有乡土内生性，所以在情感上更具有乡土认同感，也会更加关心村庄经济、政治和社会的发展；另一方面，由于土地的"纽带"作用，他们与村庄的关系更为紧密，所以他们具有参与村庄治理的历史必然性和主观需求性。①

2. 组成特征

组成多元，高素质农民为主体。乡村精英作为当代社会的新乡贤，其构成已不同于传统社会以功名身份为核心的乡绅阶层，他们大多是各行业的成功人士、时代精英，他们许多具有娴熟的技术、先进的管理经验、前瞻性视野或开拓创新的时代品格。他们中既有留守农村的成功人士，还有衣锦还乡的各类成功人士，也有创业大学生等。他们可能成为家庭农场主、农业合作社负责人或其他各类经营管理人员。乡村精英是生产经营型和服务型高素质农民的杰出代表。

3. 资本特征

发展资本丰厚，社会资本明显。部分曾经的普通农民之所以能够成为精英，很重要的原因是他们在自身的发展过程中，积累了丰

---

① 刘腾龙. 新土地精英的崛起与村级治理转型［J］. 中国青年研究，2020（2）：59.

富的多样化的资本。他们或是因为在长期的乡村社会生活过程中广积人脉，产生了较大的社会影响力，形成了一定的社会关系网；或是在曾经的打工经历中，使自己得以历练，积累了一定的社会资本；尤其是体制外精英，他们往往是强势精英，拥有丰厚的资源，个人能力较强（包括知识、智慧、为人处世技巧等），担任过村干部或者有一定的家族背景等，并具有一定的影响力。① 在乡村社会，乡村精英不仅仅是经济资本的拥有者，更是社会资本的拥有者，他们往往处于乡村关系网络的中心，是人情交换的中枢，也是第三方信任的基石。②

4. 能力特征

乡村精英之所以能够成为具有号召力、凝聚力和较高声望的领袖式人物，重要原因之一在于他们具有更强的综合能力，表现为组织能力、协调能力、社会关系能力突出等。对于乡村而言，无论是在素质普遍低下的过去乡村，还是在素质普遍提升、但高素质人才外流的现代乡村，这些能力都是实现乡村"治理有效"，带领农民"生活富裕"，以及建设"生态宜居"新乡村所必需的。正因如此，无论是土生土长的乡村精英还是外来的乡村精英，都是他们突出的能力使其成为众望所归的乡村精英。

二、乡村精英参与乡村振兴的实践作用

（一）乡村精英助生新产业新业态新模式

"产业兴旺"是乡村振兴的主要目标和任务，其重要标志就是农村一二三产业融合发展，农村传统产业转型升级，呈现以新产业新业态新模式为主流的现代农业。然而，农村产业结构的顺利转型升级，现代农业的高水平发展，关键还在于必须有一支知农、懂农、爱农的人才队伍，需要具有乡村情怀的现代农业发展带头人，

---

① 李军. 乡村精英：农村社会资本内生性增长点 [J]. 调研世界，2007（3）：29.

② 罗家德，孙瑜，谢朝霞，等. 自组织运作过程中的能人现象 [J]. 中国社会科学，2013（10）：86－101，206.

而乡村精英正是乡村振兴的必然选择。乡村精英通过兴办各类企业，带动本地区经济发展；吸纳农村剩余劳动力，提升村民的生活质量；推动产业转型升级，增加农民的经济收入；推广农业高科技，实现村庄的集约化生产。① 乡村精英之所以能够发挥这些作用，正是由于他们主要是由家庭农场主、农业合作社负责人、村级基层负责人以及其他各类私营企业主组成。这些精英人才所从事的主要是生产经营型、专业技能型、社会服务型产业或项目，他们在实现自身利益发展的同时，在主客观上也吸引了农村劳动力就业，带动了乡村产业的发展；特别是这些乡村精英具有创业意识和精神，对市场敏锐，同时具有信息、技术、知识等资源优势，有利于推动新产业新业态新模式等现代农业的发展。生态农业、旅游农业、休闲农业等是现代农业的重要形式，许多乡村精英凭借自己掌握的信息以及城乡社会资本，发展诸如"精英＋政府＋农户＋企业"的特色产业互动合作模式，这既促进了农村劳动力的充分就业，又推动了"一村一品"产业格局的形成。

（二）乡村精英助推社区治理模式现代化

广大农村，尤其是相对落后乡村，精英流失是不争的事实，由此带来的直接后果便是乡村治理面临内生发展乏力、治理主体缺失、村民有限参与和村民共识削弱等问题。在乡村精英大量流失与乡村振兴需要人才的矛盾背景下，如何实现乡村的"治理有效"已成为我国乡村振兴面临的一个严峻的现实问题。建立新的乡村治理体系、治理模式，需要不断注入各类强大的正能量，需要为乡村输入新鲜血液，乡村精英正是促进乡村有效治理的新生力量。

我国乡村治理的历史和实践都表明，乡村精英参与现代乡村治理具有现实必要性和可行性，乡村精英促进乡村治理的作用体现在：维护乡村社会秩序稳定。乡村精英最为了解村庄，一定程度上掌握村庄非正式的人际关系、权威等社会资本，可以弥补村庄正式

---

① 沈费伟，刘祖云. 精英培育、秩序重构与乡村复兴［J］. 人文杂志，2017（3）：125.

组织治理资源的不足，协助处理乡村矛盾纠纷，维护村庄政治秩序的稳定。他们是基层政府与农民联系、沟通的"桥梁"。他们往往拥有更多的社会资本，能够将乡土社会的道德观念、风俗礼仪融入乡村生活中，重新塑造有集体认同的村庄文化和核心价值观，通过这种社会文化机制的带动，影响农民的行为逻辑，促使集体需要的行动产生。

三、乡村精英重塑的职业教育路径依赖和策略选择

乡村精英在乡村振兴中扮演不可或缺的角色，而要更好地发挥其在乡村振兴的作用，一方面要基于乡村精英大量流失的现状，多管齐下，吸引部分乡村精英回流；另一方面，要从根本上解决乡村精英流失背景下的乡村治理困境。促进乡村精英在乡村振兴中的作用得到发挥，还必须做好两方面的工作：一是重新发现和培育乡村精英，使其成为多元主体共同参与乡村治理新格局的重要参与主体；二是要加强以乡村精英为核心的乡村治理主体的能力建设。为此，必须基于职业教育培训路径，促进乡村精英的培育和重塑。

（一）建立开放融通的职业教育培训制度，为乡村精英创造良好成长环境

1. 强化面向乡村振兴的人才培养，基于涉农专业学生培养未来乡村精英

要全面实现乡村振兴的目标，并从根本上解决乡村振兴的人才制约问题，需要着眼长远，培育多类型多层次的精英。这些精英固然可以通过吸引留守农民、返乡创业农民工、军转人员等方式培育，但是，面向未来，要培养更多的知农、懂农、爱农的乡村精英，以从根本上解决后继高素质农民以及乡村治理人才缺乏的问题，还必须通过相关涉农高校或涉农专业进行系统的培养，将一些有志于乡村社会发展的青年大学生、高职生、中职生培养成未来潜在的乡村精英。为此，一方面，相关涉农高校，尤其是中高职涉农院校，应根据区域乡村振兴人才的需求，开设相关专业，扩

大招生规模，以满足乡村振兴对高质量乡村精英培养的需求；另一方面，国家和地方政府也要实施积极的政策，鼓励相关高校主动培养乡村精英，激励有志青年选择就读涉农专业，学成以后到农村的广阔天地有所作为。

2. 加强社区教育中心的能力建设，基于多源性存量劳动力培训乡村精英

乡村振兴急需人才，少量的乡村精英或许可以通过特殊的人才政策引进，但大批量引进高素质的乡村精英不现实，也不可能。立足现实，从当前来看，最为可行的策略就是基于留守农民、返乡创业农民工、军转人员、大学毕业生等进行各种长短期的职业教育培训，使其逐步成为高素质农民，形成乡村精英必备的品质。在这方面，社区教育中心可以发挥积极作用。目前，许多地区，尤其是经济发达地区的社区教育中心已经在积极开展面向留守农民等的职业教育培训，许多受训人员正成为乡村振兴的骨干力量。

当然，目前许多地区由于对社区教育中心重视不够，投入不足，致使社区教育中心服务能力大大受抑。为此，各地政府一方面应基于乡村振兴人才培养的需要，加大社区教育中心基础设施建设，逐步建设高标准高水平现代化的社区教育中心，以满足不同层次和类别乡村精英培训提高的需要；另一方面，要通过基础设施建设和服务能力的提升，建构社区教育中心与社区学院和中高等职业院校的教育培训网络，促进自身人才培养能力的提升。

（二）创新多元协同的职业教育培训模式，为乡村精英能力建设厚植沃土

1. 创新构建"政—产—教"三方协同的多元共育乡村精英模式

乡村精英由多个层面的精英人物构成，整个培育过程涉及方方面面的利益相关者，也会遇到制约培训工作开展的多层面的问题。从乡村精英培育组成来看，既有留守农民，又有返乡农民工、军转人员和返乡大学生；就从业性质和培养目标来看，既有从事生产、经营和服务的高素质农民，也有主要负责乡村治理的基层干部；从乡村精英培育过程来看，涉及基础设施、师资队伍、实训基地等建设，需要得到来自政府、涉农企业（行业）、中高等职业院校、社区教育中心等多个培育主体的支持。为了能够培育出高质量的精英人才，必须各方协同，并且必须得到包括政府政策支持、企业经费和实训基地、中高等职业院校专业建设和招生等各方面的支持，需要社区教育中心积极配合等。创新构建"政—产—教"三方协同的乡村精英模式是有效之举。在乡村精英培育中，"政—产—教"三方协同一方面要各司其职，另一方面要真正实现协同，形成培育合力。

2. 积极探索"政—教"双元联合的定制培育乡村精英模式

农村劳动力转移既是新型城镇化的必然结果，也是现代农业发展的重要基础，但由此带来的负面影响就是乡村精英的大流失。这不仅给乡村振兴提出了未来"谁来种地"的基本问题，还给人们提出了另一个更为严峻的问题，即"谁来治理"。"治理有效"是我国乡村振兴的主要目标任务之一，实现乡村的有效治理自然离不开乡村精英；同样现代农业的发展需要培育大批的乡村精英，特别需要既能进行乡村治理又能带领农民从事现代农业的乡村基层干部。为了从根本上解决这一乡村治理基层干部严重缺失、素质不高的现实问题，迫切需要政府与教育部门联合进行乡村基层干部的培育工作。堪称全国高素质农民培育十大模式之一的太仓"定制村官"经验和模式值得借鉴。江苏农林职业技术学院创立了"定向招生、定岗培养、定向就业"的招生就业联动机制。学院与地方政府共同制定人才培养方案、共同实施教育教学，构建了以"农业生产技术、农业管理技术、农业信息技术、农业装备技术"为核心的现代农业课程体系，形成了"基本技能训练、生产性训练、综合适岗训练"三位一体的实践体系，保证人才质量与地方需求相适应。由于村官属于基层干部，由地方政府规划与牵头，主动与相关中高等职业院校合作，有利于顺利推进乡村基层干部培养工作的开展，并且能够根据对所谓村官的素质要求，共同确定培训菜单，协同管理培训过程，从而培养出名副其实的精英村官，以便为乡村"治理有效"奠定基础。

（三）研制灵活层级化的职业教育培训方案，为乡村精英提供"合味"的培训菜单

乡村精英培育对象组成成员的多样性、个体素质的差异性，以及地域需求的多元性，决定了要增强乡村精英培养的效能，提高培训质量，就必须基于这种多元性和差异性特点，制定精准的培训方案。

1. 综合素质提升内容

任何乡村精英，不管其来源是留守农民，还是返乡农民工、军转人员、返乡大学生等，不管他们的基础素质如何、职业发展经历有什么不同，也不管是要把他们培养成生产、经营和管理型的高素质农民，还是要培养成主要从事乡村治理的基层干部，都要对其有一些作为乡村精英培养目标的基本素质要求。这些内容包括娴熟掌握、领悟和运用国家、地方乡村振兴政策的能力；掌握和运用信息决策的能力；发展生态农业的素养；基本的职业道德素养；经营管理能力；职业认同、具有乡村情怀等。所有这些都是乡村精英从事现代农业、进行乡村治理的必要条件。职业院校和社区教育中心等机构应基于乡村精英所需的这些基本素质，合理安排培训内容，将此作为培训的通识内容和"基本拼盘"。

2. 差异化发展需求内容

乡村精英具有多类型的特点，在肯定其共同的素质目标的同时，更要注意其需求的差异性，这种差异性是由其具体的不同的培养目标所决定的。就生产、经营和服务型高素质农民而言，其更多地表现为对从事现代农业生产、经营和社会服务的相关知识和能力的需要，要有创业知识和能力素质；而作为乡村治理的基层干部，虽然也需要懂得现代农业生产、经营等知识，但是，其还需具备作为乡村基层干部所应具备的更专业的管理知识和能力等，这些素质是其开展乡村基层治理工作所必需的。即使是高素质农民，由于其包含生产经营型、专业技能型和社会服务型等不同类型，其知识结构和能力结构也有差异性。职业教育培训机构应根据这种多层次性和差异性特点，提供"蛋糕式"或者"三明治式"的培训方案，以

使培训更加精准，培训内容和形式更加"合味"，更受欢迎。

3. 引导与规制性内容

乡村精英或者作为乡村精英的培育对象，其作为乡村振兴的重要参与主体，是社会资本较为丰富的群体，在乡村振兴的实践中需要他们深度参与，发挥积极作用；但由于乡村精英自身的特殊性，不可避免地会存在某些不足，甚至其中的部分人还存在较为严重的不良习气。在充分发挥其作用的同时，也要注意对他们的行为进行必要的引导和规制，以免他们成为损害乡民利益的群体。为此，各地政府要与职业院校和社区教育中心等，基于乡村精英素质结构中的薄弱点，进行补偿性职业教育培训。要注重对乡村精英的法制教育和规范引导。预防宗族势力对乡村治理的干预，防止这些具有优势地位的乡村精英沦落为新时期的"乡匪村霸"。要提升乡村精英的道德素养，促进其德治、法治和自治相结合的意识，如此才能不断提高乡村精英在民众中的威信，增强乡村治理能力。

第五章　乡村振兴战略下的农村职业教育功能的实现路径

第一节　农村职业教育功能的核心概念界定及理论基础

一、核心概念界定及理论基础

对于一个研究项目而言，研究的核心概念决定了该研究的范围、对象，而理论基础则决定了该研究的理论依据、范围以及过程中所采用的方法。研究之初对所要开展的工作进行核心概念界定以及理论基础探讨对于研究的顺利开展尤为重要，对于建立研究的"骨架"至关重要。本节欲对"乡村振兴战略下我国农村职业教育功能的研究"这一课题的核心概念以及课题的理论基础展开探讨。

（一）核心概念界定

1. 职业教育

《教育大辞典》将"职业教育"定义为，普通教育中的职业技术入门教育、准备从事各项职业的职业技术教育和职后进一步提高的职业技术继续教育，[①] 目标在培养各层次的技术人员、管理人员、技术工人和其他城乡劳动者。《中华人民共和国职业教育法（2022 年修订）》指出，我国的职业教育包括职业学校教育和职业培训。学者周明星则指出，职业教育是在基础教育之上，人们为影响自身职业生活能力发展及其运用所进行的一种不间断的活动。[②]

---

① 教育大辞典编纂委员会 . 教育大辞典（第三卷）[Z] . 上海：上海教育出版社，1991：227.

② 周明星，等，职业教育通讯 [M] . 天津：天津人民出版社，2002：47.

学者马建富在其《职业教育学》（第二版）一书中定义职业教育，为适应个体发展以及经济和社会发展要求，在一定的文化水平基础上，培养人们获得一定职业资格，以及继续深造、职业发展所需要的知识和技能的综合职业素质教育。[1] 上述定义通过描述性语言，分别从广义和狭义两个方面对职业教育下了定义，对于我们理解职业教育的内涵有借鉴意义。本书基于我国现实状况并从研究需要出发，采用职业教育的狭义定义，将"职业教育"界定为：在各级各类职业学校进行的促进人们知识和技能增长的各类长期教育以及以职业学校为依托的短期教育培训活动。

2. 农村职业教育

"三农"问题一直以来都得到我国政府的重点关注，得到各项政策法规的青睐，"三农"职业教育也一直是我国学者持续关注的话题。总体而言，"三农"职业教育一般包括农村职业教育、农民职业教育、农业职业教育三大类，三类之间有交叉也有区别。农村职业教育以地域为划分依据，农民职业教育以对象为划分依据，而农业职业教育则以专业类别为划分依据，本书选题为农村职业教育。我国很多学者对"农村职业教育"的内涵进行了探究，有学者提出，农村职业教育可以理解为发生在农村地区，以农村人口为对象，对农村社会各岗位所需要的就业者进行教育和培训，从而服务于农村社会发展。[2] 有学者提出，农村职业教育是指在农村地区有一定教育的基础上，以农村居民为主要教育对象，为农业和第二、三产业中的各种职业与岗位所需要的就业者和从业者所进行的职业知识、技能与态度的教育与培训。[3] 也有学者提出农村职业教育是指在县、乡地域内进行的，以农村人口为主要服务对象的，以促进农村人口职业素质提升、就业能力提高和生活质量改善以及促进社

① 马建富.职业教育学（第二版）[M].上海：华东师范大学出版社，2015：5.

② 刘春生，刘永川."三农"背景下农村职业教育内涵探析[J].职教通讯，2005（9）：6.

③ 汤生玲，曹晔，等.农村职业教育导论[M].北京：高等教育出版社，2006：20-21.

会建设与发展为宗旨的各级各类职业教育和成人教育。[①] 虽然学者们的论述各不相同，但都是从三个方面界定了农村职业教育，即发生地域、服务对象和活动目标。

综上所述，我国农村职业教育是相对于城市职业教育提出的概念，是根植于我国城乡二元结构的，随着我国经济的发展、社会的变迁，我国农村城镇化、工业化、信息化的发展，城乡二元结构弱化，原来相对于城市职业教育提出的农村职业教育内涵也随之发生变化。综合职业教育的内涵、我国社会现实状况以及本书的研究目的，我们将农村职业教育界定为：在县及以下地域各级各类职业学校、培训机构面向农村居民所进行的增进教育对象知识和技能的长期教育以及短期教育培训活动。

3. 农村职业教育功能

"功能"一词在《辞海》中的定义如下：事功与能力，功效、作用，多指器官和机件而言。在自然辩证法中同"结构"相对，组成一对范畴，结构指物质系统内各组成要素之间的相互联系相互作用的方式，功能指物质系统所具有的作用、能力和功效等。[②] 该词多用于哲学、社会学及人类学等社会科学中，各学科的研究者多通过对功能的研究来确立本学科在社会系统中的价值及可发挥的作用。在哲学上，功能是指事物的结构所决定的该事物的特性和能力；在社会学和人类学中，功能是指某一事物或社会系统所发挥的作用。同时，很多学者在自己的研究中也对"功能"的概念作了界定。我国教育家胡德海先生认为，功能是一个事物系统所具备的对其他事物发生作用的能力或根本属性，它是物质存在的一个最重要的特性。[③] 学者王等人通过概念分析，将"功能"界定为构成某一

---

① 马建富. 社会转型与中国农村职业教育发展道路的选择 [M]. 北京：知识产权出版社，2014：16.
② 辞海编辑委员会. 辞海（缩印本）[Z]. 上海辞书出版社，1989：580.
③ 胡德海. 论教育的功能问题 [J]. 西北师大学报（社会科学版），1999（2）：8-14，107.

社会系统的因素对系统的维持与发展所产生的一切作用或影响。[①]徐艳萍在其硕士论文中，界定"功能"为有特定结构的事物或系统在内部和外部的联系中所表现出来的作用。[②] 从上述文字可知，各研究中对"功能"一词的定义各有不同，但是概括起来基本都包含两个方面，即事物或系统内部结构功能以及与环境相互作用中的外部功能。有鉴于此，本书将"功能"界定为：事物或系统内部结构所决定的功用以及与周围环境相互作用中所表现出来的作用。结合前文对农村职业教育的内涵分析，本书中"农村职业教育功能"是指在县及以下地域各级各类职业学校及培训机构进行的各类教育活动的自身功用以及在农村社会大环境中所表现出来的作用。

（二）理论基础

1. 黄炎培农村职业教育发展理念

黄炎培先生是中国近现代爱国主义者、民主主义教育家，是我国职业教育的伟大先行者、实践者、理论家。黄炎培先生一生致力于推动我国职业教育的发展，设立职业教育研究会，建立中华职业教育社，创办《教育与职业》杂志，发展出一套较为完整的职业教育理论，该理论对于当今我国职业教育的发展仍有着重要的意义。黄炎培先生推动了职业教育在我国学校教育制度重要地位的确立；总结了"谋个性之发展，为个人谋生之准备，为个人服务社会之准备，为国家及世界增进生产力之准备"的职业教育作用；提出了"手脑并用、做学合一、理论与实际并行、知识与技能并重"的职业教育教学原则以及敬业乐群的职业道德理想。

其中发端于江苏昆山徐公桥乡村改进试验区的农村职业教育思想对乡村振兴战略下我国农村职业教育的功能研究有着重要的理论

---

① 王等等．教育功能观的社会学分析［J］．中国教育科学，2014（2）：211-230，210，236.

② 徐艳萍．新时期云南省成人高等教育的功能与角色定位［D］．昆明：云南师范大学，2007：11.

借鉴意义。黄炎培先生的农村职业教育发展思想概括起来包括以下几点：

（1）"大职业教育主义"的农村职业教育观。黄炎培先生用整体的、相互作用的观点去理解职业教育、经济、政治之间的有机联系，强调教育、经济、政治这三者的一致性，提出"政富教合一"。农村职业教育不只是教育问题，更关系农村政治、社会、经济、卫生的发展，为农村发展服务；农村职业教育也不只是教育界的事，而需要社会各界的支持。

（2）社会化、科学化、平民化的农村职业教育方针。"社会化"教育方针要求农村职业教育要针对农村生活和劳动，符合农村社会发展实际需要。"科学化"教育方针指出要用科学的态度对待农村职业教育发展中的问题，要注重调查、注重试验、勤于总结、逐步推广；同时要通过职业教育推广科学技术，提高农村生产力。黄炎培先生提出，职业教育"本身是平民化的，是为解决平民生计问题而产生出来的，是进步的"。[①] 平民化作为办职业教育须下的"三大决心之首"，要求农村职业教育面向平民，重视平民发展需要。[②]

（3）多元化的农村职业教育形式。黄炎培先生提出正规职业学校教育并不是职业教育的全部内涵，还应该包括职业补习教育、职业指导。同时，黄炎培先生提出，农村与城市情况不同，因此农村学校在制度方面也应该与城市不同。农村学校应该采用"混合制度"，根据农村各地情况而设半日学校、夜学校和农隙学校。[③] 此外，黄炎培先生提出农村职业教育应该"划区施教"，强调农村职业教育要在调研的基础上，根据区域经济、资源、人力、交通等情况，划定一村或者联合数村，因地制宜地开展适合当地社会发展、经济发展的职业教育。"划区施教"的主张充分体现出尊重各区域

---

① 中华职业教育社. 黄炎培教育文集（第四卷）［M］. 北京：中国文史出版社，1994：233.

② 吕景星. 黄炎培农村职业教育思想研究［J］. 教育与职业，1990（11）：10-12.

③ 谢长法. 教育家黄炎培研究［M］. 济南：山东人民出版社，2016：136.

间的差异，针对各区域需求，让农村教育回归农村生活，唤醒民众意识的职业教育思想。①

（4）多方位的农村职业教育任务。在"大职业教育"观下，黄炎培先生认为农村职业教育不仅要关切当地教育的发展，更要关切农村当地经济、卫生等的发展，结合各方力量推动农村社会改进，农村职业教育的任务应该是多方位的。他主张，先调查其地方农产品及原有工艺种类、教育及职业状况，为之计划：如何可使男女童一律就学；如何可使年长失学者得补习知能之机会；如何养成人人有就职业之知能，而并使之得业；如何使有志深造者得升学之准备与指导，职业间如何使之快乐；其年老或残疾者如何使之得所养，疾病如何使之得所治；如何使人人有卫生之知识；如何使人人有自卫之能力。也就是说，农村职业教育承担着教育普及、教育补习、职业训练、职业指导，以及促进农村娱乐、卫生、医疗等事业发展的任务。

（5）实利性农村职业教育目标。中华职业教育社 1926 年提出"以无旷土，无游民，村民生活状况日趋改善，知识日进，地方生产日增为合格"的农村改进标准。以改善农民基本生活为核心，推动农村经济发展为目的，解决农民生计为第一要务，黄炎培先生之后提出："贫第一，病次之，至于教育，乃是有饭吃以后的事。先富之，后教之。"② 由此可见，通过职业教育提高农民自身能力，改变农民贫困、文化落后现状，从而推进乡村发展，正是黄炎培先生农村职业教育的目标所在。这一实利性农村职业教育目标基于当时农村发展现状和农民需求而提出，对当时农村发展有现实性意义。同时，这一思想对于乡村振兴，对于今天我国农村脱贫攻坚、教育扶贫任务也有着重要的指导意义。

（6）贴合社会需求的农村职业教育内容。黄炎培先生提出"凡

---

① 李梦卿，刘晶晶．黄炎培职业教育思想的发初径迹与价值衍增［J］．中国职业技术教育，2017（15）：86 - 91.

② 黄炎培．断肠集［M］．上海：上海三联书店，1936：293.

职业学校之设科，须十分注重当地社会状况"，而"乡村生活偏于农工，即乡村学校宜注重农工"。黄炎培先生主张农村职业教育专业设置、课程设置应该符合农村发展现状，适宜农村生活需要，"所授予的知识，必须完全切合农民生活上的应用"。① 农村社会发展有其独特规律，农村生活需求亦与城镇不同，因此农村职业教育内容应该因地制宜，一方面有利于帮助受教育者适应当地社会，另一方面有利于根据当地需要推动农村社会发展。

2. 功能主义理论

功能主义理论是社会学领域的著名理论，作为一种研究视角，功能主义理论通常被社会学家用以研究事物或系统对社会整体的作用。19 世纪孔德、斯宾塞最先将生物学领域的功能概念应用到社会学领域，认为社会与生物有机体一样都具有一定的组织结构，都是由各个要素组成的统一整体。而后涂尔干、马林诺夫斯基、拉德克利夫·布朗、阿尔蒙德等人倡导对社会问题或社会现象进行功能分析，从而使他们成为功能主义的开拓者和奠基人。

从 20 世纪 40 年代起，美国著名社会学家帕森斯在沿袭前人思想基础上付诸努力，创造、完善结构—功能主义并将其发展成为全面系统的社会分析理论工具，这使他成为功能主义学派的集大成者，成为现代功能主义学派的创始人。结构—功能主义理论以追求由结构构成整体的稳定与均衡为目标，主要研究达到这一目标所要求的结构以及结构需要满足哪些功能来实现目标。② 帕森斯认为结构是系统要素之间的"相互联系、相互作用，以及这种关系的空间表现"，而"功能就是系统能够与周围环境发生特定形式作用的本能属性。"③ 这一理论可以有效地揭示事物或系统的结构与功能，分析事物及系统的各个组成部分及其之间的连接关系，而后进行功

---

① 陈双华. 试论农村职业教育与农村扶贫—黄炎培"先富后教""富—教—治"农村教育思想的启示 [J]. 中国职业技术教育，2006 (11)：28.

② 董桂军. 天津农民专业合作社的生存与发展研究 [D]. 天津：天津商业大学，2014：12.

③ 张华荣. 科学思维方法论 [M]. 福州：海风出版社，2001：116.

能分析。① 帕森斯强调，任何一个社会系统都应具有四种功能：适应功能、目标实现功能、整合功能和模式维持功能。适应功能就是系统必须适应自己所处的环境，同时在生存和发展过程中从环境中汲取所需资源；目标实现功能就是系统根据要实现的目标确定相应的手段以及各子目标的层次；整合功能就是系统通过整合系统各部分之间的关系来维持系统的均衡发展；模式维持功能就是系统按照价值规范来维持系统内部各部分动态过程来维护系统运行模式。② 而这些功能是由社会系统在满足其基本生存需要的过程中分离出的四个子系统，即经济子系统、政治子系统、社会共同体子系统和价值规范子系统承担的。③ 在帕森斯的理论中，价值规范对社会系统的稳定运行至关重要，是每一个行动主体按要求发挥作用、履行义务的前提，是社会模式得以维持的关键。④ 帕森斯还强调，一个系统的运行状态是否稳定，不仅取决于它是否具有满足一般功能需求的子系统，而且还取决于这些子系统之间是否存在着跨越边界的对流式交换关系。对于一个社会系统来说，维持其内部各个子系统之间边界关系的最低限度的平衡才是至关重要的。

　　默顿在对帕森斯理论的批判继承上发展出相对于之前宏观的功能分析理论而言的中层功能分析理论，提出了著名的功能分析范式，其中包括 11 个方面的问题：功能归属问题、主观意向问题、客观后果问题、功能指向问题、功能需求问题、功能实现机制问题、功能选择问题、结构约束问题、动态与变迁问题、功能分析的效度问题、功能分析的意识形态问题。默顿是结构—功能主义学派的另一位主要代表人物。默顿修正了传统结构—功能主义理论"功

---

① 陈睿腾.再探壬寅学制之废除——以功能理论为视角 [J]. 闽南师范大学学报（哲学社会科学版），2017, 31（4）：91 - 95.

② 胡彦霞.怀化职业技术学院职业教育功能研究 [D]. 长沙：湖南大学，2014（3）：10.

③ 陈卫亚.从结构功能理论看民族高校校园文化建设 [J]. 民族教育研究，2012, 23（4）：33.

④ 朱艳.帕森斯结构功能主义道德教育思想研究 [D]. 曲阜：曲阜师范大学，2012：13.

能一致性"假设、"功能普遍性"假设以及"功能必不可或缺性"假设，在此基础上提出了一些新的概念，为结构—功能主义理论注入了新的活力。默顿在功能分析范式中首先明确了功能分析的项目是什么，接着对显功能与潜功能、正功能与负功能作了进一步的区分，同时提出了"功能选择""结构性制约"等概念，并强调必须高度关注社会文化事项对行动者（包括个体和群体）的影响后果。① 默顿指出，在功能分析中，"社会功能指可见的客观后果，而不是主观的意向（目标、动机、目的）"。默顿指出功能有显功能和潜功能之分：显功能是指那些有意造成并可认识到的作用后果，潜功能是指那些并非有意造成和未被认识到的作用后果；功能还有正负之分，正功能是有助于某系统或群体的整合与内聚的功能，负功能是指对某系统或群体具有拆解与销蚀作用的功能。② "功能选择"是指系统功能需要的项目不是一成不变的，一项目可能会被具有相同功能的另一项目替代，这时候系统可以对实现功能的项目进行选择。而"结构制约性"则规定着一个社会的功能选择的可能范围，同时决定着对各替代项目的选择。默顿十分重视社会制度或结构对行动者的行为的影响，他认为，社会价值观决定着社会追求的目标，社会规范规定着为达到目标所可采用的手段。

功能主义理论是 20 世纪中后期备受推崇的社会学理论，并且延伸到其他多种学科的研究中。结构—功能主义强调"任何社会系统都存在着一定的结构，一定的结构就具有一定的功能，结构与功能密不可分，每个组织担负的功能各不相同"。③ 在分析系统和其部分的关系时，不仅要分析部分对系统的功能，而且要分析系统作为一个整体为其各部分发挥功能所提供的条件。然后，再根据系统

① 曲贵卿，张海涛. 帕森斯与默顿的结构功能主义比较分析 [J]. 通化师范学院学报，2008，29（9）：32-35.

② 白萍. 结构功能主义和社会批判理论比较研究 [D]. 上海：华东师范大学，2010：14.

③ 陈怡. 用结构功能理论构建大学生职业发展指导体系 [J]. 中国青年研究，2010（10）：90.

及其各部分所具有的功能以及各部分之间的复杂关系来说明系统的状态及未来趋势（延续或需要社会变革）。[①] 虽然在后面的发展中功能主义理论受到了来自各方的批判、抨击，但是功能主义理论确实为人们认识社会事物、社会系统提供了理论基础，以功能主义理论为基础的功能分析方法更是成为一种认识社会发展的重要方法论，因此该理论在今天仍有着强大的生命力。该理论提出的功能分析范式及其理论对本书有着重要的理论指导意义。

二、乡村振兴战略与农村职业教育功能的联系

乡村振兴战略是未来我国"三农"工作的重要指导，农村职业教育作为"三农"工作的内容之一，是乡村振兴的应有之义。要对农村职业教育功能进行相关研究，首先需要对乡村振兴战略展开分析，弄清楚乡村振兴战略的历史背景，乡村振兴战略的目标、内容，在此基础上正确把握农村职业教育功能发挥与乡村振兴战略推进的联系，如此才能精确分析乡村振兴战略下农村职业教育的功能。

（一）乡村振兴战略的目标与内容

1. 乡村振兴战略提出的历史背景

我国自古以来就是农业大国，不管是工业化发展缓慢的 20 世纪，还是工业化、信息化、城镇化以及现代化迅速发展的今天，农业、农村、农民都是我国的重要组成部分，是我国政府倍加关注的重大问题，因而农村建设便是我国发展的重大命题。我国的农村建设工作应该从民国时期算起，经过一个多世纪，成就了今天的农乡风貌。从历史来看，我国农村建设走过了三个重要阶段，即民国时期的乡村建设运动，改革开放以来的社会主义新农村建设以及新时代乡村振兴。民国时期，我国政治动荡、农村经济崩溃、农村文化衰败，农村不能为国家的发展提供支持，在这一背景下一批知识分子认识到农村对国家发展的重要性，以"救济乡村""复兴乡村"为口号，试图通过乡村建设救治中国社会。民国乡村建设运动中，

---

① 龙书芹. 论默顿的功能分析范式 [J]. 广西社会科学，2006（2）：177.

知识分子们通过乡村建设试验总结出多种农村发展思想，比较著名的有晏阳初先生的"平民教育"思想，梁漱溟先生的"文化复兴"思想，卢作孚先生的"实业民生"思想，陶行知先生的"生活教育"思想以及黄炎培先生的"政富教合一"思想。民国时期的乡村建设运动虽然仅以小范围的乡村实验为路径开展，但是却为我们当下的乡村建设提供了宝贵经验。

中华人民共和国建设之初，党和政府就把恢复农业看作整个国民经济恢复的基础，农业发展是头等大事。改革开放以来，随着我国经济体制改革以及农村家庭联产承包责任制在全国的实行，我国农村改革大规模展开。党和政府确立相关制度、颁发多项政策支持我国社会主义新农村建设。几十年来，在中共中央对农村发展的大力支持下，在社会主义新农村建设的大力推动下，我国农民收入增长、生活改善，农村发展取得历史性成就。

进入 21 世纪，《中共中央、国务院关于实施乡村振兴战略的意见》对我国乡村建设作出重大战略布局，这是基于我国社会主要矛盾变化的：我国社会主要矛盾已经转化为人民日益增长的美好生活需要和不平衡不充分的发展之间的矛盾，而这种不平衡不充分在我国农村表现得尤为突出。中华人民共和国建立以来，我国农村发展建立在"城市偏向""以工促农""以城带乡"的理念之上，总体是以农业现代化和农村经济发展为衡量标杆的，指向的是农村发展速度。乡村振兴战略以"支持农村优先发展"为前提，是以乡村的内涵发展为最终目标的，指向我国亿万乡村人民美好生活的需要以及乡村特色化发展，这就意味着我国农村建设跨入了一个新纪元。有学者对我国乡村建设的几个阶段进行了总结评价，指出民国乡村建设运动探索的是乡村如何实现发展的问题，改革开放以来的社会主义新农村建设探索的是乡村如何更快发展的问题，而新时代乡村振兴战略布局则探索的是乡村如何更好发展的问题。① 如果说新时代

---

① 叶敬忠. 乡村振兴战略：历史沿循，总体布局与路径省思 [J]. 华南师范大学学报（社会科学版），2018（2）：64-69.

之前我国农村建设是以速度为追求的，那么新时代乡村振兴战略下的农村建设则是以质量为追求的，这种从速度到质量的转化标志着中国共产党人对农民命运和乡村前途认识的深化，标志着我国乡村建设战略的转型。我国多年来的农村建设和农村改革，为农村战略的转向奠定了丰厚的物质基础和理论基础，这才能够促成实现由量变向质变的飞跃。同时，"乡村兴则国家兴，乡村衰则国家衰"，占我国大面积的农村地区有着巨大的发展潜力，推动农村发展能够激发我国亿万农民的活力，能够激发我国新的经济增长点，这是我党更新发展理念、转变发展方式、提升发展效益的重大决策，对于我国的持续发展具有深远的历史意义。实施乡村振兴战略是新时代我国农村发展的现实需求，是决胜全面建成小康社会、建设社会主义现代化国家的重大历史任务，是新时代"三农"工作的总抓手，是我国谋求新发展的必由之路。

2. 乡村振兴战略的目标及任务

乡村振兴战略为新时代农村建设指明了发展方向，是开启全面建设社会主义现代化国家新征程的重要一步。作为一项被写入党章的战略规划，乡村振兴战略是未来我国政府工作的主要内容之一，为未来农村发展指明了前进的方向。中国共产党在十九大报告中提出"乡村振兴战略"概念并对其进行了说明，《中共中央、国务院关于实施乡村振兴战略的意见》中对未来我国乡村振兴战略布局的目标和任务做了概括总结，乡村振兴战略是新时期我国在贯彻"创新、协调、绿色、开放、共享"理念的基础上，在国家致力于推动"新型工业化、信息化、城镇化、农业现代化"四化同步发展的战略大背景下所提出的一种新的经济改革方向，是我国建设现代化经济体系的重要路径。作为现代化经济体系下的一个子系统，乡村振兴战略的目标和内容必定不是脱离系统单独存在的，而是与其他子系统目标的实现紧密相连的。通过对《中共中央、国务院关于实施乡村振兴战略的意见》等文件内容进行分析可知，乡村振兴战略要求未来我国在坚持7项原则（即坚持党管农村，坚持农业农村优先发展，坚持农民主体地位，坚持乡村全面振兴，坚持城乡融合发展，坚持人与自然和谐共生以及坚持因地制宜、循序渐进）的基础上，通过党中央、各级政府机构、全国亿万人民的努力，实现产业兴旺、生态宜居、乡风文明、治理有效、生活富裕的总要求。总要求中产业兴旺是重点，生态宜居是关键，乡风文明是保障，治理有效是基础，生活富裕是根本，而摆脱贫困则是五大要求实现的前提。对美好未来的憧憬总是令人心驰神往的，但是让美好未来的蓝图变成现实不是一蹴而就的，而是需要脚踏实地、一步一个脚印走出来的。秉持"循序渐进"原则，我国对实现乡村振兴战略总要求做了阶段化设计，对每一阶段要实现的目标作出了具体要求。

乡村振兴战略为未来我国农村发展道路指明了方向，虽然"农业农村现代化"是衡量依据，五大要求是发展方向，但是作为一项国家战略，它的施行是为"三农"服务的，它的终极目标应该是通过战略落地使务农成为体面的职业、使农民获得体面的收入、使农村树立起体面的形象。[①]

综合分析国际国内形势和我国发展条件，从 2020 年到 21 世纪中叶可以分两个阶段来安排。

第一个阶段，从 2020 年到 2035 年，在全面建成小康社会的基础上，再奋斗十五年，基本实现社会主义现代化。到那时，我国经济实力、科技实力将大幅跃升，跻身创新型国家前列；人民平等参与、平等发展权利得到充分保障，法治国家、法治政府、法治社会基本建成，各方面制度更加完善，国家治理体系和治理能力现代化基本实现；社会文明程度达到新的高度，国家文化软实力显著增强，中华文化影响更加广泛深入；人民生活更为宽裕，中等收入群体比例明显提高，城乡区域发展差距和居民生活水平差距显著缩小，基本公共服务均等化基本实现，全体人民共同富裕迈出坚实步伐；现代社会治理格局基本形成，社会充满活力又和谐有序；生态环境根本好转，美丽中国目标基本实现。

① 李铜山．论乡村振兴战略的政策底蕴［J］．中州学刊，2017（2）：4.

第二个阶段，从 2036 年到 21 世纪中叶，在基本实现现代化的基础上，再奋斗十五年，把我国建成富强民主文明和谐美丽的社会主义现代化强国。到那时，我国物质文明、政治文明、精神文明、社会文明、生态文明将全面提升，实现国家治理体系和治理能力现代化，成为综合国力和国际影响力领先的国家，全体人民共同富裕基本实现，我国人民将享有更加幸福安康的生活，中华民族将以更加昂扬的姿态屹立于世界民族之林。

从全面建成小康社会到基本实现现代化，再到全面建成社会主义现代化强国，是新时代中国特色社会主义发展的战略安排。我们要坚忍不拔、锲而不舍，奋力谱写社会主义现代化新征程的壮丽篇章。

（二）乡村振兴战略与农村职业教育功能的联系

事物是普遍联系的，这是马克思主义哲学的基本范畴，是唯物辩证法的基本观点。这一观点强调任何事物的存在和运动都在于它内部结构要素之间的某种特定的联系及其运动，都在于它同周围其他事物之间的联系、相互作用。联系的普遍性也造成事物普遍地以系统的形态存在着，是具有特定结构和特定功能的有机整体。分析乡村振兴战略与农村职业教育功能的联系，推动乡村振兴战略与农村职业教育向前、向上发展。

1. 农村职业教育是乡村振兴战略的有机组成

农村是一个广泛、完整的社会系统，这个社会系统包含了各项子系统，比如经济系统、政治系统、文化系统等，各个子系统的正常运作推动了农村这个社会系统的良好运行。教育系统作为农村社会系统的子系统，亦对社会系统的发展有着重要的作用。教育科学发展以来，诸多学者已经对教育系统的重要作用进行了论述，教育对政治稳定、经济发展、文化传承以及人才培养等都具有重要的意义。农村教育系统作为农村社会系统的子系统，对农村社会系统中其他子系统以及农村社会的发展有着无可替代的作用。俗语有云："百年大计，教育为本。"我们首先要认识到教育系统在农村社会发展中具有的战略性地位。

职业教育系统是教育系统的重要结构，职业教育作为教育的一种重要类型对于教育系统的发展、完善发挥着无可取代的作用。同时，与普通教育不同，职业教育在人才培养方向、类型以及社会服务内容方面都有着自身的独特性。近年来，我国颁布多项政策、拨给大量经费大力发展职业教育，其目的在于完善职业教育体系，推动职业教育发挥自身优势，为各行各业培养各级各类人才。党中央的高瞻远瞩、全局统筹为职业教育的发展创造了政策环境，对职业教育的地位给予了高度认可。农村职业教育作为职业教育的重要层次，在助推农村教育发展、为农村培养人才以及为上层职业教育学校输送生源等方面均有着重要的作用。同时，农村职业教育作为乡村教育系统的重要组成部分，与农村教育系统、农村社会其他子系统都有着密切的联系，农村职业教育正常运作、发挥作用，对于更好地推动农村教育系统甚至于农村社会系统其他子系统更好地运行意义重大，各子系统各司其职方能推动农村社会向前发展。

乡村振兴战略是未来 30 多年我国农村发展的指导战略，是我国农村建设战略部署的总蓝图，为我国农村社会及其各子系统的发展指明了方向。乡村振兴战略落地生根需要农村社会系统中各个子系统的协同发力，同时各个子系统的共同发展才能促成乡村振兴战略的实现。农村职业教育作为农村社会系统的重要组成部分，是乡村振兴战略的有机组成，这是乡村振兴战略与农村职业教育相互作用的基础。

2. 乡村振兴战略实施对农村职业教育功能发展的影响

乡村振兴战略是我国发展进入新时代所提出的重要战略，标志着我国乡村建设的战略转型。这一战略背景对于农村社会系统有机组成的农村职业教育功能必然会产生影响。

（1）乡村振兴战略为农村职业教育功能发挥提供了新环境。我国农村发展一直以来都是"国之重任"，农村建设经历了民国时期的乡村建设运动，经历了中华人民共和国成立以来长达半个多世纪的新农村建设工作，进入了我国新时代乡村振兴战略。新时代、新战略为我国农村建设规划了新蓝图，对我国农村发展提出了更高的期望。随着战略的落地实施，农村经济结构、人才结构、产业结构、教育结构等将会有新的发展、新的成就、新的面貌。农村整体发展水平的提升必将会为身处农村社会系统的农村职业教育的发展创造新环境。农村职业教育系统的教师结构、生源结构、资金来源、专业结构以及软硬件设备等将会随着乡村振兴战略实施而在新环境里有新的发展契机。同时，乡村振兴战略中的诸多项目与农村职业教育联系甚广，乡村振兴战略实施将为农村职业教育功能的发挥提供新的平台，农村职业教育只要抓住这一机遇，在历史浪潮中努力奋斗，便能够促进自身发展。此外，随着乡村振兴战略的落地，关于新战略下农村职业教育功能的相关研究将会越来越多，这也将为农村职业教育功能实践提供良好的理论指导，有利于农村职业教育功能理性发展。

（2）乡村振兴战略对农村职业教育功能发展提出了新要求。乡村振兴战略总目标"产业兴旺、生态宜居、乡风文明、治理有效、生活富裕"是前一阶段社会主义新农村建设总目标"生产发展、生活富裕、乡风文明、村容整洁、管理民主"的进阶，新的奋斗目标对乡村社会的方方面面提出了新的要求。相关文件中指出，实现乡村振兴战略目标，需要把破解人才瓶颈、开发人力资本放在首位。农村职业教育作为农村教育系统的重要组成，是农村人才培养的重要基地。农村职业教育的发展目标定位、人才培养方向、专业设置等将需要根据新战略对农村建设人才提出的新要求而升级、改造。同时，农村职业教育因其职业教育自身的社会性以及处于农村社会的地域性，对于农村社会政治、经济以及文化的发展也需要发挥一定的功能。事物要有新的结构和功能，才能适应已经变化了的环境和条件，乡村振兴战略对农村社会发展的新规划也将刺激农村职业教育功能调整。

3. 农村职业教育功能发挥对乡村振兴战略推进的作用

乡村振兴战略是关于农村建设的重要战略，涉及农村发展的诸多方面，范围甚广。通过对相关文件的分析，我们可以发现乡村振兴战略的实现需要调动农村社会系统各部门，其中也有诸多项目内容的落地需要农村职业教育发挥功能来更有效地实现。

乡村振兴战略部署中，实现乡村产业兴旺是重点目标。根据《中共中央、国务院关于实施乡村振兴战略的意见》，实现这一目标需要培养"知识型、技能型、创新型"农业经营者队伍，优化农业从业者结构，从而引领农民创新创业，带动农村产业发展，提高农业现代化水平。职业教育因其自身独特属性，对于培养技能型人才具有结构优势，同时，农村职业教育能够根据当地风土人情，因地制宜、因时制宜地培养农村、农业人才。良好生态环境是农村最大优势和宝贵财富，要将乡村发展成为生态宜居的现代化村落，首先应该从治理环境问题、保护绿水青山开始。农村因为工业化发展缓慢，所以较好地保留了天然的良好环境。但是，农业作为农村的重要产业，在发展中出现了诸多环境污染问题，例如秸秆焚烧污染、化肥农药污染、养殖粪便污染等。要处理好这些问题，需要从农民的思想抓起，通过普及相应的知识、传授相关的技能，来实现畜禽粪污处理、农作物秸秆综合利用、废弃农膜回收、病虫害绿色防控。而对农民进行相关知识、技能的普及，农村职业教育大有作为。

乡风文明是乡村振兴的保障，乡村精神文明建设是其物质文明持续发展的动力和源泉。根据相关文件，"乡风文明"这一目标下包含了以下项目：加强农村思想道德建设，传承发展提升农村优秀传统文化，加强农村公共文化建设，开展移风易俗行动。这些项目中，农民思想道德建设，尤其是职业道德的培养，农村农耕文化、传统文化的传承，乡村文化服务体系的健全以及农民科学文化素养的提高等这些工作内容均在农村职业教育的范围内，可以通过发展农村职业教育来实现。

要把乡村建设成幸福美丽的新家园，人民的幸福感和获得感的提高至关重要，而达到这一目标，实现脱贫攻坚、实现农民生活富裕是根本。《中共中央、国务院关于实施乡村振兴战略的意见》中对这一目标的实现手段进行了详细论述，其中农村高中阶段教育普及、农民职业技能培训、乡村传统工艺振兴、教育脱贫目标的实现、信息技术的普及等这些内容的实现都能够通过发挥农村职业教育功能来完成。此外，农村职业教育作为乡村振兴战略的有机组成，其自身功能的发展对于乡村振兴战略的实现也具有积极意义。

第二节　乡村振兴战略下的农村职业教育功能定位

一、我国农村职业教育功能的历史发展及其影响因素分析

对某一事物的历史发展过程进行探析，能够掌握事物的历史发展特征，从而深层次认识事物，为事物的未来发展提供参考。对乡村振兴战略下农村职业教育功能进行研究，首先需要对农村职业教育功能的历史发展过程进行分析，了解农村职业教育功能发展的影响因素，为乡村振兴战略下农村职业教育功能的研究提供历史依据，以更全面、系统地研究乡村振兴战略下农村职业教育的功能定位。考虑到农村职业教育在改革开放以后进入了恢复发展期，因此将以改革开放为起点，对40年来我国农村职业教育功能的变化及其特征进行探析。

（一）我国农村职业教育功能的历史发展

国家相关政策文件对于相应时期农村职业教育的发展起着指引作用，引导农村职业教育功能的定位与拓展。通过相应的政策文本能够获悉农村职业教育特定历史时期的功能指向、功能范围。通过整理改革开放40年以来我国农村职业教育发展的相关政策文件，梳理了40年来我国农村职业教育功能变化脉络。40年来我国农村职业教育功能发展大致经历了以下三个阶段。

1. 农村职业教育恢复发展期的功能探索阶段（1978—2000年）

改革开放以后，进入农村职业教育功能探索阶段。如表5-1所示，这一阶段与农村职业教育发展相关的主要有8份国家政策文件。通过对文件的分析，我们可以将农村职业教育功能探索阶段分为两小阶段。第一小阶段是1978—1987年农村教育振兴大背景下的农村职业教育功能探索阶段。这一时期，随着我国政府对农村发

展的重视，农村扫盲运动持续推进，1982年颁布的《中华人民共和国宪法》中明确规定，国家发展各种教育设施，扫除文盲。农村扫盲运动主要以当时的青壮年农民以及农村基层工作者和从业人员为主，表现在形式上便是当时农村农民文化技术学校的发展，可以说农村职业教育的发展是从农民职业技术教育开始的。这一时期农村职业技术教育主要发挥助力扫盲运动，提高农民文化技术水平，为农村建设培养人才的功能。第二小阶段是1988—2000年在"科教兴国"背景下农村职业教育功能定位阶段。

表5-1　1978—2000年农村职业教育功能发展分析

发文时间	发文单位	文件名称	农村职业教育功能指向
1980-10-07	国务院	《关于中等教育结构改革的报告》	为社会培养技术管理人员、优化中等教育结构、促进职业教育发展
1982-06-09	教育部	《县办农民技术学校暂行办法》	助力扫盲运动、为社会培养中等农业科学技术水平人才、提高农民素质
1985-05-27	中共中央	《中共中央关于教育体制改革的决定》	优化中等教育结构、促进中等职业教育发展、服务农村经济和社会发展
1987-10-30	国家教育委员会、农牧渔业部、财政部	《乡（镇）农民文化技术学校暂行规定》	青壮年农民文化技术教育、农村基层人员岗位培训、应届初中毕业生的短期职业技术培训
1990-07-09	国家教育委员会	《全国农村教育综合改革实验区工作指导纲要（试行）》	为农村培养人才，挂靠高技术单位进行科技试验，配合农业、科技等部门进行农技推广，向乡村农户传播致富信息及实用技术
1991-10-17	国务院	《国务院关于大力发展职业技术教育的决定》	促进职业教育发展、完善职业教育体系、初中后从业青年短期职业技术培训、初中阶段职业指导、推广科学技术、农业技术和经营知识、培养农村建设者

（续）

发文时间	发文单位	文件名称	农村职业教育功能指向
1993-02-13	中共中央、国务院	《中国教育改革和发展纲要》	促进职业教育发展、服务农村经济发展、助力九年义务教育普及、促进产教结合、助力科教兴农战略、开展高中毕业生职业技术培训、提高新增劳动力素质、提高农村从业人员素质
1996-05-15	第八届全国人民代表大会常务委员会	《中华人民共和国职业教育法》	服务科教兴国战略，推动职业教育发展，服务农村经济、科学技术、教育发展，提高农村劳动力素质，推动农村实用技术培训

　　1995年5月6日颁布的《中共中央、国务院关于加速科学技术进步的决定》首次提出在全国实施科教兴国的战略。自20世纪90年代开始，农村教育改革实验在农村真正地实施、推行，直接推动了农村职业教育的振兴发展。20世纪90年代，随着河北县级职教中心模式的推广，我国农村职业教育在全国范围内迅速发展，同时国家对职业技术教育的重视以及《中华人民共和国职业教育法》的颁布都推动了农村职业教育的发展，农村职业教育学校作为农村中等教育结构重要组成的地位被确立，作为职业教育体系重要环节的地位被肯定，作为农村技术教育发展和科技推广的重要阵地被重视，作为农村人才培养的重要途径被正视。当时，农村职业教育主要由初等职业教育和中等职业教育组成，主要形式包含学历教育和短期培训，主要功能包括：服务科教兴农战略、服务农村经济发展、优化农村中等教育结构、助力职业教育体系完善、推广普及科学技术、提高农村新增劳动力与从业人员素质，此外初等职业教育还承担了农村未普及义务教育地区的九年义务教育普。分析可知，这一阶段农村职业教育功能指向农村内部社会，其目的是为农

村发展培养需要的各类人才，以推动农村、农业发展。①

2. 农村职业教育内生发展期的功能强化阶段（2001—2010 年）

随着我国社会经济的发展，大量农村劳动力涌向城市，但是绝大多数进城务工人员的技术技能水平并不能使其良好就业、服务城市经济发展，同时农村社会发展缓慢不能为大量新增劳动力提供就业岗位。如表 5-2 所示，为顺应时代要求，这一阶段农村职业教育承担起了提供进城务工人员职业教育与培训、农村富余劳动力转移就业培训任务，这是这一阶段农村职业教育社会服务的重要功能。农村职业教育在农村终身教育体系构建中发挥了重要作用。

表 5-2　2001—2010 年农村职业教育功能发展分析表

发文时间	发文单位	文件名称	农村职业教育功能指向
2001-05-14	教育部	《关于中等职业学校面向农村进城务工人员开展职业教育与培训的通知》	提供进城务工人员职业教育与培训
2002-04-04	共青团中央、教育部	《关于加强农村青年职业教育和成人教育的意见》	培养有文化、觉悟高、懂科技、善经营的新型农民，服务青年农民增收，服务社会主义新农村建设
2002-08-24	国务院	《国务院关于大力推进职业教育改革与发展的决定》	提供农村劳动者、新增劳动力的职业教育与培训，优化中等教育结构，为高等职业院校提供生源，提高中职生就业水平，服务农村社会和经济发展
2002-11-29	农业部	《关于做好农村富余劳动力转移就业服务工作的意见》	农村富余劳动力转移就业培训

---

① 薛瑞英. 乡村振兴战略下的农村职业教育功能研究 [D]. 重庆：西南大学，2019：11.

（续）

发文时间	发文单位	文件名称	农村职业教育功能指向
2003-09-17	国务院	《国务院关于进一步加强农村教育工作的决定》	助力农村教育发展，服务农村产业调整、实施农村劳动力转移培训
2004-09-14	教育部等七部门	《教育部等七部门关于进一步加强职业教育工作的若干意见》	服务"三农"发展、服务农业结构调整和农业产业化经营、开展农民实用技术培训、开展农村劳动力转移培训
2005-10-28	国务院	《国务院关于大力发展职业教育的决定》	服务"三农"发展、服务农村劳动力转移、服务社会主义新农村建设、促进农村新增劳动力就业、培养农村实用型人才和技能型人才、助力农村终身职业教育体系建立、助力高中阶段教育普及
2006-08-27	财政部、教育部	《财政部、教育部关于完善中等职业教育贫困家庭学生资助体系的若干意见》	推动教育资助政策落实、促进教育公平、助力高中阶段教育普及
2007-06-26	财政部、教育部	《中等职业学校学生实习管理办法》	服务农村教育校企合作、服务农村职业学校学生职业能力提升
2008-12-13	教育部	《教育部关于进一步深化中等职业教育教学改革的若干意见》	助力中职学校质量提升、服务农村教育校企合作，提升农村职业学校学生就业、创业能力
2009-12-14	财政部、教育部等四部门	《关于中等职业学校农村家庭经济困难学生和涉农专业学生免学费工作的意见》	推动教育资助政策落实、促进教育公平、优化农村教育结构、改善农村劳动力结构

　　进入 21 世纪，我国"两基"任务基本完成，国家开始将重心转移到高中阶段教育的发展与职业教育质量的提升上。与此同时，受高等教育扩招的影响，我国中职发展陷入生源短缺困境，农村家

长教育观念使得农村中职学校受其影响更甚，农村职业教育必须寻求自身发展。此外，2004 年开始我国多次以一号文件形式聚焦"三农"，农业、农村、农民的发展成为这一时期国家重点任务。诸多因素为农村职业教育发展提供了良好的环境，促使农村职业教育需要发挥自身特色，提高教育质量，要在第一阶段的功能定位上强化自身功能来提高对农村学生的吸引力，巩固自身在农村教育系统的地位来促进其可持续发展。从 2005 年《国务院关于大力发展职业教育的决定》开始，国家出台多项政策、提出多项举措推动职业教育发展，这也作用于以中等职业学校为主的农村职业教育。农村职业教育遵循"以服务为宗旨、以就业为导向"的职业教育发展理念，在发展中更加明确自身定位以及特色，提高中职学生的知识技能水平、推动中职学生就业作为农村职业教育功能而被强化。需要强调的是，这一阶段我国建立健全了中职学生资助政策体系，这一政策实施使农村职业教育承担起了推动教育资助政策落实以促进教育公平、助力高中阶段教育普及的功能。通过文件梳理可知，这一阶段是农村职业教育巩固自身教育地位的重要阶段，在服务"三农"过程中，技能人才培养、就业服务导向的基础功能随着农村职业教育质量的提升而强化；对于农民的职业技术培养由培养农村建设人才转向服务农村剩余劳动力转移，促进农民技能提升的功能得以强化；对于农村教育的发展由助力"两基"实现转向普及高中阶段教育，承担了九年义务教育后另一种促进农村教育公平的功能，优化高中阶段教育结构的功能被强化。这一阶段，农村职业教育发展在实现"为农"功能的同时，"离农"化倾向愈加明显。

3. 农村职业教育改革发展期的功能创新阶段（2011 年至今）

以《国家中长期教育改革和发展规划纲要（2010—2020 年）》颁布为契机，我国农村职业教育进入改革发展阶段。经过前两个阶段，我国农村职业教育功能定位基本清晰，随着我国教育改革时期的到来，农村职业教育进入功能创新阶段。这一时期，国家推进对农业的发展改革，致使农村职业教育处于服务农业现代化的环境，随着国家鼓励承包土地流转政策的出台，农村职业教育承担的农民文化技术培训功能向服务"有文化、懂技术、善经营、会管理"的高素质农民培育转变；在专业结构上向推动涉农专业的发展，重视农业职业教育发展，发挥涉农专业类人才培养功能转变；在推动农村地区职业教育发展功能上向推动我国整体职业教育布局结构优化功能转变。随着国家对传统工艺传承的重视，农村职业教育开始发挥推广民间艺术和传承传统技艺的功能。随着社会对职业道德的重视，农村职业教育的育人功能由培养有文化、懂技能的初级人才，转向"培育高素质劳动者和技术技能人才"，同时"工匠精神"等社会热词的风靡，也使农村职业教育在对学生进行道德教育的基础上成为弘扬"劳动光荣、技能宝贵、创造伟大"精神的阵地。

随着国家对高中阶段教育普及工作的重视，农村中等职业教育助力农村地区高中阶段教育普及工作进入攻坚期，开始由数量上普及转向质量上普及。经过教育改革阶段国家对中等职业教育的一系列措施，包括现代职业教育质量提升计划的实施、中等职业教育基础能力建设项目的实施、职业教育信息化教学大赛的举行、职业教育专业教学资源库的建立、职业学校与企业合作关系的建立、职业指导工作的推进、农村职业教育示范县的筛选等，我国农村职业教育基础能力提升，人才培养由"教师主导、知识本位"转向"学生中心、能力本位"。这一阶段，农村职业教育"为农"与"离农"功能开始并重发展。

（二）我国农村职业教育功能发展的影响因素分析

1. 农村职业教育功能发展受国家政策牵引

上文梳理了改革开放 40 年来我国农村职业教育功能的历史发展情况，通过梳理我们可以明确地认识到农村职业教育功能发展受国家政策引导。首先，受国家农村发展战略影响，农村职业教育功能由服务"科教兴农"转向服务新农村建设，再转向服务农业现代化改革。其次，受农村经济发展政策影响，农村职业教育功能由开展农技推广服务推动农村经济恢复转向促进富余劳动力转移促进农民致富，再转向培育新型职业农民促进农业供给侧结构性改革。再次，受国家教育发展政策影响，我国农村职业教育功能重点由服务扫盲运动转向推动九年义务教育普及，再转向助力高中阶段教育普及。最后，受我国职业教育发展政策，尤其是中等职业教育发展政策的影响，农村职业教育是以中等职业教育为主的，40年来不同时期国家的中等职业教育发展政策都对农村职业教育的功能起着重要的引导作用。

2. 农村职业教育功能发展受多部门指导

农村职业教育经过40年的变迁历程，如今已经形成了"县、乡、村三级职业教育和培训体系"发展定位。农村职业教育包含了以学历教育为主要任务的农村中等职业学校，也包含了以农民文化技术教育培训为主要任务的农业电视广播学校、县（乡）农民文化技术学校以及以农技推广为主要职责的农技推广中心，这些组成部分有效发挥功能，共同推进了农村职业教育的发展。这些机构是由不同部门领导的。中等职业学校、县（乡）农民文化技术学校是教育部直属的，而农业需求的广播电视大学和农技推广中心是农业农村部直属的，不同机构的功能设定必将受到其直属领导部门的指导。此外，随着农村职业教育发展需求的提升，需要来自多方的支持，涉及财政部、民政部、国务院扶贫办、国家发展改革委员会以及人力资源社会保障部。在多部门支持下发展，农村职业教育的功能指向也必然是多方统筹协作的结果。

3. 农村职业教育功能发展受办学质量影响

如上文所述，农村职业教育大致经历了三个发展时期：恢复发展时期、内生发展时期以及改革发展时期。这三个时期随着农村职业教育的发展政策环境、教育层次水平、经费保障水平、资源建设水平、校企合作水平、教师素质水平以及农村职业院校软、硬件设备水平等方面的发展，使我国农村职业教育的办学质量有了很大的提升，但是在发展过程中各个时期农村职业教育的办学质量是有差异的。对学生的教育功能由初中后从业青年短期职业技术培训发展为学生就业、创业能力培养再发展为高素质劳动者培养，对教育发展的功能由助力"两基"实现发展为助力高中阶段教育普及再发展为助力农村终身教育体系建立。对农民的培训功能由提高农民科学文化水平发展为培养"有文化、觉悟高、懂科技、善经营"的新型农民再发展为培养"有文化、懂技术、善经营、会管理"的新型职业农民队伍。此外，随着我国农村职业教育质量的提高，农村职业教育功能也不断拓展，包括了服务教育脱贫攻坚，推动传统工艺传承以及弘扬工匠精神等。可以说农村职业教育办学质量为农村职业教育功能发展提供了保障。

二、乡村振兴战略下的农村职业教育功能定位

前文对我国农村职业教育功能的历史发展、影响因素以及农村职业教育的结构体系进行了分析，为农村职业教育功能的探析奠定了基础，能够帮助我们理性分析乡村振兴战略下的农村职业教育功能定位。

（一）乡村振兴战略下的农村职业教育人才培养功能探析

国务院关于乡村振兴战略的实施意见中指出，人才是战略实施的瓶颈，足以看出人才对于农村社会发展的重要性。农村职业教育是农村社会教育系统的重要组成，在乡村振兴战略实施过程中，其功能首先就体现在人才培养上。与普通教育不同，农村职业教育在人才培养功能的发挥上主要应表现在以下几方面。

1. 乡村振兴战略下农村职业教育提升农村人口学历的功能

农村职业教育是农村教育系统的组成部分，更是我国教育体系的重要组成部分，其能通过体系内的衔接、沟通为农村人口提供学历提升的途径。

农村职业教育提升农村人口学历的功能表现在为初中后分流出普通高中的学生提供进入高等教育阶段的晋升路径上。农村中等职业学校属于高中阶段教育，也是职业教育系统的基础层次，给予初中后一半左右的学生接受高级中等教育的机会。进入农村中等职业学校学习的学生在接受 3 年中等教育之后可以与普通高中学生一起参加我国普通高等学校招生全国统一考试，通过文化课考试进入本科学校；也可以参加单独考试招生，通过文化课和专业课考试进入

高职院校或者应用型本科大学；还可以参加对口高考进入高职院校、大专院校等高等教育学校。近年来，随着国家对职业教育的推动，我国职业教育体系建立健全、普职沟通的"立交桥"不断完善，中等职业学校学生进入高等学校的通道更加畅通。我国农村中等职业学校教育质量在这一环境下不断提升，为我国高等教育层次学校输送了越来越多的学生，推动了我国农村学生受教育层次的提高。

农村职业教育提升农村人口学历的功能表现在为农村初中及以下学历成人提供继续教育的机会上。农村职业教育体系中的成人中专能够为初中及以下学历的农村居民提供便利的进修渠道，能够为他们提供接受继续教育的机会，提高农村居民的学历水平，推动他们知识的更新，使其能够更好地适应社会的发展。总而言之，乡村振兴战略实施过程中我国农村职业教育需要发挥提升农村居民学历的功能，改善农村居民学历结构，提高农村居民素质水平，为乡村振兴战略顺利推进创造较好的人力资源环境。

2. 乡村振兴战略下农村职业教育培养农村技能人才的功能

农村职业教育除了进行学历教育外，其最大的优势在于农村职业教育可以依靠自身教育资源进行长、短职业技能培训，发挥技能人才培养功能，为农村社会的发展提供技术技能人才，优化农村社会人才结构。

农村职业教育培训农村技能人才的功能表现在对新型职业农民的培育上。"有文化、懂技术、善经营、会管理"的新型职业农民队伍是乡村振兴战略实施的重要人才保障，是农业现代化发展的重要影响因素。从相关文件可知，农村职业教育体系中的农村中等职业学校、县级农业广播电视大学是承担新型职业农民培育工作的重要机构。农村职业教育能够通过积极承担社会责任为农村培养生产经营型、专业技能型和社会服务型三种类型的高素质农民，为现代农业建设培养主导力量。

农村职业教育培养农村技能人才的功能也表现在培养乡村工匠、文化能人、非遗传承人上。传承优秀的传统文化、民间技艺，是繁荣兴盛农村文化的重要途径，也是乡村振兴战略的五大目标之一。农村职业教育能够通过专业学历教育、技能培训等方式，为乡村社会挖掘一批乡村工匠、文化能人，培养一批非遗传承人，推动农村地区优秀文化以及传统技艺的传承发展。

农村职业教育培养农村技能人才的功能也表现在为农村社会各行各业的发展培养中级技术人员、管理人员、技工和受过职业培训的劳动者上。从前文农村职业技教育类型结构分析中可知，农村职业教育是属于职业教育类型的教育组织或机构，培养技术技能型人才为其发展宗旨。同时，从层次结构分析可知，绝大多数农村地区职业教育属于中等教育层次。农村职业教育能够利用自身资源，通过校企合作、工学结合等模式为农村社会各行各业的发展培养中级技术技能人才。

3. 乡村振兴战略下农村职业教育培养农村转移劳动力的功能

刘易斯二元经济结构理论认为，发展中国家经济发展的核心是引导农村富余劳动力向城市工业部门转移，促进城乡二元结构向一元结构转换。我国第二、第三产业较第一产业发展势态良好，能够创造和提供更多的就业岗位。同时，我国农村地区以第一产业为主，随着农业机械化的普及、农业现代化的发展，农村对劳动力的需求量逐渐减少；第二、第三产业则多设在城镇地区，因其发展需要对劳动力的需求量增加。此外，我国农村人口几乎占据总人口数的二分之一，农村社会无力满足农村居民的就业需求，这种城乡差别、产业结构特征决定了我国农村地区富余劳动力必将从第一产业向第二、第三产业转移，要从乡村向城镇转移。

加强新生代农民工职业技能培训工作，带动农民工队伍技能素质全面提升，是乡村振兴和扶贫脱贫的有效举措，是推动经济社会发展和新动能培育的必然要求。如此庞大的队伍转移并不只是简单的迁移，而是要对其进行职业技能培训，提高人力资本质量，充分发挥人力资源优势，实现高质量、高素质转移。农村职业教育能够利用自身职业教育资源，根据农村地区产业结构及其具体发展状况、根据周边城镇劳动力需求现状，对农村富余劳动力以及进城务工人员开展长期或短期职业技能培训。通过对农村转移劳动力实施职业技术培训，能够提高他们的职业技能水平，养成他们良好的职业道德，使他们能够更好地适应不同的产业要求以及新的工作环境。乡村振兴战略实施的具体目标包括了促进农村劳动力转移就业和农民增收，职业技能培训则是这一目标实现的助推器。

（二）乡村振兴战略下的农村职业教育发展功能探析

优先发展农村教育事业是提高农村民生保障水平的重大举措之一，是乡村振兴战略实施的重要抓手。百年大计，教育为本。发展教育事业、推动教育事业繁荣昌盛对于一个地区的持续发展有着举足轻重的作用。农村职业教育事业发展是农村教育事业发展的重要路径，对于农村教育事业的发展起着不容忽视的推动作用。统筹把握，乡村振兴战略下我国农村职业教育的教育发展功能主要包括了以下几条。

1. 乡村振兴战略下农村职业教育发挥普及高中阶段教育功能

21世纪初期我国基本完成九年义务教育普及以及青壮年文盲扫除任务，随着我国社会经济的发展，我国人民生活水平的提高，国民的受教育需求提升。高中阶段教育是我国教育体系的重要环节，普及高中阶段教育是巩固我国九年义务教育成果，提高劳动力受教育年限的重要途径。新时代，普及高中阶段教育成为我国国民教育发展的重中之重，我国高中阶段教育普及工作进入攻坚期。

中等职业教育学校属于高中阶段教育，是与普通教育不同类型的教育，但是与高中阶段教育有着同等的地位。在我国教育发展的过程中，中等职业教育接收了绝大多数初中后毕业生，为他们提供了继续接受教育的渠道，扩大了我国高中阶段受教育比例，推动了我国国民整体素质的提升。同时，我国在21世纪初经过多年的努力建立健全了中职学生资助政策体系，为贫困地区学子顺利进入中等职业学校、顺利完成学业提供了保障，有利于推动我国教育公平。农村职业教育中的中等职业教育学校是我国中等职业教育的重要组成，是农村高中阶段教育的重要形式。在乡村振兴时代，农村中等职业学校能够通过为初中后分流出的学生提供高中阶段教育，使农村适龄学生在九年义务教育后都有机会继续接受高级中等学校教育，助力农村地区高中阶段教育普及，推进我国高中阶段教育普及攻坚计划的实施，使我国在现阶段实现全国普及高中阶段教育的目标。

2. 乡村振兴战略下农村职业教育发挥优化农村教育结构功能

如前文所述，教育结构反映教育总体与各个组成部分的关系。合理的教育结构对推动地区经济、文化和社会发展有着重要作用，调整教育结构是提高教育经济效益的重要途径。推动农村教育结构优化发展，提高农村教育发展活力，促进农村地区教育事业繁荣昌盛，对于我国乡村振兴战略目标的实现具有重大的现实意义。

农村职业教育属于职业教育类型，与普通教育不同，职业教育主要以培养学生的技术技能水平为发展宗旨。围绕这一宗旨，职业教育学校的专业设置、课程设置以及师资队伍建设都与普通教育不同。农村职业教育的发展能够丰富农村教育类型，优化农村教育普职结构，为农村教育的发展注入多样化色彩。

农村中等职业学校属于高中阶段教育，为学生提供学历教育以及晋升渠道，同时中职学校、成人中专、农业广播电视大学、农民文化科技学校等职业教育组织又能够利用自身资源开展职业培训，承接新型职业农民培养任务，组织农村转移劳动力培训工作。农村职业培训教育对于农村人力资源的开发、农村劳动力素质的提高发挥重要作用。农村职业教育的发展还有利于推动农村学历教育与职业培训共同发展，优化农村教育的形式结构，促进农村教育可持续发展。

3. 乡村振兴战略下农村职业教育发挥发展农村继续教育功能

继续教育是面向学校教育之后的所有社会成员的教育活动，为社会各行各业人员提供继续学习的机会，是对学校教育后社会人员进行知识更新、补充、拓展和能力提高的一种高层次的追加教育。继续教育对象主要面向成人，教育形式包括了成人高考、自学考试、网络远程教育以及广播电视大学等，为广大社会成员提供了丰富的继续教育途径。随着我国社会的发展、产业结构的调整以及科学技术的飞速发展，社会成员在学校教育后接受继续教育的需求越来越凸显，继续教育成为继正规学校教育后一种重要的人力资源再开发途径，是终身教育体系的重要组成部分。

随着我国农村社会、经济的发展，农业生产知识不断更新、农业生产技术剧烈变革、互联网通信技术迅速发展，农业的生产经营需要从业者具备更完整的知识结构、更现代的知识体系以及适应社会变化的能力。根据第三次全国农业普查，当前我国农业生产经营人员主要以初中学历和小学学历为主，其学历结构和知识储备不能助推我国农业现代化发展。发展农村继续教育，推动农业生产经营者知识的更新、拓展对于改善我国农业生产经营者的结构有重大意义，对于实现我国农业现代化发展目标有重要作用，对于促进乡村振兴战略的实现有重要影响。农村职业教育能够推动体系内的各种教育组织，依托自身地缘优势、资源优势等为农业生产经营者提供继续教育路径，提高农业生产经营者接受继续教育的积极性，提升他们的农业生产经营技能以及文化水平，推动农村继续教育发展。

4. 乡村振兴战略下农村职业教育发挥农村劳动教育功能

改革开放 40 年以来，我国社会状况发生了翻天覆地的变化，经济水平得到了突飞猛进的提升，科学技术经过了日新月异的变革。在这种时代变迁中，人们的劳动观念和劳动意识发生变化，"劳动创造美"的价值观念受到了冲击。对于这一时代中成长起来的青少年学生而言尤其缺少劳动实践和正确的劳动价值观。生产劳动是人类社会赖以生存和发展的基础，是人类最基本的实践活动。对学生进行劳动教育，能够帮助学生树立正确的生产劳动观念、养成良好的劳动习惯以及培养热爱劳动和劳动人民的情感。我国历代领导人以及各位教育大家都强调教育与生产劳动相结合的重要性，劳动教育也多次被作为教育方针列入我国各种教育政策以及教育发展规划中。

职业教育是让受教育者获得某种职业或生产劳动所需要的职业知识、技能和职业道德的教育，其自身的社会性和实践性特征决定了其在开展劳动教育上独特的优势。农村中等职业学校镶嵌在农村社会，这里流传下历代农村人民的劳动文化、积累了无数农村人民的劳动智慧、活跃着千万农村人民的劳动身影，有着与生产劳动更加贴切的社会环境以及更加淳朴、纯正的劳动价值观。农村中等职业学校最能够响应国家职业教育改革实施方案，因地制宜开发劳动教育课程，联合农村中小学开展劳动和职业启蒙教育；最能够帮助中小学学生树立正确的劳动价值观，培养中小学生热爱劳动、尊重劳动的精神，提高中小学生动手实践能力。

（三）乡村振兴战略下的农村职业教育社会促进功能探析

职业教育的社会功能包括了政治功能、经济功能、文化功能和促进科技进步功能，[①] 农村职业教育作为职业教育的重要组成亦应该具备这些功能。同时，在乡村振兴战略下、在农村社会大背景中其功能的具体指向又有其特殊性，下文将对此进行探析。

1. 乡村振兴战略下农村职业教育的政治功能

乡村振兴战略下农村职业教育的政治功能表现在助力国家战略、政策的顺利推进上。新时代，随着中共中央、国务院印发《关于实施乡村振兴战略的意见》，我国农村发展进入乡村振兴时代。乡村振兴战略对未来我国农村发展作出了部署、规划。农村职业教育作为农村社会的组成，能够在乡村振兴战略的落地实施中发挥自身力量，可以根据乡村振兴的战略部署及目标调动系统内一切要素为乡村振兴发力，尤其是在强化乡村人才支撑上。农业现代化已经进入"全面推进、重点突破、梯次实现的新时期"，同时，农业现代化也是乡村振兴战略的战略目标。农村职业教育能够通过资源提供、科技推广、人才培养等途径助力农业现代化的实现。

乡村振兴战略下农村职业教育能够发挥提高农村居民政治素质的功能。作为我国人口的重要组成部分，农村人口的政治素质对于我国政治的稳定和政治生活质量的提高有着重要的影响作用。农村职业教育作为农村教育系统的重要组成部分，能够在学历教育以及农民培训等多种形式中渗透思想政治教育，帮助农村人口了解国家

---

① 马建富. 职业教育学（第二版）[M]. 上海：华东师范大学出版社，2015：70.

发展的方针政策、基本的法律法规知识以及社会主义核心价值观，提高农村人口的民主观念、法治意识，增强农村居民的政治参与能力，提升我国农村居民的政治素质。

乡村振兴战略下农村职业教育的政治功能还表现在能够促进阶层流动、推动农村社会稳定上。在中考中分流出的学生受年龄以及受教育水平限制，他们心智不成熟、生存能力缺乏，若不能继续接受教育提高素质水平将极有可能成为农村社会甚至是周边城镇发展的不稳定因素。农村中等职业学校是农村高中阶段教育的重要组成部分，它为农村社会初中后部分学生接受高中教育提供了机会，并为他们进入高等教育提供了途径，这有利于继续提高他们的素质水平，帮助他们心智发展成熟。农村中等职业学校能够防止初中后分流学生在行为和思想上的行差踏错，避免他们成为社会稳定的干扰因素。同时，农村职业教育所承担的高素质农民培训工作能够提高农民的技术技能水平，提高农民收入水平、生活质量，推动"农民"成为"可致富、有尊严、有保障"的职业，转变农民群体的社会地位。向前、向上发展是人类的共同愿望，农村职业教育能够为农村居民提供向上流动、向前发展的途径，让其在社会发展的环境中有机会通过努力实现自己的社会目标，共享社会发展福利。这有利于社会稳定，能够为乡村振兴提供良好的社会环境基础。

乡村振兴战略下农村职业教育还能发挥促进城乡和谐发展的政治功能。农村是我国的重要组成部分，是我国发展的重要力量，促进城乡和谐是实现我国现代化发展的重要举措，是党中央、国务院统筹推进国家发展的重要方向。农村职业教育能够为农村学子提供接受高级中等教育的机会，为千万学子向聚集在城市的高等教育学府流动提供路径；农村职业教育能够通过与城市职业学校合作从而接收优质职业教育资源，推动城乡职业教育协作发展；农村职业教育能够为农村建设培养人才从而推动乡村社会发展，缩小城乡差距；农村职业教育能够培训农村富余劳动力，从而为城镇发展提供所需人才，促进劳动力转移；农村职业教育能够提高农民的文化技术水平从而推动农民"市民化"发展，提高农民城镇适应力。实现城乡和谐发展、缩小城乡差距是乡村振兴战略的题中之义，农村职业教育在促进城乡和谐发展方面大有作为，能够助力乡村振兴战略的施行。

2. 乡村振兴战略下农村职业教育的经济功能

舒尔茨人力资本理论强调了教育投入对于企业进步、经济发展的重要性。职业教育作为与企业和社会联系最为密切的教育类型，与经济发展更是有着千丝万缕的联系。职业教育能够通过技术技能型人才培养、劳动力资源配置等方式推动经济发展。乡村振兴战略下，农村职业教育要根据农村社会的地缘特征、产业状况以及时代要求发挥自身经济功能，助力农村经济发展。结合分析框架，乡村振兴战略下的农村职业教育经济功能包括以下指向。

第一，乡村振兴战略下农村职业教育的经济功能展现在助推脱贫攻坚目标实现上。根据十九大报告，当前我国已经进入全面建成小康社会的决胜时期，打赢脱贫攻坚，推动剩余人口脱贫，巩固我国脱贫成果则是实现目标的关键一步。"乡村振兴，摆脱贫困是前提。"打赢脱贫攻坚战，消除农村贫困人口也是我国乡村振兴战略落地实施的首要任务。农村职业教育作为农村社会系统的子系统，对于打赢脱贫攻坚战有助推作用。"输血式脱贫"是打赢脱贫攻坚战、减少贫困人口的直接方式。随着我国中职学生资助政策体系的建立健全，农村贫困中职学生能够全部享受国家助学金以及免学费政策，这有利于减轻农村贫困家庭的教育负担，能够防止"教育返贫"。"内生脱贫"是提高脱贫攻坚质量、实现"真脱贫"目标的关键举措。农村职业教育能够通过提升富余劳动力的从业技能、提高劳动力转移就业能力从而促进农民增收，帮助农民摆脱贫困；能够通过学生学历教育，促进农村学生的阶层流动从而使其获得更多的发展机会，阻断贫困的代际传递。

第二，乡村振兴战略下农村职业教育的经济功能展现在助力农业结构调整、升级，构建现代化农业体系上。"乡村振兴，产业兴旺是重点。"农村社会以农业为主，振兴乡村重点在于振兴农业。发展农业能够在保护乡村特色的同时促进农村经济发展，对于农村社会的延绵以及可持续发展有着重大意义。农业产业要发展、要振兴便不能只拘泥于关注生产的小农经济，而是要不断提高农业创造力、竞争力，推动农业生产、营销、服务共同发展，延长农业生产链、提升价值链、完善利益链，建立现代化农业体系，推动农业结构调整和升级。农业从业者是农业产业发展的关键，农业从业者的结构、素质影响着农业产业的发展方向和发展质量。农村职业教育可以根据农业产业发展需求、发展前景，利用自身教育培训资源，通过产教融合、校企合作等方式深入培养现代农业产业所需的人力资源，在地优化农业从业者结构，提高农业从业者素质。"科学技术是第一生产力"，提高农业生产相关技术水平，推动互联网科技普及以及电子商务技能发展对于推动农业产业模式更新、推动农业产业创收、发展现代农业意义重大。农村职业教育，尤其是农民文化技术学校以及农技推广中心能够利用农闲时间，以夜校、半日学校等多种形式，通过集中培训或者送教下乡的方式，因时制宜、因地制宜地进行农技推广、互联网知识普及以及电子商务技能培训。"绿水青山就是金山银山"，生态环境也是生产力，是经济发展的新动力。农村地区因种种历史原因，天然保存了良好的生态环境，为农村经济可持续发展提供了良好的条件。然而，随着农村经济的发展，农药污染、农膜污染以及秸秆焚烧污染等各种环境污染问题层出不穷，对农村生态环境造成很大的威胁。农村职业教育能够通过利用自身资源面向乡村社会通过多种渠道开展环保意识教育，提高农村居民的环保理念。同时，农村职业学校能够与高等职业学校、农业学校协作，开展农业污染防治技术培训以及农业生态产品开发技术培育，推动生态农业、绿色农业发展，打造新的农业产业经济增长点。

3. 乡村振兴战略下农村职业教育的文化功能

职业教育是处在一定文化背景中的教育系统，文化以其自身的约束力、影响力潜移默化地渗透到职业教育系统的每一个角落。可以说，职业教育系统本身就是一种文化的存在和展现。同时，职业教育在发展过程中通过对文化的选择、传递、保存等方式促进着文

化的发展，发挥着职业教育的文化功能。"乡村振兴，乡风文明是
保障。"文化是农村社会的灵魂，没有文化的繁荣兴盛就没有农村
社会的振兴发展。农村职业教育服务农村社会，对于农村文化的传
承、发展有着至关重要的作用，在乡村振兴战略中，农村职业教育
要积极承担起文化传承和推动文化发展的职责，发挥农村职业教育
的文化功能。

　　乡村振兴战略下农村职业教育的文化功能彰显在加强农村思想
道德建设上。"人民有信仰，国家有力量，民族有希望。"思想道德
建设是社会主义精神建设的关键方面，是公民道德建设的重要途
径，也是提高社会文明程度的主要手段。农村职业教育体系既可以
对适龄学生进行教育，亦可以对农业工作者、农业生产者等农村群
体开展培训；既可以进行正规课堂教学，也可以深入人民群体，在
工厂作坊、田间地头进行教育宣传。农村职业教育的包容性以及灵
活性，使其成为建设农村思想文化教育阵地的良好选择。农村职业
教育可以通过现场教学、网络教育以及广播宣传等方式，利用国家
思想建设平台以及挖掘当地道德教育资源，面向农村社会弘扬民族
精神、时代精神以及社会主义荣辱观；加强农村居民爱国主义、集
体主义以及社会主义教育；加强社会主义核心价值观教育；推进农
村社会公德、职业道德、家庭美德以及个人品德建设。通过组织一
系列思想道德建设活动，农村职业教育有助于增强农村居民的思想
认识、提升农村居民的道德水平、提高农村社会文明程度。

　　乡村振兴战略下农村职业教育的文化功能彰显在传承农村优秀
传统文化上。农村社会有着悠久的历史，在漫长的发展过程中形成
了各自独特的习俗文化，反映着我国农村社会的变迁以及农村的生
活风貌，是我国物质、非物质文化遗产的重要组成部分。保护和传
承优秀的农村传统文化是我国乡村振兴的重要任务。农村职业教育
能够通对农村文化的选择、保留、传递，较好地完成农村优秀文化
的传承任务。农村社会以农业生产为主，在农业发展的过程中积累
了丰富的农耕文化，包括了"春生夏长，秋收冬藏"的农业生产规
律，与自然和谐相处的农业哲学，"辛勤耕耘结硕果"的农业守则，

以及充满农民智慧的农耕工具等,这些无形或有形都是农村社会的宝贵文化资产。农村职业教育可以深入挖掘这些有形或无形资产所蕴含的优秀人文精神,充分发挥其在淳化民风中的重要作用,助力农耕文化在农村社会的绵延。此外,农村社会经过世代发展,流传下多种家族传统手艺、民间特色工艺、民间戏曲曲艺以及丰富的民俗文化,这些都是我国的文化瑰宝,是我国农村社会生存和发展的基石。农村职业教育能够根据当地实际情况,通过学校专业设置的形式或者职业培训的方式开班教学,为农村手工艺等的发展培养一批传承人,推动农村手工艺等非物质文化的传播和更新。

乡村振兴战略下农村职业教育的文化功能彰显在助力农村公共文化事业发展上。党的十九大明确提出我国社会的主要矛盾已经由人民日益增长的物质文化需要同落后的社会生产之间的矛盾转化为人民日益增长的美好生活需要和不平衡不充分的发展之间的矛盾。满足人民过上美好生活的新期待,必须提供丰富的精神食粮,因此推动农村文化事业发展、建立农村公共文化服务体系,满足农民的精神需求对于新时代乡村振兴战略的落实至关重要。农村职业教育因其体系结构和专业特征能够推动农村公共文化服务发展。其一,农村职业教育体系中覆盖县乡两级的农民文化技术学校能够发挥农村公共文化服务机构的作用,组织开展群众性文化活动,助力农村公共文化服务体系的建立健全。其二,农村中等职业学校设置有文化艺术类相关专业、具备文化艺术类专业师资、拥有文化艺术创作的相关资源。农村中等职业学校能够组织师生就地取材,根据农村社会实际情况创作"三农"题材文艺作品、反映农村生活现实,推动农村文艺事业发展。其三,农村职业教育能够通过挖掘一批、培养一批、扶植一批农村"文化能人",发挥"头雁效应",带动农村居民文化生活的繁荣发展。

乡村振兴战略下农村职业教育的文化功能彰显在推进移风易俗、提高农民科学文化素养上。我国农村社会经过几千年的发展,流传下来的文化风俗可谓富饶而复杂。如前文所述,农村优秀的传统文化是我国的瑰宝,我们要保护、要传承;同时,农村社会中也不乏落后、腐朽的文化，阻碍着农村社会的发展，对于这一部分文化我们要甄别、要摒弃。农村职业教育组织能够充当农村科普机构，建立科普示范点、活动站，利用职业教育实验室资源、实训基地资源、网络信息资源，向农民开展科技教育培训、举办农村科普活动、指导农民科技发明创作，帮助农民普及科学知识、提升科学素养、建立科学信仰。农村职业教育是承担在农村弘扬科学精神、帮助农民抵制腐朽落后文化侵蚀时代任务的绝佳选择。

第三节 乡村振兴战略下的农村职业 教育功能实现路径

农村职业教育的多项功能能够服务乡村振兴战略，助力乡村振兴战略的落地实施，同时乡村振兴战略也给农村职业教育的发展提出了相应的要求。因而，保障农村职业教育功能实施是乡村振兴战略下农村职业教育的发展要义。但是，如上文所述，当前我国农村职业教育功能实践中仍然存在诸多困境，不利于农村职业教育的功能发挥以及助力乡村振兴战略。探索乡村振兴战略下农村职业教育功能的实现路径尤为必要。乡村振兴战略实施之际，我国政府印发了《国家职业教育改革实施方案》《中国教育现代化2035》文件，从而确立了农村职业教育的地位，对农村职业教育的未来发展作出了指示。下文将结合乡村振兴战略部署、各项教育发展指示文件精神，综合当前我国农村职业教育功能实践的具体困境及其影响因素，借鉴黄炎培先生农村职业教育思想，探索乡村振兴战略下我国农村职业教育的实现路径。

一、更新落后观念，增强农村职业教育功能认同

认识对实践具有反作用，正确的认识对实践起着积极的促进作用，错误的认识则对实践起着消极的阻碍作用，甚至导致实践的失败。要促进农村职业教育诸多功能的实现，首先要创造良好的社会氛围，转变"重学轻术""学而优则仕"的落后思想，更新农村职

业教育观念，增强对农村职业教育人才培养、教育发展、社会促进功能的认同度。

（一）县级政府转变观念，重视农村职业教育发展

县级政府是我国农村职业教育发展的直接管理者，其关于农村职业教育的观念影响着农村职业教育的发展地位、目标定位、经费投入、资源支持等，是推动农村职业教育起步的重要因素，对农村职业教育功能的实现有重要的影响意义。县级政府首先要转变观念，重视职业教育的发展，深入领会国家相关部门在多次会议上强调的职业教育对我国发展的重要性以及在多部文件中确立的职业教育在我国教育系统中的重要作用。在县域教育发展规划中，明确职业教育的发展方向、提高职业教育在教育系统中的地位、增加职业教育的经费投入等，为农村职业教育的发展创造良好的发展环境。同时，在农村职业教育发展过程中加大考核、审查力度，推动农村职业教育质量的提升。最后，还需要发挥政府力量，寻求社会力量、企业集团等的资源，为农村职业教育的发展积极作为。

（二）加强舆论宣传，提升农村社会职业教育认知

农村职业教育是面向农村社会的，功能主义认为社会价值观决定着社会追求目标，因此只有农村社会对职业教育有清晰的认知，对于职业教育的功能有清楚的认识，才能够在思想上、行为上去接受农村职业教育，才能够切实推动农村职业教育的发展、促进农村职业教育功能的实现。因而，乡村振兴战略下职业教育功能要实现，首先要攻克对职业教育功能认识不清的现状。县级政府、职业教育机构等要面向农村社会、面向农村居民加强职业教育舆论宣传，通过电视广播、网络媒体、乡村宣传栏等途径，就国家对职业教育的相关政策进行宣讲，对职业教育发展的相关文件进行解读，对农村职业教育的相关功能进行宣传，在农村社会营造浓厚的职业教育氛围。同时，职业教育机构要通过积极组织社会活动，如文艺下乡、农技指导进田、民间技能大赛等，让农村居民近距离了解职业教育、感受职业教育，提升农村社会职业教育认知。

（三）转变受教育者思想，提高受教育者学习积极性

农村职业教育的直接客体是受教育者，受教育者自身及其对农村职业教育的认识便是对农村职业教育最好的宣传和诠释。要更新农村社会对职业教育的认知观念，还可以从转变受教育者的思想认识着手，通过优秀毕业生榜样示范、企业工匠入学演讲、社会劳模事迹宣扬以及学生社会实践等活动，向受教育者弘扬"劳动光荣""技能致富"思想，改变受教育者对农村职业教育不认可、对自身处境不自信的现状，转变"职业教育无前途""职业教育非主流"的观念，让受教育者从思想上正视农村职业教育。通过职业教育机构"全员、全方位、全过程"的努力，提高受教育者学习积极性，带动社会成员对于农村职业教育观念的转变，为农村职业教育人才培养功能的发挥创造通途。

二、找准发展定位，确定农村职业教育功能价值

美国营销家里斯和特劳特提出的"定位理论"认为产品的定位对于消费者选择有着重要的影响，明确产品定位，突出产品的特色、优势，占领消费者的"心智资源"，才能抢占市场，形成竞争优势。① 农村职业教育作为一种教育产品，要找准功能定位，形成核心功能、打造特色功能、不断跟进时代发展才能够在农村教育市场中占得一席之地，为乡村建设贡献力量。乡村振兴战略下农村职业教育功能实现的路径之一便是通过找准发展定位，形成农村职业教育发展特色，确立农村职业教育功能的价值。

（一）功能单一向功能多元化转变

农村职业教育能够在农村社会的建设中发挥多种功能，农村社会政治、经济、文化等的发展，农村社会技术技能型人才的培养以及农村教育的发展都可以通过农村职业教育的功能实施来推进。同

---

① 李萌，姚植兴. 定位理论视角下"双一流"建设的路径研究——基于香港科技大学发展历程的审思［J］. 内蒙古师范大学学报（教育科学版），2018，31（10）：20 - 24.

时，农村职业教育也可以通过发挥多样功能深入参与农村社会建设，从而提升农村职业教育的社会地位。要在乡村振兴战略实施中有所作为，农村职业教育首先应该转变当前功能单一的现状，推动农村职业教育功能多元化发展。通过组织开展职业培训，实现农村职业教育长期学历教育和短期职业培训共同发展；通过设置传统工艺专业，实现农村职业教育服务现代企业需求与传承传统文化多向发展；通过积极组织社会文化活动，实现农村职业教育助力高中阶段教育普及与助推农村社会文化繁荣协同发展……乡村振兴战略下，农村职业教育要在黄炎培"大职业教育观"思想的指导下，与农村社会各个系统相互联系、相互借力，推动"政富教"协同发展，为乡村振兴的实现共同发力。

（二）大力发展面向农村的职业教育功能

农村职业教育地处农村社会，在农村社会的财政经费、社会资源支持下发展，需要农村社会的生源来实现自身功能，更需要农村社会的共同支持来实现可持续发展。乡村振兴战略下农村职业教育要以服务当地社会、经济、文化等的发展为宗旨，大力推动面向农村的职业教育功能发展，改变农村职业教育当前在农村社会发展中建树不多、服务低能的现状，实现"农村职业教育"的功能。具体而言，发展面向农村的职业教育功能可以从以下方面着手：加大农科类专业、现代农业技术专业的设置，为农业现代化发展培养人才；强化对乡村工匠、乡村能人的培养，为农村社会挖掘一批技能带头人；切实开展农业技术推广，增强农业生产科技化水平；提高高素质农民培育质量，推动农业产业化经营。

（三）"离农"与"为农"功能协同发展

农村职业教育应该发挥"离农"功能还是"为农"功能是当前学术界以及在现实实践中共同关注的问题，对农村职业教育功能定位以及未来农村职业教育的发展走向有着至关重要的意义。要解决农村职业教育的功能实践困境，首先要弄清楚"离农"与"为农"的关系。农村职业教育发展至今，受各种因素的影响，与各方利益有关，绝不能单纯地将其定义为"为农"还是"离农"，而是应该统筹规划"离农"与"为农"功能。乡村振兴战略实施中，农村职业教育要实现"离农"功能与"为农"功能的协同发展，一方面要防止"教育抽水机"效应，为乡村建设培养人才、留住人才；另一方面也要开发农村人力资源，助力农村富余劳动力转移，减小农村地区人口就业压力。"就业是最大的民生"，在乡村振兴战略推进中，不管是为农村社会输送劳动力还是为城镇地区输送人力资源，都是为了提高农村人口就业能力，推进农村人口稳定就业，实现农村人口就业脱贫的最终目标。

三、推动体系建设，完善农村职业教育功能规划

体系一般指一定范围内或同类的事物按照一定的秩序和内部联系组合而成的整体。健全的体系能够为事物的发展提供良好的环境，有利于事物内部的上下沟通、左右联系，能够为事物功能的发挥提供体系架构，推动事物功能的顺利发挥。乡村振兴战略实施中，农村职业教育功能实现的主要途径便是克服农村职业教育体系不健全的发展困境，努力推动农村职业教育体系建设，为农村职业教育功能的发挥提供健全的网络。

（一）健全县、乡、村三级农村职业教育机构体系

乡村振兴战略下，在我国广大的农村地区推动农村职业教育发展的当务之急应该是改变当前农村地区各级职业教育机构不完善的现状。首先在县一级重点建设好县级职教中心、成人中专、农业广播电视学校、国家开放大学，发挥好农村职业教育领头雁作用；其次在乡村两级设立农民文化技术学校以及农技推广中心等职业教育机构，为乡村居民接受职业技术教育提供便利途径；最后，依据当地产业发展情况建立现代农业合作社，充分发挥农村基层组织在农村职业教育中的作用，发扬农民群众的自我教育能力。我国通过建立涵盖县、乡、村三级的农村职业教育机构体系，使农村职业教育各级机构之间可以相互配合、资源共享，为农村职业教育大发展创造体系保障，为农村职业教育多项功能的发挥提供现实载体。

（二）完善初、中、高三层农村职业教育升学体系

农村职业教育机构的受教育者能够拥有深入学习的机会、向上流动的空间、接受高等教育的渠道是保障农村中等职业教育与农村普通高中教育具有同等地位的重要因素，是实现农村职业教育公平的重要途径，也是推动农村职业教育向前发展的重要路径。农村职业教育要在当前形成的初、中两层级升学体系的现状下，努力寻求与省内外高等院校，尤其是与高职院校、专科院校、高等农科类院校的合作，努力创设畅通的初、中、高（专科、本科、硕士）三层农村职业教育升学体系，为农村职业教育机构受教育者提供更多接受高等教育的机会，打通农村职业教育通往高等学府的渠道。同时，提升高职类院校在高等教育层级中的地位，改变当前高等职业教育在高等教育中影响力不强、号召力不够、贡献力不够的状态，增强农村职业教育学子的学习动力，为乡村振兴战略实施中高级技术技能型人才的培养搭桥建路。

（三）创设传统学历教育和职业培训协同发展体系

《中国教育现代化 2035》提出要搭建全民终身学习立交桥，深入推动学习型组织建设和学习型城市建设，这是我国教育现代化的重要方向。农村职业教育包含成人职业教育，能够承担农村继续教育、终身教育的任务，助推学习型乡村建设。乡村振兴战略下，农村职业教育要开拓"两条腿"走路模式，一方面加强农村职业教育学历教育，为农村适龄学子以及成人提供学历提升的途径，助力农村居民整体素质的提升；另一方面大力推动农村职业培训发展，通过长、短期职业培训相结合的方式，为农村技术技能人才培养、高素质农民培育、农村劳动力文化技术进修以及新兴农业技术推广等提供路径和场所，推动农村继续教育、终身教育发展。农村职业教育要通过创设传统学历教育和职业培训协同发展的体系，繁荣农村教育、助力乡村振兴。

四、完善制度配置，形成农村职业教育功能保障

制度是指办事的规程或者行动准则，完善的制度配置能够为事

物的规范发展提供良好的指导和约束，是推动事物向前发展的重要保障。乡村振兴战略下，农村职业教育的各项功能要得以充分发挥必须要有相应的制度保障。完善农村职业教育制度配置，改善当前农村职业教育相关制度不健全的现状，形成农村职业教育功能保障是乡村振兴战略下农村职业教育功能实现的路径之一。

（一）规范农村职业教育招生制度

规范的招生制度对于农村职业教育的生源质量把控以及学生管理工作开展等有着重要的意义，改变当前农村职业教育招生不规范现象应该从相关制度建设着手。各省级教育行政部门要根据教育部办公厅颁发的《关于建立中等职业学校学历教育招生资质定期公布制度的通知》做好农村职业教育机构招生资质核查工作，并及时向农村地区公布，县级教育行政部门要及时面向农村社会进行宣传，严厉打击无资质农村职业教育机构非法招生。要制定明确的招生制度。农村职业教育机构要严格按照国家有关职业教育招生政策，制定相应的招生制度，规定招生规模、招生专业、招生计划、收费标准及免费政策，并及时向农村社会公开，严格规范招生行为，杜绝农村职业教育机构招生乱象。建立学生电子学籍管理制度。做好招录学生的电子学籍注册工作，对于退学、转学学生信息及时更新，排查"双学籍"学生，规范农村职业教育机构学生学籍管理。

（二）完善农村职业教育经费投入制度

经费是农村职业教育发展的重要保障，是农村职业教育功能落实的重要支持力量，完善农村职业教育经费投入制度是乡村振兴战略下农村职业教育功能实现的重要路径。要建立并完善农村职业教育生均拨款制度。根据国家职业教育发展的相关规划、规定制定生均拨款制度或者职业教育发展经费标准并严格执行，保障农村地区职业教育经费投入，防止农村职业教育发展经费转移。严格贯彻、完善农村职业教育资助政策。对于农村中等职业学校符合国家资助政策规定条件的学生，尤其是农科类专业学生，依规使其享受免学费政策、免学杂费政策，以及国家助学金、奖学金政策；同时，完善农民职业教育资助政策，提供面向农民、农村转富余劳动力、进城务工人员等群体的职业教育和培训资助补贴政策，调动农民接受职业教育的积极性，推动农村职业培训发展。建立农村职业教育经费监管制度。及时公开农村职业教育经费的分配、使用情况，各农村职业教育机构的财务预算、决算、重大支出等，接受农村社会监督。同时，对农村职业教育经费使用结果进行绩效评价，保证每一分钱都花在有用的地方。

（三）建立农村职业教育考核制度

考核即考定核查，开展考核工作能够反映一事物功能发挥的现实状况，能够明晰事物功能发挥过程中存在的问题，能够及时得到反馈信息并制定相应的措施，拾遗补阙。建立农村职业教育考核制度，是改变当前农村职业教育功能实践中"开始无规划、过程无体系、结果无要求"现状的关键一步。对农村职业教育发展的相关规章建设进行考核，检查各农村职业教育机构是否有建立明确的发展章程，从源头上保障相关制度的建设。在农村职业教育发展过程中严格贯彻执行各项规章制度，发挥制度的约束、规范作用，保证农村职业教育机构发展过程中各项工作依章依规进行，保证农村职业教育机构的运行秩序。对农村职业教育各项工作开展结果进行考核，保证农村职业教育机构的工作开展质量，保障农村职业教育各项功能的实践效果。

五、强化资源支持，促进农村职业教育功能深化

资源是事物实现可持续发展的重要力量，是事物向前发展的不懈动力。作为农村教育系统的重要子系统，农村职业教育的良好发展离不开各方资源的支持。乡村振兴战略实施中，农村职业教育要想抓住时代机遇向前发展，要想深化自身功能服务农村建设，就要积极寻求各方资源，加强农村职业教育资源支持。

（一）深化农村职业教育校企合作

校企合作是职业教育的基本办学模式，是办好职业教育的关键所在。在乡村振兴战略实施中，要推动农村职业教育深化发展，创设农村职业教育功能发挥路径，首先就要深化农村职业教育校企合

作。县级教育行政部门作为农村职业教育的管理部门，要统筹协调、规划指导，做好农村地区校企合作宏观管理工作，推动农村地区职业教育校企合作深化发展。农村职业教育各机构要根据自身发展特点、人才培养目标、社会发展需求，主动与相关企业开展合作，多方争取相关符合要求的企业资源，推动农村职业教育校企合作发展。通过校企合作，推动农村职业教育工学结合模式发展，提高学生的技能实践水平；通过校企合作，开拓农村职业教育实习实训基地，助力学生实习实训工作开展；通过校企合作，推进农村职业教育科研成果转化，支持企业技术和产品研发；通过校企合作，加强企业在农村职业教育发展中的参与力度，强化人才培养的社会适应力。

（二）推动社会力量对农村职业教育的支持

当前我国农村职业教育主要以政府部门主导下的学历教育发展为主，招生对象基本面向传统生源，这种现状不利于我国农村职业教育，尤其是职业培训的发展，不利于助推农村成人教育、继续教育发展，更不利于助力农村终身教育体系建设。教育振兴是乡村振兴的重要基石，推动社会力量对农村职业教育的支持，推动农村职业教育多元化发展，为农村职业教育功能的实现提供多方力量支持对于新时代农村职业教育的发展具有重要意义。丰富农村职业教育办学主体，改变政府力量单一办学现状，积极支持、引导社会力量办学，为农村职业教育与培训发展注入新活力，推动农村职业教育市场改革。县级政府、农村职业教育机构要做好外联工作，积极争取社会经费支持：吸引社会经费为农村职业教育机构设立教育发展基金、奖助学金，争取社会经费支持农村职业教育实训基地建设等，开拓农村职业教育发展的经费来源。推动社会力量对农村职业教育发展质量的评议，接受社会力量对农村职业教育发展的监督、建议，助推农村职业教育质量提升。

（三）有效落实职业教育东西协作行动计划

职业教育东西协作行动计划是教育部和国务院扶贫办在我国脱贫攻坚决胜时期提出的一项教育脱贫行动计划，旨在通过发展职业教育与培训，提升贫困人口技术技能水平，实现就业脱贫。乡村振兴战略下，我国要有效落实职业教育东西协作行动计划，实现东部地区职教集团、高职院校、中职学校对西部地区职业教育机构的结对帮扶全覆盖，尤其是西部农村职业教育机构，为西部农村地区职业教育发展寻求多方支持。通过落实职业教育东西协作计划，实现东西部职业教育机构深度合作，为西部地区农村职业教育的发展争取优质的教育资源；通过落实职业教育东西协作计划，丰富西部农村地区职业教育高校资源，为西部地区农村职业教育机构学生提供更多的升学渠道；通过落实职业教育东西协作计划，实现东西劳务协作，为西部地区农村职业教育机构学子提供更多的受教育机会。

六、提高办学质量，丰富农村职业教育功能内涵

农村职业教育各项功能要得以持续发展的关键在于农村职业教育的发展质量，因为农村职业教育的发展质量决定着农村社会是否认同、支持农村职业教育，也决定着农村居民是否会选择接受职业教育。乡村振兴战略推进中，加强农村职业教育质量建设，创设农村职业教育发展口碑，提升农村职业教育在农村教育系统中的地位，才能丰富农村职业教育功能的内涵，高质量发挥人才培养、教育发展以及社会促进等多项功能。

加强农村职业教育师资队伍建设，需提升农村职业教育机构教师质量。教师质量对于学校教育质量的发展至关重要，教师是学校教育的主体之一。县级教育行政部门要遵守国家关于职业教育师资队伍发展的有关规定，确立农村职业教育师资录用标准，从源头上做好农村职业教育机构教师选拔工作。还要完善多渠道选拔师资机制，增加从企业选拔教师的比例，推动农村职业教育"双师型"教师发展。同时，做好农村职业教育教师入职培训工作，促进新入职教师更快地适应农村职业教育教学环境，更好地进入工作状态。此外，建立农村职业教育教师培训制度，做好教师职后培训，推动教师专业能力成长，帮助教师更新知识、适应时代发展。

　　提升农村职业教育机构教学质量。教学是农村职业教育机构的主要工作，教学质量决定了农村职业教育的人才培养质量。农村职业教育机构要把教学质量的提升作为发展的重中之重，利用各种资源、采取各种方式，千方百计地提升教学质量：通过更新教学设备，实现教学现代化、信息化；通过完备实验室、实训楼，提供必需的教学场所；通过制定教学大纲，规范教师教学行为；通过开展教学督导，保证学校教学秩序；通过改革教学方式，提升学生学习质量。

　　要推动农村职业教育机构学习者就业质量提升。就业是硬道理，农村职业教育与培训机构受教育者的就业质量也反映了其办学质量。县级教育行政部门以及农村职业教育各机构要不断拓展资源，增加与符合标准企业的合作力度，扩展学习者的就业渠道。同时，要不断提升学习者的就业能力，开展就业指导，推动受教育者高质量就业，助力农村富余劳动力转移。

第六章 乡村振兴背景下农村职业教育体系的建设——以县域为例

第一节 农村职业教育体系服务农村人力资源开发的路径

我国政府历来高度重视"三农"问题，相关政策逐步完善。新时期乡村振兴战略的实施对"三农"的支持力度空前，释放了鼓励进城务工人员返乡建设农村的积极信号。大力发展面向农村的职业教育，对于长期居住生活在农村的农民群体而言，其接受职业教育与培训能够切实提升职业能力与素质，从而保障农民的稳定增收。农村人力资源的开发不仅是农村富民的重要渠道，更是发挥农村人才技能、技术和聪明才智的平台。[①] 职业教育体系服务农村人力资源开发，重点服务高素质农民、新型农业经营主体和返乡下乡群体，发挥农村人力资源的价值功用，支持乡村事业发展和乡村全面振兴。

一、新时期农村人力资源的主要样态

在城镇化快速推进的同时，我国农村人口流失现象较为严重，农村出现了人口"空心化"的危机，特别是年轻一代农村劳动力资源的流失，无疑对乡村各行各业的发展带来了冲击。

随着新时期乡村振兴战略的提出，人们逐渐意识到乡村振兴需

---

① 赵杰民．发展农村职业教育对农村人力资源的深远影响［J］．中国成人教育，2019（22）：91-93．

要多元的人力资源和多样化的职业，不仅需要本地从事农业生产和非农业工作的劳动力资源，还需要"新村民"、新型农业经营主体创办者、返乡下乡能人等从城市回流乡村从事非农产业的经营和建设，带动乡村社会和产业结构转型。

随着我国"城乡双栖"人口数量的逐步增加，农村地区出现了越来越常见的"返乡兼业"现象，部分外出农民工开始回流并形成一定规模。

当前，乡村振兴需要农村人力资源支撑现代农业发展，高素质农民和新型农业经营主体作为主力军，两者既具有交叉的职业特点，又能实现职业转换，在现代农业产业的新技术应用、新品种推广、新市场开拓等方面具有重要作用。

"高素质农民"的定义为以农业为职业、具有一定专业技能、收入主要来自农业生产经营并达到相当水平的现代农业从业者。高素质农民可分为生产经营型、专业技能型和社会服务型三种类型。所以，高素质农民是一种自由选择的职业，而不再是一种被赋予的身份。

二、新时期职业教育体系服务农村人力资源开发的路径

新时期面向农村的职业教育体系既要遵循"以农民为本位"的政策取向培育高素质农民，还要重视对新型农业经营主体的服务和对返乡下乡群体的支持。

随着乡村振兴战略的实施，农村人力资源的开发需要有针对性、有规范性和有效性的职业教育介入。当前，我国职业教育机构数量众多，种类齐全，以高职院校为"主力军"的职业教育机构参与农村人力资源开发，促使农村人力资源更好地支撑农村发展，是职业教育服务农村人力资源开发的重要尝试。

（一）培育高素质农民，对接农业高质量发展

虽然我国高素质农民的数量在不断增长，但是总量相对偏低，与实现农业高质量发展需求的体量仍有差距。谢维和教授认为农民是农村教育的主体命题，从体制上看，农村教育靠农民；

从目标上看,农村教育为农民;从内容上看,农村教育有农民。如何使农村教育对接农业高质量发展,不仅要考虑到乡村人才流失的客观现实,还要解决农民专业技能和综合素质较低的问题。对此,要做到高素质农民的当地化、本土化培养,必须坚持农村职业教育面向生活在农村地区的农业人口,使农村职业教育真正做到关注高素质农民职业化发展的职业能力,强化他们对农村生活的认同感。

一是政府要明确农民接受农业生产技术与技能培训的责任,深入开展多元主体帮扶,以"农科教"合作的形式,实现农民直接参与要素投入与分配,调动农民参与培训的积极性。

二是县级职业教育中心可进行高素质农民职称评定和职业技能鉴定工作,还可为他们提供正规的学历和非学历教育、长期和短期教育、职前和职后教育等灵活多样、自由宽松的教育方式。①

三是要发挥区域高职院校的职能,高职院校与政府签订合作协议能为农民职业化发展注入"新活力",如联合举办职业农民定向培养班,或在农业企业、专业合作社、生产基地等设立职业农民培训教学点,实现校地互动、教产衔接。

四是要重视乡村产业发展需要和农民个性化需求,高职院校要有针对性地设置相关专业和课程,重在培养技术技能型人才,打造一批乡村工匠;开设乡村创业课程,激发农民的创新潜能,培养一批创业人才。

(二)服务新型农业经营主体,助力技能型人才创业

乡村振兴的技能型人才涵盖了高素质农民、新型农业经营主体创办者、基层农技推广人员等,他们一般通过基层农技推广的形式开展创业活动。对此,高职院校要以服务新型农业经营主体需求为导向,帮扶新型农业经营主体创办者开展基层农技推广活动,提升其创业素质和能力。

---

① 杨岭.职业教育融入终身教育体系的路径研究[J].职业技术教育,2020(4):48-53.

一是结合农村产业发展现状，为新型农业经营主体编制培训教材、制定培训方案，开发培训课程包，针对不同行业、领域、层次的新型农业经营主体的培训需求，联合企业对新型农业经营主体创办者开展常态化创业培训、专题培训，重点面向家庭农场主、科技示范户等生产经营主体，更新其创业理念。

二是开展乡土人才示范培训活动，助力新型农业经营主体创办者投身乡村事业建设，重点面向农村能人和农村青年等本乡人员，提升其专业技能，更好地进行基层农业技术推广。

三是为各类新型农业经营主体合作组建村镇现代企业提供服务，在对此类企业科技成果转化人才、企业经营管理人才和企业家队伍的培训中引导其明确用"工业的理念发展农业"的目标，这有助于增强企业核心竞争力，同时还可以将优势学科与村镇主导产业进行融合，建立农业技术推广联盟，开展农技推广服务。另外，目前小农户是我国农业经营的主体，需要高职院校的技术指导和市场信息的共享支持他们创业，但小农户接受技术指导会受到时间和场地的限制，可采取灵活的学习形式，如探索田间课堂、网络学习、职业教育慕课等开放共享的学习形式助力其开展农技推广活动，带动小农户增收创收。

（三）支持返乡下乡群体，开拓乡村多样化职业

近年来，我国农村劳动力呈现出城乡"钟摆式"流动趋势，特别是返乡下乡群体在农村从业，为乡村发展提供了动力。新时期，乡村振兴面临最大的难题在于人才和创意的缺乏，只有将乡村独有的资源和返乡下乡群体的创意相结合，才能促成乡村产业、人才、文化、生态和组织振兴，最终实现乡村振兴。

在返乡下乡群体中，有部分人员具有创业成功的经验、拥有创业项目和资本，选择到农村从事生产经营活动，开拓文创旅游、民风民俗体验、特色小镇和田园综合体建设等领域，在丰富乡村业态、改善乡村生产生活条件的同时，也为农民创造了多样化从业岗位。乡村振兴战略的实施，也吸引了越来越多的青年人才来到农村投入乡村建设事业，为乡村发展增添了新活力。对此，高职院校要

以乡村振兴战略为指导，引导毕业生，特别是农村出身的毕业生正确看待到基层就业，鼓励其返乡创业，打破传统就业观念的束缚；也可为返乡农民工、退伍军人到基层就业创业提供服务。要积极主动培养"新农人""乡村精英""乡村创客"等接受过高职教育的青年人的创新思维。对于这类群体，通过提升其专业素养和创新能力，放飞其创业梦想，凭借其在城市中成长积累的眼光和经验，引进互联网思维，发展乡村电商。鼓励专业教师到乡镇企业挂职、兼职或离岗创业，帮扶返乡下乡群体在乡村开办新企业，推进企业制度、组织和管理模式创新。此外，还需建立区域、城乡、校地人才交流机制，强化社会支持，引导社会各界人才下乡就业创业，如城市教师、科技文化人员等定期下乡开展服务等，为乡村多样化职业的开拓提供保障。

第二节　农村职业教育体系与农村剩余劳动力转移

一、我国农村剩余劳动力转移现状

（一）农民工总量继续增加

2023 年，全国农民工总量达到 29，753 万人，同比增长 0.6%，较上年增加 191 万人。其中，本地农民工数量为 12，095 万人，同比下降 2.2%，减少 277 万人；外出农民工数量为 17，658 万人，同比增长 2.7%，增加 468 万人。年末在城镇居住的进城农民工数量为 12，816 万人。

在外出农民工中，跨省流动人数为 6，751 万人，占比 38.2%；省内流动人数为 10，907 万人，占比 61.8%。从区域分布来看，东部地区外出农民工中跨省流动占比为 13.8%，中部地区为 51.7%，西部地区为 44.5%，东北地区为 30.9%。

（二）各区域农民工人数均有增长

从输出地来看，东部地区农民工数量为 10，484 万人，同比增长 0.8%，增加 81 万人；中部地区为 9，904 万人，同比增长

0.5%，增加 52 万人；西部地区为 8，367 万人，同比增长 0.2%，增加 16 万人；东北地区为 998 万人，同比增长 4.4%，增加 42 万人。

（三）农民工继续向中西部地区回流

从输入地来看，东部地区就业的农民工数量为 15，277 万人，同比下降 1.1%，减少 170 万人；中部地区为 6，982 万人，同比增长 3.1%，增加 211 万人；西部地区为 6，552 万人，同比增长 1.8%，增加 116 万人；东北地区为 872 万人，同比增长 3.4%，增加 29 万人。

二、促进农村剩余劳动力转移对策建议

本小节将从政府和学校两个层面针对如何发展农村职业教育促进农村剩余劳动力有效转移提出政策建议：政府应该发挥导向性作用，转变鄙薄职业教育的陈旧观念，加大对职业教育的投入，提升职业教育的地位，改革职业教育的管理体制；职业学校应该改革创新教学内容和教学专业设置，加强"双师型"师资队伍的建设，实行校校合作、校企合作等方式，实现产教紧密融合。

（一）政府方面

1. 转变鄙薄职业教育观念

发展农村职业教育，首先要摒弃我国鄙薄职业教育的陈旧观念。各地政府要发挥导向性作用，积极推进对农村转移劳动力进行职业教育的宣传工作，提高农村转移劳动力参与教育学习的积极性。通过传统媒体和新媒体多方面渠道，普及国家相关优惠政策，营造重视劳动者技能、尊重技术型人才的社会风气，让转移人群了解市场对技能人才和应用人才的重视程度，使其能够真正理性思考，正面积极地看待职业教育的发展，认识到职业学校的学生也能受到社会的尊重。

2. 提升职业教育地位

一直以来，我国职业教育都处于参照普通教育办学的状态，缺乏自己的职业性特色。无论是在教学内容设置方面（例如专业设置

和课程设置），还是在师资配备方面，都在模仿普通教育办学。职业教育作为我国教育体系的重要组成部分，应与普通教育具有同等重要的地位。政府要改变现有农村职业教育的模式，办具有鲜明专业特色的农村职业教育，逐步改变职业教育"二流教育""二等公民"的形象，提升其教育地位。

3. 加大职业教育投入

当前国家财政投入依然在我国职业教育的资金来源中占据主要地位，然而现如今单一的职业教育经费供给已经难以跟上学校发展的步伐。各级政府财政应该加大对职业学校的投入，加强学校基础设施和软硬件设施的建设，对职业学校设立奖助学金制度并扩大奖助学金覆盖面，提高补助标准，同时政府应鼓励支持企业等社会力量创办职业教育，吸引社会多方面参与办学，促进学校规模的扩大。

4. 改革职业教育管理体制

由于我国职业教育长期存在多元管理体制，容易导致职责交叉、多头领导等问题，不利于统一组织管理的同时，还造成了严重的教育资源浪费，因此政府应明确划分各管理部门的职能权限，避免出现职责不清、权责不清的问题，推动农村职业教育健康有序的发展。

5. 提高职业学校毕业生待遇

近些年来，职业学校的毕业生整体就业情况有所好转，但与大部分普通高校毕业生相比，仍普遍存在着就业环境差、就业地位低的问题，从而造成就业待遇差的现象，因此职业学校对于生源的吸引力不足仍是不得不面对的现实。政府应该根据社会发展情况，积极推动职业学校毕业生在落户、就业、晋升等方面与普通高校毕业生享受同等待遇，逐步提高技能型人才的社会收入水平和社会地位，切实增强职业学校的吸引力。

（二）学校方面

1. 创新教学内容和教学专业设置

目前职业学校教学内容主要还是重知识轻能力、重理论轻实践，缺乏特色与创新，很多教学甚至流于形式，对农村转移人口就业并没有实际帮助，无法满足社会经济的发展需求。各学校应在当前社会产业结构和就业结构的基础上，考虑农村剩余劳动力就业的实际岗位需要，文化理论知识和专业实践技能两手抓，更新教学内容，调整教学专业结构设置，把握当下的经济结构变化，为受教育的农村剩余劳动力能在新环境生存发展奠定良好基础。

2. 加强"双师型"师资队伍建设

"双师型"师资队伍是职业教育学校教学质量的根本保障。据统计，目前我国中职学校"双师型"教师占比达到31.5%，但就整体来说，真正具备"双师素质"的教师还不够充足。职业学校应使"双师型"教师的培养更加系统，对学校教师进行专业技能培训，将培训成绩纳入日常综合管理考核，切实促进综合教学能力的提升。同时学校可以聘任校外企业的技术骨干作为学校兼职教师从事辅导教学，使教师队伍间可以相互交流，以提升整体师资队伍的教学素养。

3. 实行多方合作，实现产教融合

当下许多学校培养人才的标准与社会、企业用人单位所需人才的要求不符，企业找不到合适的人才，面临用工荒。学校应该结合市场需求，实行校校合作、校企合作等多种培养模式，加强企业参与度，与多方建立稳定长久的合作关系，使职业教育直接服务于企业，让企业深度参与到职业教育中来，建设产教融合型学校，培育产教融合型企业，以促进产教紧密融合。

第三节　农村职业教育体系架构的基本策略

乡村振兴需要构建县域职业教育培训体系，这一体系的构建必须充分考虑现行体系的不足之处，必须充分反映乡村振兴背景下农村人力资源开发的需要，必须体现农民自身发展及生活品质提升的需要，当然，建立在县域土壤上的职业教育体系必须体现县域性和乡土性特点。

一、以乡村振兴目标为引领，彰显培训体系的区域性和现代性特征

我国乡村振兴"三步走"目标既是指向当下的近期目标，更是瞄准未来乡村的全面振兴，以及农业强、农村美、农民富的全面实现。这种目标的未来指向性，要求职业教育和培训体系必须具有区域性和现代性特征。

（一）县域性：反映乡村的语义逻辑

长期以来，我们都习惯于沿用"农村"和"农村职业教育"等相关概念，但事实上"乡村"和"农村"存在区别，在我国政府提出的乡村振兴战略中，以"乡村"取代了过去常用的"农村"。这恰如其分地表达出它意欲营造的独特语义环境，在凸显其价值初衷的同时也揭示其微妙的适用范围、实践取向。[①] 由此，人们必须对职业教育和培训体系服务的主要范围以及路径和策略进行更为精准的界定和建构。以"县域"建构职业教育和培训体系更为合理，即以县（或县级市）为体系构建的地域范畴，既能反映乡村的语义逻辑，又有助于构建更具服务效能的职业教育和培训体系。

（二）融合性：体现城乡融合新趋势

我国长期以来实行的是城市取向的发展政策，在一定程度上甚至可以说是以牺牲农村和农民为代价的。为了纠正这一发展偏向的政策，我国先后提出从"城乡统筹发展"到"城乡一体化发展"，再到党的十九大提出的"城乡融合发展"的理念和政策。就"城乡统筹""城乡一体化"的本质而言，其政策重点依然是侧重于城市发展，农村仍处于从属地位，只是考虑到在发展城市的同时要推进农村的发展，尽可能缩小城乡差距，体现公平；但是，在城乡统筹和城乡一体化发展政策下，城乡差距依然客观存在。相对而言，乡

---

① 罗心欲. 基于本体性逻辑的乡村振兴战略内涵辨识［J］. 江汉学术，2018（3）：72.

村振兴目标中所提出的"城乡融合发展"理念更具现实意义，也更具推进城乡共同发展和城乡民众共享改革开放成果的可能性。这种城乡发展理念的重要转变，必然要求作为乡村振兴命运共同体和发展路径选择的职业教育和培训体系的重新构建必须充分体现城乡融合的特点，必须围绕"融合"来进行。

（三）层级性：满足多层次培训需求

从政治角度看，随着乡村振兴的不断推进，人民群众对美好生活的需求越来越多，层次越来越高。职业教育和培训体系的构建，必须反映现时代人民群众对职业教育和培训多样化、高层次的需要。从乡村振兴人才战略的实现来看，既要满足普遍提高留守农民职业技能对培训的需要，又要满足现代农业发展对高素质农民培育的需要，还要满足促进乡村有效治理对乡村精英培养的需要。未来所构建的职业教育和培训体系，不仅要体现培训的多层次性特点，还要体现培训主体的多样性，更要凸显培训资源的有效整合和培训实施的协同性。

二、以县级职教中心为主体，建构多层次的网络化培训体系

乡村振兴需要培养以应用型为主的各级各类人才，这些人才除少数高层次技术和管理精英需要依托有关高校等进行高层次的、系统的培养与培训外，更多的还是要基于区域职业教育培养与培训机构以及相关涉农企业来协同完成培训。当然，这些不同类型的职业教育和培训机构以及企业可以有各自的分工，但它们更应该在一个共同的职业教育和培训体系框架内来完成乡村振兴人才培养的任务。根据我国职业教育和培训体系构建的县域性原则，应建设以县级职教中心（或社区培训学院）为主体，乡镇成人教育中心（社区教育中心）为骨干，村级成人文化技术学校（教学点）为网点的县域职业教育和培训体系。

从我国各地职教中心建设的现状来看，大多数地方政府都把县级职教中心作为其投资的重点，作为地方应用型人才培养的主

体。一般一个县建有 1 所职教中心，部分有 2 所职教中心；职教中心在教育资源以及办学条件等各方面都具有明显的优势。在实施乡村振兴战略过程中，各地政府部门，尤其是教育主管部门，应把县级职教中心建设作为政府重点工程，并加强现代化建设。作为职教中心自身，应重新审视自己的办学定位，按照中心应是乡村振兴人才培养的主体的思维，培养乡村振兴所需的各类人才；要按照中心是"领头羊"的思维，组织和引领乡村成人教育中心开展职业教育和培训工作；还要根据乡村振兴战略实施中现代农业发展和一二三产业融合发展的趋势，加强专业的现代化建设，尤其要强化涉农专业建设，培养区域产业振兴、现代农业发展以及促进乡村治理需要的高素质农民、乡村精英和其他各类实用型人才。

特别需要指出的是，要高度重视农村社区教育中心（成人教育中心）在乡村振兴人才培训中的作用。首先，农村经常性的、大批量的技术技能培训，以及社区民众丰富生活的培训和促进社区精神文明建设的培训都还是主要依托社区教育中心进行；其次，还要依靠乡镇社区教育中心加强农村基层组织建设，培养具有乡村情怀和管理才能的人才，促进社区治理水平的提高；最后，要积极基于社区教育中心，构建社区居民一刻钟学习圈，使之成为农村社区终身教育体系的重要组成部分。

另外，在乡村振兴战略推进过程中，应积极发挥高职院校的作用。高职院校，尤其是涉农高职，其本身具有地方性特点，其重要服务定位就是为区域经济社会发展服务。为此，高职院校一方面要根据乡村经济社会发展开设相应专业，培养高层次的高素质农民和管理者；另一方面要利用自身具有的教育资源优势等，承担对农村留守农民、返乡创业农民工以及军转人员等群体的高层次培训工作；另外，要与县级职教中心以及涉农企业协同开展线上线下的农民职业教育和培训工作；还要积极开展诸如课程和教材等各类培训资源的研发工作。

三、以"互联网十"技术为载体，镶嵌开放的远程职业培训网络体系

大数据、云计算和互联网技术已深入人们生活的方方面面，已然成为当今人们学习、生活和教育培训、不可分割的组成部分。2015年中国政府提出"互联网十"行动计划，标志中国已进入"互联网十"时代。互联网技术具有高速、便捷、经济等特点，为人们随时随地全天候接受职业教育和培训创造了条件。

在现代县域职业教育和培训体系的构建中，互联网技术是不可或缺的核心要素。所构建的以县级职教中心为核心，或者以高等职业院校为龙头的职业教育和培训体系，只有基于互联网技术，才能真正形成以人为服务中心，以教育培训机构为实体的能够体现现代性的职业教育和培训网络体系。毫无疑问，互联网技术应用必将成为未来职业教育和培训的新常态、新动力，也必将助推职业教育和培训效能的提升。

基于大数据和"互联网十"所构建的职业教育和培训支持体系，可以充分、有效地整合县域，甚至更大范围内的职业教育和培训资源，为乡村各层次多类型需要接受职业教育和培训的人群提供优质共享资源。基于"互联网十"职业教育和培训平台，人们可以把所开发的各类课程资源，以一定的方式呈现在互联网上；而且，还可以基于互联网进行学员与教师、学者或者知之较多者的教学活动，学习者可以不再受制于时间和空间，实现真正的随心所欲的接受培训与教育；依托互联网技术建立社区居民在线数字化学习网络平台，可以通过开通社区教育培训微信公众号，根据乡村社区居民需求，设置具有社区特色的各类教育培训专栏，以满足乡村不同层次居民多样化和个性化的学习需求，满足人们提高生活品质以及充实精神生活的需要。另外，还可以基于互联网技术平台，精准开发网络课程，实行个性化培训。当前，要做到巩固脱贫攻坚成果有效衔接乡村振兴，同样离不开对

互联网的利用以及对大数据的分析。①

在实施乡村振兴战略背景下，构建职业教育和培训体系必须将大数据和互联网技术与各级各类职业院校和培训机构提供的培训有机融合，从而构建现代意义上的"互联网＋职业教育和培训"体系。在架构县级职教中心（社区学院）—成人教育中心（社区教育中心）—村教学点这一网络化职业教育和培训体系的过程中，要有机融合互联网技术。这样既有利于线上线下培训教学的结合，也有利于区域网络课程资源的整合和充分利用，尤其是有利于有区域特色的职业技术培训的开展，全面满足区域农民职业教育和培训需求。县级职教中心（社区学院）应该充分发挥在职业教育和培训中的组织、协调、课程开发、农民培训需求调查、网上课程资源建设等方面的作用。社区教育中心是"互联网＋"网络体系的关键节点。要重视社区教育中心基本网络设施的建设，确保与县级职教中心的主网顺畅连接，由此推动"互联网＋"与"三农"的深度融合，促进乡村建设。

此外，还要特别重视数字化学习资源库建设。资源库必须内容丰富，反映各层次农民或者社区居民的需要，并且及时更新，以把最新的信息以及技术充实进资源库。要建立县级职教中心（社区学院）与企业、培训机构，以及区域高职院校"数字资源链接点"，发挥各自优势，扩大学习资源的覆盖面和共享度，丰富社区居民学习内容或者培训课程。

四、以培训共同体建设为重点，构建城乡融合的培训体系

实现城乡融合发展，从根本上说要积极引导人口、资本、技术等生产要素在城乡之间双向流动和互动，实现城乡资源的配置优化，而培育农业龙头企业、农民专业合作社、家庭农场、乡村创客

---

① 马建富，吕莉敏.乡村振兴背景下贫困治理的职业教育价值和策略［J］.苏州大学学报（教育科学版），2019（1）：75-76.

等新主体，则有利于为城乡融合发展增添新的动力。然而，要培育家庭农场主、"乡村工匠"和农业产业工人、农业合作社负责人等，有赖于城乡融合的职业教育和培训支持体系的建立。一方面这是城乡融合的应有之义，另一方面在乡村振兴中培育多元经营主体，培训农业龙头企业各类人才、家庭农场主以及为返乡农民工和城市"上山下乡"创客提供职业教育和培训，也是其应该并且能够承担的职责。这里的关键是，建立一个怎样的城乡融合的职业教育和培训体系，才有助于这些新的经营主体以及创业人才资本的积累和提升。

根据乡村振兴对人才需求的多元性、来源的多样性，以及各类人才自身需求的差异性等特点，应该建立一个由政府、涉农企业、行业（协会）、各类职业院校和培训机构、个人以及非政府公益组织共同参与的职业教育和培训体系。这些单位或个人和组织都是利益相关者，都有责任和义务参与职业教育和培训工作，成为该培训体系中的重要角色。由于基于乡村振兴战略实现的各类培训具有明显的公益性，非政府公益组织有义不容辞的参与和组织培训的责任。

在城乡职业教育和培训共同体中，各相关方都有自己的职责和优势，因而，应扮演好各自的角色。如中高等职业院校在师资、技术以及互联网建设方面具有独特优势，应该重点担负起培训教学以及互联网课程资源开发等工作。涉农企业应更注重职业教育和培训与产业、市场的结合，为职业教育和培训提供学习与实践的机会，并提供必要的专业技术师资的支持。相关行业协会一方面应根据市场培训需求，提供人才培养培训的需求信息；另一方面应主动预测和研究乡村人才市场人力资源开发的需求，还要基于现代农业发展以及一二三产业融合发展的需求，向职业院校及相关培训机构提出任务和要求，为地方政府乡村人才培训工程的设计与实施提出决策参考意见。

第四节　农村职业教育社会支持体系的建构

培育高素质农民，职业教育和成人教育具有义不容辞的责任，但是仅仅依靠教育部门的努力是远远不够的，需要有关各方协同努力，合力支持，共建一个促进高素质农民培育的职业教育培训社会支持体系。

一、职业教育培训社会支持体系的内涵

(一)职业教育培训社会支持体系的内涵

一般认为，社会支持体系是指一个由各个方面的资源所支撑的能对所需者提供支持的资本组合。[①] 职业教育培训与经济社会的各个方面，尤其是政府和企业等都有着密切相关的利益联系，要促进高素质农民的培育，就必须建立起一个由政府、涉农企业和行业、职业院校以及社会其他相关方面组成的社会支持体系。只有当这个体系内的各个主体都能扮演好相应的角色，各司其职时，才能使职业教育培训工作落到实处。本书认为，理想的职业教育培训社会支持体系应基于社会各界（包括各级政府、涉农企业和行业、职业院校等）对职业教育培训职责和作用的理解与认可，各主体协同为职业教育培训工作进行整体规划、顶层设计、制度配置、政策创新以及提供物质条件等多方面的综合支持。

(二)职业教育培训社会支持体系构建的必然性与必要性

构建社会支持体系是职业农民培育的公益性所使然。目前，人们更倾向于将职业教育培训定性为公共产品。正因如此，无论是从当前制定的有关职业教育培训制度与政策来看，还是从改革和发展趋势来看，我国政府事实上很多都将职业教育培训确立为公益事业。然而，仅有政府层面的认识与支持还不够，涉农企业（行业）、社会公益组织以及学校和相关培训机构，同样必须基于职业教育培训的公益性给予更多的支持，从而使高素质农民培育成为全社会关心和积极助推的事业。

构建社会支持体系是职业教育培训跨界性的要求。高素质农民培育是一个涉及多个层面的系统工程，需要有来自政府、企业、职

---

① 朱婷. 我国老年人社会支持研究综述 [J]. 法制与社会，2010 (19)：192.

业院校和社会的协助。从职业教育培训的需求及其复杂性来看，理想的、应然状态的职业教育培训，应是在政府主导下，职业院校与有关涉农企业和行业紧密合作，协同开展相关工作，形成良性互动的机制。这实际上要求从根本上改变长期以来存在的校企合作流于形式，缺乏深度、宽度和长度（可持续性），社会组织主动性不够，参与面小的状态。

构建社会支持体系是要改变职业教育培训的弱势性。正如我国"三农"发展具有弱质性特点一样，职业教育培训与其他教育相比，不仅难以得到社会多方面的大力支持，而且即使在职业教育内部也存在将职业教育培训当作"政治任务"或者作为生源不足情况下办学的权宜之计的问题。要开展好高素质农民的培育工作，更需要通过具有强力支持作用的社会体系的构建，激发各社会支持主体的积极性，规范各方的职业教育培训行为。

二、职业教育培训社会支持体系的基本架构

职业教育培训社会支持问题主要研究与职业教育培训相关的社会关系网络中，哪些社会关系可以为其发展提供支持，这些社会关系主体分别扮演怎样的角色，它们又如何为职业教育培训的开展提供实质性的支持。基于这样的认识，高素质农民培育的职业教育培训社会支持体系，主要是由客体（职业教育培训体系）、主体（政府、企业和行业、职业院校以及社会非政府组织和个人等）、载体（职业教育培训）所组成的动态开放系统。要使这一社会支持体系在高素质农民培育工作中发挥足够的支持力，必须反思和重新定位政府（国家）、涉农企业（行业）、涉农职业院校的角色和支持行为，最大限度实现各支持主体间协调一致、协同配合、相辅相成，从而构建充满活力的职业教育培训社会支持体系。

（一）政府层面：政策法规支持体系

在职业教育培训社会支持体系中，政府特殊的角色地位，决定其对职业教育培训的支持具有权威性和导向性以及更强的社会制约性与激励性，并且，在较大程度上影响其他社会支持主体的支持

力。政府对职业教育培训的支持主要表现为法制建设和政策创新。高素质农民培育需要政府通过建立具有强制力的、完善的法律体系，规定涉及高素质农民职业教育培训工作各有关主体的责权利。在社会学意义上，对各主体职能范围的规定，属于资源的制度化分配机制，更有助于资源产生最大的社会效益和经济利益。在法律框架下的政策创新，是促进高素质农民职业教育培训工作开展的最强动力，也是从根本上解决或者突破职业教育培训工作制约的有效路径和手段。开展高素质农民培育工作，无论是在起始阶段，还是在发展过程中，或是向更高级阶段迈进的过程中，都需要不断的政策创新给予有力支持。

（二）院校层面：职业教育培训支持体系

在高素质农民培育过程中，不管政府或企业给予了多大的支持，这项工作的最终落实还是需要得到职业院校的支持，职业院校在高素质农民培育中扮演着不可替代的角色。职业院校的支持主要表现为在政府以及涉农企业（行业）的支持下，职业院校充分利用自身的条件和优势，成为现代职业教育培训体系的核心主体，提供有效的职业教育培训服务。

（三）企业层面：校企合作人才培养支持体系

《国家中长期教育改革和发展规划纲要（2010—2020 年）》指出，要调动行业企业的积极性，建立健全政府主导、行业指导、企业参与的办学机制，制定促进校企合作的政策法规。只有企业以主体身份积极参与职业教育培训工作，才能提高高素质农民培训的质量。特别是在现代职业院校治理中，企业的高度融入，有利于发挥其在职业学校管理运行中的积极作用，有利于职业学校更好地把握市场方向，促进学校办学与市场接轨。

（四）社会层面：社会文化支持体系

社会文化尤其是根深蒂固的社会观念是长期以来影响我国职业教育发展的一个重要因素，长期积淀的一些传统的乡村文化在很大程度上制约了农民职业教育培训工作的开展。其中固然有人们对农民"身份"和"职业"的鄙视，但也与社会缺乏有利于高素质农民培育的社会氛围有密切关系。

建立社会文化支持体系。其一，就是要改变阻碍高素质农民成长的外部环境，营造充分理解与尊重职业农民的社会氛围，使他们在从业过程中产生获得感、成就感和幸福感；其二，要通过社会文化支持体系的构建，为调动企业参与职业教育培训，深度开展校企合作营造浓郁的社会环境氛围；其三，能更好地推动社会公益组织积极参与高素质农民的职业教育培训，使高素质农民培育这一公益事业得到社会更多的关注和支持。

三、职业教育培训社会支持主体的角色定位

（一）政府：发挥主导作用，重点是顶层设计，统筹规划

1. 制定规划：确保高素质农民培育在规划指导下实施

培育高素质农民是我国政府根据"三农"发展现实以及"四化同步"发展要求提出的重要发展战略，因此高素质农民的培育应该在各级政府规划的指导下行动。一方面从国家到各级地方政府，应将高素质农民培育纳入五年经济社会发展规划；另一方面要基于高素质农民培育的需要，制定系统的近、中期职业教育培训发展规划，如此，高素质农民的培育既能够得到政府的重视与支持，又能够在培训规划指向下得以实施。

2. 法规建设：保证高素质农民培育在法制轨道上运行

高素质农民培育涉及多个层面的工作，要能够使各方协同开展培育工作，规范运作，必须有法可依，而且，必须根据高素质农民培育的新需要、遇到的新问题，与时俱进地完善法律法规。发达国家普遍重视职业教育培训法规建设。例如，韩国出台了诸如《农渔民后继者育成基金法》《农渔民发展特别措施》等多项法规，由此强化政府责任，规范政府行为；法国先后7次制定、修改完善针对农民职业教育培训的方针政策。

3. 政策创新：保障高素质农民培育在政策驱动下突破

政策对高素质农民培育的推动具有针对性和见效快等特点。在当今社会，政策的刺激作用不可低估，特别是在工作的起始阶段和

工作推进遇到障碍时,政策作为重要的激励性制度安排,具有特别的功效。例如,要发挥"互联网+教育培训"在高素质农民培育中的作用,在很大程度上有赖于政府出台加快农业信息化发展与培养高素质农民的相关政策,由此促进互联网与高素质农民培育工作的有效结合,促进建立多部门协同推进的工作机制,形成推进高素质农民培育的合力。

4. 体系建设:实现高素质农民培训在体系建设中行动

高素质农民培育需要有力的支点和载体,具体地说,即需要发达的现代职业教育培训体系作支撑,而这个发展体系的构建,离不开政府的政策支持与保障。法国全套农业教育体制提供从初中四年级到博士学位的培养内容,面向年轻人和成年人且相互贯通。由此法国形成纵向到底、横向到边的教育培训体系,较好满足了从农业工人、农业技师、农业高级技师到工程师及科研人员不同层次的培养需求。[①]

5. 统筹协调:形成高素质农民培育各方利益诉求的交汇点

由于不同参与主体在高素质农民培育中参与动机具有差异性(即它们参与职业教育培训的利益出发点不尽相同),导致各参与主体参与的愿望、参与的程度存在很大差异。就政府而言,其更具前瞻性和战略性思维,更多考虑高素质农民培育的社会效益。就企业行为而言,其更注重以经济利益来衡量、决定自身参与行为。这与企业追求低成本、高利润的经济利益行为是一致的,也是可理解的合理行为。就职业院校特别是公立职业学校而言,由于其受到政府的全面支持,其办学行为首先应该考虑社会效益,为国家培养所需要的各级各类农业技术人才,但同时又必须考虑办学的投资与收益问题,努力做到社会效益与经济效益的统一。正是由于三大参与主体原始立场的不完全一致性,就可能出现在高素质农民培育过程中,难以协同推进,不能形成合力,甚至产生矛盾等现象。需要政府给予必要的干预,做好三方矛盾调和及利益协调工作,找到它们

---

① 黄银忠.法国农业教育培训经验及借鉴 [J].江苏农村经济,2015 (8):57.

最大利益交汇点，从而实现"三位一体"，协同推进高素质农民的培育。

（二）院校：发挥主体作用，重点是构筑平台，实施培训

1. 搭建多层级培训平台

搭建培训平台主要指有关各方联合建立多层次、多类型的教育培训路径，最大限度满足各类型各层次高素质农民培育的需要。重要的是，一方面要充分利用既有的职业院校及培训机构开展高素质农民培训工作，释放其培训潜能，提升培训效能。另一方面，要根据培育生产经营型、专业技能型、社会服务型等高素质农民的需要，创建高标准高水平的职业教育培训机构，使之成为高素质农民培育的摇篮。这需要我国现有的有关高等农业院校或者综合性大学的农科类专业学院以及中高等职业院校，根据高素质农民培养的需要，主动承担相应层次的高素质农民培育任务。以有关高校的相关专业培育高素质农民是改革与努力的方向。

2. 创新多元化培训模式

要根据高素质农民培育的类型，基于存量和增量农民的特点，结合区域现代农业特色和需求，探索和创新高素质农民培育模式。如对于有志成为"未来中国职业农民"的新生代，由于他们具有文化程度较高、观念新、具有创业精神的特点，可以通过中高等职业院校与涉农企业的合作，更多地对其进行正规的职业教育培训，使其成为具有创业能力、经营管理能力的家庭农场主、专业合作社负责人等；对于希望成为高素质农民的留守农民，由于其基础素质偏低、年龄偏大，可以通过"干中学"的教育培训模式对其进行培训；对于返乡农民工以及对大学生村官等可以实施校企结合的创业教育培训模式。

3. 实施系列化高素质农民培育工程

这主要是要求职业院校积极组织实施国家以及地方政府推动的、具有明显公益性的高素质农民培育工程。职业院校的作用主要是根据政府推动的各项工程的要求，组织、实施相关的农民培训工作。

4. 发挥多样化组织、辐射、示范效应

正规职业院校具有良好的办学条件和经验，它们不仅要成为高素质农民教育培训的主体，还要发挥自身的优势，对区域内的职业学校、成人教育中心、社区教育中心等进行辐射和示范，还要主动与它们合作开展高素质农民的培训。特别是职业院校在"互联网＋教育培训"方面更具优势，而成人教育中心、社区教育中心离农民更近，也更接地气，甚至更受农民欢迎，两者应该扬长避短，协同开展高素质农民培训。

(三) 企业：发挥协同作用，重点是全程参与，监督评价

在未来高素质农民培育过程中，涉农企业与职业院校的关系将会愈益密切。在高素质农民培育中，企业责任义不容辞，其重要职责和作用主要表现在全面参与以及监督评价两个方面。

1. 以行动主体身份全面参与

首先，涉农企业与职业教育利益相关。职业教育与企业是命运发展共同体。职业教育人才培养供给结构与企业的需求结构是否吻合，能否建立起职业教育人才培养随产业结构变化而动态调整的机制，直接关系到能否培养出企业需要的人才的问题，因此，涉农企业与职业院校及教育培训机构是自然的利益相关者。按照利益相关者理论，职业教育与企业分别居于人才产品"生产"和"消费"的两端，两者只有全面配合与互动，才能保证为涉农企业培养合适的人才。职业教育培训必须以涉农企业人才需求为导向。这决定了涉农企业必须全程参与职业教育培训。在培训过程中，企业一方面可以为职业教育培训提供需求信息以及对人才培养规格和标准的要求，另一方面可以参与人才培养方案的制定，为方案的实施提供必要的条件。由此可见，涉农企业作为利益相关者全面参与高素质农民培训是分内之事。涉农企业全面参与高素质农民培育，是其应尽的社会责任和法律义务。

2. 以第三方角色监督评价

保障高素质农民培育的质量，既需要政府、学校和企业发挥主导、主体作用，更需要企业等社会力量的参与和依法监督。"社会

力量"主要指政府和职业院校以外的"第三方力量"。涉农企业应是"第三方力量"的主要组成部分，是依法对高素质农民培育过程和质量进行监督评价的主体和主要责任方。

企业的社会监督，主要是指企业以主体身份介入职业教育，依据政府委托成立第三方独立社会中介组织，并承担部分原属于政府的职业教育行政职能，实现对职业教育的监督。[①] 企业的监督评价主要包括：企业或者行业协会就高素质农民的培育提出培训规划与标准，为第三方社会中介组织的监督与评估提供依据；对校企共同制定的人才培养培训方案落实情况进行督查；对参与职业教育培训的师资条件、教学实习实施情况进行监督，如督查专业教师尤其是"双师型"教师质量能否满足人才培养的需要；对教学过程尤其是学生实习条件及过程进行督查；对学生技能考核过程及质量进行监督等。

（四）社会：发挥舆论作用，重点是营造氛围，创建文化

基于高素质农民培育的职业教育培训工作能否得到全社会的广泛认同和支持，与人们对农民、农民职业、职业农民、高素质农民素质、职业农民职业前途等概念的认识程度有密切关系。应该说，随着我国新型城镇化和农业现代化的互动推进，高素质农民成为城乡越来越多人的就业选择。但是，要更快地培育出更多高素质农民，需要全社会积极支持职业教育培训工作。推进此项工作的开展，固然需要职业院校的努力，但也需要通过各种媒介或路径，营造支持职业教育培训工作开展的浓厚氛围，从而推动政府重视和支持，企业关注和参与，农民自觉参加职业教育培训工作；要在全社会创建农民职业文化，吸引更多的城乡高素质青年人参加培训并志愿成为高素质农民。

---

① 赵学瑶，卢双盈.对建构我国职业教育社会支持体系的理性思考［J］.职教论坛，2015（10）：22.

四、职业教育培训社会支持体系的构建策略

(一)政府:明确定位,转变职能

1. 积极完善支持高素质农民培育的法规和政策体系

政府尤其是中央和省级政府在高素质农民培育中居于顶层设计的主导地位。要有效推动高素质农民培育工程的实施,就必须建立相应的制度与政策,这是解决高素质农民培育中制度顽症及政策失灵问题的关键。国内外培育职业农民的实践表明,健全的、具有执行力的法规是保障农民职业教育培训有效开展的重要基础。英国有《农业培训局法》《技术教育法》等,相关法律规定,在培训期间,农场工人的工资由农业培训局的政府基金予以支付,而不用农场主支出;美国新农业法案规定,提供 8 500 万美元用于新农民和农场主的培训。① 一些国家对农民参加培训给予补助,调动农民参加职业教育培训的积极性。

我国必须结合国情以及各区域实际,加快制定高素质农民培育专门法,省级政府以及县市级地方政府也要制定一些地方性的法规或者管理条例。通过完善法律法规,建立高素质农民培育的财政引导机制、各利益主体以及社会公益组织主动参与职业农民培育的动力机制和激励机制、规范和提升职业农民培育效能保障机制,形成多层次、多形式、多元化的培育高素质农民的社会服务体系。

2. 组织推动和研制高素质农民培育工程

对于一些具有战略意义,但需要特别政策支持的项目,通过政府"工程"的形式来推动,在我国社会事业发展中较为常见。基于高素质农民培育的职业教育培训,也需要各级政府有针对性地组织一些"项目工程"推动,如"新生代职业农民培育工程""留守妇女职业教育培训(或网上行)工程""返乡农民工创业培训工程""家庭农场主培育工程""农民后继者培育工程""互联网教育培训

---

① 张亮,周瑾,赵帮宏. 国外职业农民培育比较分析及经验借鉴 [J]. 高等农业教育,2015 (6):124.

基础建设工程"等。政府在高素质农民培育工程中的作用主要体现为：组织专家调研，根据高素质农民培育的需要研制、出台"项目工程"；通过出台有关项目实施文件，推进项目工程的实施；协调项目工程相关方，共同推进项目的实施；对项目工程实施情况进行监督与评估。

3. 建立高素质农民准入和认定制度

从事现代农业生产的农民，与其他许多职业一样，具有技术性强、社会责任大的特点；与此同时，经营现代农业越来越需要人们有绿色环保、生态经营、安全等现代生产理念，这些都意味着必须由高素质农民来进行现代农业生产。实施职业农民准入制度，既有利于提高人们对农民职业意义的认识，提高高素质农民群体的社会地位，有利于推进现代化农业的发展，从根本上解决农业后继者的培育问题，也有利于为国家对农业实施精准扶持和管理提供依据。

为提高职业农民培训质量，许多国家都建立了严格的认定标准和程序。欧洲各国普遍实行严格的农民职业资格认定制度，规定认定合格者必须完成 2 年以上的农业职业教育与培训；日本也于1993 年开始实行农业者认定制度。从发展来看，我国应该制定专门的促进农民职业教育的培训法规以及其他相关的配套制度，以法律对职业农民教育培训的相关问题进行明确规定，同时对培训主体的市场准入进行规定与规范，以便为高素质农民培育提供法律保障。

4. 建立农民职业教育培训评价制度

建立职业农民职业教育培训评价制度，既是保证培训质量的需要，也是对职业教育培训市场进行有效规范与监控的需要。建立科学的农民职业教育培训评价制度，一是要建立一套科学的评价指标体系，能够真正衡量、反映职业农民培训的质量；二是既要重视对培训结果的评价，更要注重对培训过程的评价，要更多通过受训者满意程度等外部评价来综合衡量培训绩效；三是要建立参与高素质农民职业教育培训的市场准入规则。这是确保培训质量，提高培训效能的基础工作和前提。

（二）院校：研究市场，优质服务

1. 凭借"互联网＋"，构筑开放式高素质农民教育培训平台

高素质农民培育对象的基础学力特点以及需求的差异性特点，要求创新高素质农民培训组织形式，构建开放的立体的、多层次的职业教育培训平台。各类职业院校，尤其是农科类职业院校及有关高校农科类专业，必须根据生源特点、自身的服务方向、办学优势，结合各类职业农民的需求，构筑高素质农民培训平台。一个很重要的方面是，要凭借发达的互联网，开展"互联网＋职业农民教育培训"，使有志于学习现代农业技术与管理的职业农民可以全时空地自我学习与提高。

从职业农民需求与自身条件以及互联网发展普及现状和趋势来看，建立开放式的、以互联网为载体的高素质农民职业教育培训平台，不仅可行，而且必要。

中等职业院校是培养高素质农民的主体，有必要开展"互联网＋高素质农民培训"。目前已具备开展此类培训的条件，通过这些区域性培训平台的构建，适应和满足区域农民集中学习与分散学习的需要；同时，通过这些培训平台，活化教学组织形式，使农民既可以在集中学习时利用互联网在线讨论、接受案例教学，又可以使他们在分散学习时根据自身需求及特点，进行师生之间的在线/离线教育、辅导和答疑。

2. 锁定重点培训人群，支持现代农业经营和服务主体培育

我国新型农业经营主体快速发展，对相应类型的人才需求愈益迫切。我国以家庭农场主为主的规模以上农户比例越来越高，其中的家庭农场主以及农民专业合作社负责人、骨干农民等应是职业教育培训的重点人群。根据我国现实情况以及发展趋势，在未来高素质农民培育中，应将有志从事农业生产的留守青年农民、毕业后返乡的大学毕业生、退伍军人、返乡农民工等都列为重点培育对象。欧盟十分重视农业后继者的培养问题，在其共同农业政策（Common Agricultural Policy，CAP）新一轮改革议案中就提出，要将 2％的直接财政支付专项资金用以支持 40 岁以下的青年农民从事农业生产经营。英国的农业学历教育大量招收具有普通教育基

础，具有1—2年农业实践经验的青年农民进行专业教育，学员毕业后主要在农业生产第一线工作。

3. 以开放理念构建职业教育培训网，最大限度满足高素质农民的培训需求

职业农民需求的多样性、学力基础的不平衡性以及现代教育技术的特性等，决定了在开展高素质农民职业教育培训过程中，必须树立开放的大教育思维以及全时空开放教育理念。构建发达的职业农民培训网，即要建立有利于农民在任何时间、任何地点进行学习的天网、地网、人网。特别需要指出的是，无论是职业学校、广播电视大学、社区教育中心还是成人教育中心，都要充分利用"互联网＋"开展职业教育培训，而且，随着农民利用互联网学习的需求日益增长，这种形式或者模式的职业教育培训也必将更受欢迎，这是未来高素质农民职业教育培训的大趋势。

（三）企业：积极参与，释放活力

1. 强化责任意识，主动参与高素质农民培育

从根本上说，职业院校是为涉农企业培育高素质农民，既然如此，必须改变在职业教育培训过程中主体单一的状况。在高素质农民培育中，只有坚持学校和企业的双主体理念，让涉农企业发挥作用，唱主角，主动牵手各类农职业院校以及农村成人教育学校（社区教育中心）使其为涉农企业培养人才，涉农企业主动参与办学全过程，才能真正提高高素质农民培育的质量。为此，要赋予涉农企业、行业协会等在职业教育培训中更大的话语权。根据职业教育的性质及其服务对象，应该强化其与相关农业产业组织的关系，这有助于促进两者相互间建立更紧密的关系，有助于降低在校企合作中的耗费和成本，也能使企业在更大程度上代表自身利益，更好地培育高质量的高素质农民。

2. 深化微观领域合作，校企深度合作培育高素质农民

既然职业院校与涉农企业等都是职业教育培训的重要主体，那么，唯有两者协同深度合作，才能扎扎实实地推进高素质农民培育工作，提升职业教育培训的质量。这种深度合作必须深入微观层面，双方要共同进行职业农民素质结构的研究，协同开发校本课程和教材，密切配合进行实践教学等，这是校企双方共同利益追求和价值取向。

（四）社会：舆论引导，政策宣导

要通过舆论宣传，提高民众对职业农民的认识。长期以来，农民是身份的象征，是贫困、落后的标志，因而，在我国，目前农民职业既没有得到广泛认可，也没有应有的地位，更没有多少人尤其是年轻人愿意从事农业工作。在我国农村，孩子读书最直接的动机就是跳出"农门"进"龙门"或"城门"。职业教育发展至今，农科类专业少有人问津，这些都是我国传统的狭隘的文化观念所致。要培育千千万万现代农业发展需要的高素质农民，就必须通过各种途径做好舆论宣传工作，使人们逐步认识到，农民已经不再是落后身份的象征，而是一种职业，而且是大有可为的职业；通过宣传以及制度化的规定等，促进企业积极投资现代农业发展、主动参与高素质农民的培育；通过宣传，让更多的非政府的社会公益组织或者个人参与高素质农民的职业教育培训。

要通过政策宣导，提升职业农民职业的吸引力。政策既具有制约规范作用，更具有导向激励作用。要从根本上调动人们，尤其是青年人、返乡务工人员，甚至是愿意务农的大学毕业生，经营现代农业，成为高素质农民的积极性，一方面需要国家和各级地方政府给予积极有力的法律援助和政策支持（这些政策主要包括积极的财政支持政策，有力的土地经营、税收减免和职业教育培训免费政策等）；另一方面要通过积极的政策宣讲，引领农民利用国家政策积极创业，激励农民在新农村建设、现代农业发展上成就事业，形成立志务农、乐于务农的精神状态和良好的思想境界。

要通过典型激励，增强职业农民的获得感。要通过对取得成就的职业农民典型案例的宣传等，使更多有志于成为职业农民的人们坚定信心，相信自己作为职业农民同样会有较高的获得感，这也包括经济收益的提高，让人们清晰地看到务农不比务工收益低，务农者同样能够成为获取高收益的现代农业老板；获得感还包括，使职业农民感到自身社会地位的明显提高，具有真正幸福的获得感。

第七章 乡村振兴背景下农村职业教育培训的探究

第一节 农村职业教育培训的目标任务与意义

一、农村劳动力职业教育培训

农村劳动力职业教育培训是针对农村劳动力而展开的职业教育培训，由技能培训和职业教育两个部分组成。它与职业教育的教学理念是相同的，都坚持着"以人为本、因材施教、科学管理、文化塑造"的教学理念，也同样遵循着校企合作、产教结合的办学模式。但是在培训对象、培训内容以及培养模式方面与普通的职业教育培训存在着一定的差异。首先农村劳动力职业教育培训主要是针对农村户籍人口和部分非农村人口但是想从事农村生产管理工作的人员，培养对象的范围较为广泛。农村劳动力职业教育的培养对象主要包括农村新生劳动力、农村留守农民、农村转移就业人群、返乡创业农民工以及从事农村生产工作的城市人口，农村劳动力职业教育培训要将农村劳动力培养成具备现代生产技能和经营能力的复合型人才。

由于农村劳动力在年龄及文化程度方面存在一定差异，所以针对不同群体的培训机构也是不同的。通常情况下，新生劳动力会进入全日制职业教育学校进行学习，而承担其他成年农村劳动力职业教育培训的机构一般为县级职教中心或一些中级职业技术学校。

农村成年劳动力职业教育培训采用"弹性学制、半农半读、农学交替"的培训模式，它不同于职业技术教育学校。受训者可以根据自己的时间和职业需求来选择职业教育培训的模式，一般采用自愿报名和短期职业培训的模式，快速提升其某一方面的职业技术。现阶段，部分农村劳动力职业教育培训机构已经启动终身服务制，即受训者在结束一段时间培训后的学习成效会被追踪，在未来有培训的需要时，可以进行职业技术的继续培训。

在不同地区、不同培养对象之间，针对农村劳动力职业教育培训的内容也会存在一定的差异，可以根据不同农村劳动力职业的需求设置不同的培养内容。对于留守农民群体的培训内容在涉农专业培训方面通常与当地特色产业相结合，保证受训者可以学有所用，同时增设食品加工业、服务业、管理类等涉及第二、三产业的教学科目。对于返乡创业农民工和具有创业意愿的劳动力通常设置创业技能培训项目。针对农村转移就业人群的培训内容通常与城市劳动力市场需求相结合，培训其实现成功转移就业的技能。

二、农村劳动力职业教育培训的目标任务

（一）服务于农村现代化建设

农业现代化发展是新时期"四化同步"的重要组成部分，也是"三农"工作的主要任务。我国要突出抓好加快建设现代农业产业体系、现代农业生产体系、现代农业经营体系三个重点，并且加快培育新型农业经营主体。换言之，就是要建设产业、生产、经营管理现代化的农村。实现这一目标需要"硬件""软件"协调配合。其中，"硬件"部分包括国家政策扶持、资金补助，社会各界的帮扶，高科技设备的引进，而"软件"部分则是农村可以使用先进生产工具、运用先进管理模式进行生产的人才。打造具备高技能的农村人才则需要通过职业教育来实现。因此培育符合农业现代化发展的新型乡村人才成为新时代农村劳动力职业教育的主要任务之一，农村劳动力职业教育培训在农业现代化发展的背景下，承担着"为农"服务的使命。

农业现代化的生产模式区别于我国传统的农业生产模式，在进行农业现代化发展过程中"要实现传统农业改造，必须引进现代农业生产要素，现代农业要素的提供者主要是专业研究人员，农民的作用是作为新要素的需求者来接受这些要素"。[①] 这就要求农村劳动力要学习更多的现代农业生产经营技能。根据我国现代农业生产经营方式，对农村劳动力分为三类：第一类是具备一定劳动能力并且希望继续从事农业生产工作的人群；第二类是在农村地区已经实现创业的产业带头人；第三类是具有一定文化素质并且愿意从事第二、三产业工作的人群。农村劳动力职业教育培训就是要使得第一类人群通过接受新型农业生产技术、高科技生产工具的使用以及新型农作物生产方式的培训，由过去粗放型单一产品的低效率生产转化为集约化多种产品高质量生产。职业培训对第二类劳动力要增强其创业及企业管理能力的培训，推荐其参加各类创业致富带头人培训工程，带动周围贫困人口实现脱贫致富。职业教育培训对第三类劳动力要加强其第二、三产业的技能培训，使其可以胜任各类新型农业经营主体中的制造和服务类工作，帮助其解决就业问题。

（二）促进新型城镇化发展

党的十八大明确提出了"新型城镇化"的概念，新型城镇化已经成为我国经济社会发展的必然趋势，是以城乡统筹、城乡一体、产业互动、节约集约、生态宜居、和谐发展为基本特征的发展。新型城镇化发展是实现我国城乡融合发展，缩小城乡差距的必然途径。

解决好人的问题是推进新型城镇化的关键，城镇化最基本的趋势是农村富余劳动力和农村人口向城镇转移。从目前我国城镇化发展要求来看，主要任务是解决已经转移到城镇就业的农业转移人口落户问题，努力提高农民工融入城镇的素质和能力，提高高校毕业生、技工、职业技术院校毕业生等常住人口的城镇落户率，而不是

---

① 西奥多·舒尔茨. 改造传统农业［M］. 北京：商务印书馆，2018：27.

人为大幅吸引新的人口进城。因此新型城镇化的发展要坚持以人为中心的发展理念，将工作重心转移到提高新进入城镇的农村人口素质问题上来。

新型城镇化的发展为农村劳动力职业教育培训提出了新的发展目标，就是要实现农村劳动力的市民化，即提升在城市转移就业人群的综合素质和就业能力。推进以人为核心的城镇化，提高城镇人口素质和居民生活质量，把促进有能力在城镇稳定就业和生活的常住人口有序实现市民化作为首要任务。这里的"有能力在城镇稳定就业和生活的常住人口"主要是指农村富余劳动力以及在城镇化进程中出现的农村社区居民，这类人群是农村劳动力职业教育培训在新型城镇化建设当中的主要培养对象，为更好地融入城镇生活中，对职业技能的需求更为明显，培养其在城镇实现稳定就业和生活的能力是新时代农村劳动力职业教育培训的主要目标之一。

为促进这一目标的实现，农村劳动力职业教育培训对农村富余劳动力及农村社区居民的培训要从两方面进行。首先，要根据培养人群的职业需求及城镇地区劳动力市场情况设置职业培训内容，帮助劳动力在城市成功实现转移、转岗就业。其次，培训内容要添加对这类人群在文化素质提升、思想观念建设方面的内容，全方位提高转移就业劳动力的综合素质，使其尽快融入城市生活。

三、农村劳动力职业教育培训的重要意义

（一）提高农村劳动力就业能力

农村劳动力职业教育培训是针对农村劳动力人口进行的职业技能培训，受训者进行职业技能培训是希望通过培训获得适应劳动力市场需要的技术，进而获得更多的就业机会和更高的经济收入，从而提高生活质量，消除贫困，实现物质生活的富裕。近些年，随着农村劳动力职业教育的发展和改革，其培训规模及体系更加专业，专业设置与市场的衔接更加密切。全国各地越来越多的农村劳动人口选择职业教育培训，他们的生活水平和就业能力也得到了理想的改善。

（二）促进农村"空心化"问题的解决

党的十九大提出乡村振兴战略，对新农村的建设提出了产业兴旺的发展要求。而可以推动农村地区产业发展的核心动力还是当地的劳动力，这也成为新时代农村劳动力职业教育培训发展的重要意义。高素质农民是农村劳动力职业教育培训的培养对象中的重要组成部分，主要是将他们培养成适合当地特色产业发展的涉农专业人才和企业管理人才，适应新型的农业发展模式，打造"一乡一品"的特色产业链。职业培训通过提升劳动力的职业技能促进当地的经济发展，在解决农村经济方面的"空心化"问题中起到了推动的作用。

伴随着农村地区经济的发展，农村地区的经济状况和当地人口的生活质量得到了一定程度的改善。近些年吸引了一部分在城市打工的劳动力返乡创业，为农村地区的人口资源增添了新的活力，在数量上促进了农村人口方面的"空心化"问题的解决。此外，农村人口的"空心化"还存在留守农民当中人口老龄化现象严重、受教育程度偏低、综合素质低、体力劳动能力差等现象。留守农民的受教育程度偏低的问题十分严重，是农村人口"空心化"现象中劳动力素质偏低的主要表现，这也是制约农村经济发展的主要因素。留守劳动力也是农村劳动力职业教育培养对象的一部分，为了提升农村留守劳动力的综合素质和职业技能，一些职业培训机构根据当地留守农民的特点及文化程度，设置了适合这部分人群发展的专业，并进行定向培养，使留守农民在职业技能和综合素质两方面都得到提升，从而改善农村留守劳动力素质偏低的问题，促进了农村"空心化"问题的解决。

（三）推动乡村振兴战略的实施

实施乡村振兴战略，是新时代"三农"工作的总抓手，也为新时期农村地区经济、政治、文化、生态文明等方面的发展指明了方向。

乡村振兴战略的关键是要实现"以人为中心"的发展，并且坚持"产业兴旺、乡风文明、治理有效、生活富裕"的基本原则，从提高农业产量发展到实现农业绿色发展，从提升农民的生活质量到重视其精神文明建设，这一切都离不开农村地区经济的迅猛发展，而经济的增长与农业技术的发展是息息相关的，农业技术的提升则离不开高技能、高素质的农村劳动力，更离不开职业教育培训对农村劳动力的培育。

乡村振兴战略的实施是要建设具有农村特色的产业结构，用产业的兴旺来带动农民的生活富裕。因此产业兴旺是实现乡村地区振兴的前提，而农村地区产业的兴旺离不开人才的支撑。实现乡村振兴的首要任务是人才振兴。农村劳动力职业教育培训是要将农村劳动力培养成一支"懂技术、会经营、通管理"的"三农"工作队伍，结合当地特色地理结构及特色产业设置涉农专业培养内容，同时加大第二、第三产业的专业培训，通过农村人口劳动技能的提升及各类人才的培养，促使农村地区特色产业迅猛发展，各类新型农业经营主体、创业项目、创意农业、乡村旅游、乡村文化等产业链相继出现，使农村地区经济发展逐渐摆脱以农业生产为主的模式，实现产业多样化、规模化发展，为乡村振兴战略的实施奠定坚实的经济基础。

乡村振兴不仅是经济的振兴，同时也是思想、文化、乡风的振兴。美国学者奥斯卡·刘易斯通过研究发现，贫困地区的贫困群体在与贫困环境相适应的过程中会自然而然地形成安于现状、屈服于自然、不思进取的生活态度，并内化为这类群体的行为准则，从而形成了"贫困亚文化"。这种"贫困亚文化"不仅会强化贫困者的生活状态，并且会将这样的特有文化传递下去。一直以来，国家对于农村的贫困地区大多数情况下采用"输血模式"，在直接的经济帮扶下帮助农村贫困地区摆脱贫困现状，但由于该地区人口缺乏造血能力，并且在精神上没有要摆脱现状的意识，造成大多数地区返贫现象比较严重。农村劳动力职业教育是对农村人口进行文化教育与专业技能的双重教育，在保证受训者通过培训后具备"造血"能力的同时，提升其自身的文化修养，在思想境界方面促使其彻底摆脱"贫困亚文化"，通过文化课程和思想政治课程的教育，满足农村人口的精神需求，改善农村地区人口的精神面貌和生活方式，促使农村人口在经济、生活、思维模式上同时实现振兴发展，促进乡风文明、移风易俗的发展，全方位推动乡村振兴战略的实施与发展。

第二节　农村职业教育培训的理论依托

一、经典马克思主义职业教育培训思想

(一) 职业教育促进人的全面发展

马克思在《1844 年经济学哲学手稿》中首次提出"人的全面发展"学说，批判资本主义社会将儿童变为工人，在机器生产的时代，机器又取代了软弱的工人，剥夺了人的全面发展，并同时提出，只有共产主义社会才能做到人以一种全面的完整的方式，占有自己的全部本质。马克思在《德意志意识形态》中正式使用了"人的全面发展"这一概念，站在历史唯物主义的角度，科学地分析了人的全方位的发展，并且明确提出"人的全面发展是人的各种能力的发展"。马克思认为完整的人的发展不应该是在资本主义社会背景下，人作为单一的机器或者一种工具的发展，而应该是各种能力、社会关系、个性化发展的集合体。因此，要实现人的全面发展，需要在培养人的过程中实现教育与劳动的结合，而职业教育可以直接提高人的能力，促进人的全面发展。马克思在《资本论》中提到：未来教育对所有已满年龄的儿童来说，就是生产劳动同智育与体育相结合，它不仅是提高社会生产的一种方法，而且是造就全面发展的人的唯一方法。[①] 这里讲的"生产劳动同智育与体育相结合"就是现代社会中职业教育培训对受训者的教育模式，即采取技术培训与文化教育双管齐下的教学方法，同时培养学生的动手能力，全方位提升受训者的能力，在一定程度上实现人的全面发展，

---

① 马克思，恩格斯．马克思恩格斯选集：第二卷［M］．北京：人民出版社，2012：230.

这也符合新时代对于人才"德智体美劳"全面发展的要求。马克思在《共产党宣言》中科学地论证了职业教育与人的全面发展之间的关系，指出要把教育同物质生产结合起来，同时还强调代替那存在着阶级和阶级对立的资产阶级旧社会的，将是这样一个联合体，在那里，每个人的自由发展是一切人的自由发展的条件。[①] 这里指出了职业教育是对儿童未来教育发展的一个方向，在共产主义的社会里，教育是全方位的，服务于人的全面发展，是未来社会发展的模式，同时也指明了未来教育的发展方向，即，要将教育与生产相结合，这在根本上为职业教育的萌芽和发展奠定了理论基础和指导方向。

（二）教育要与社会实践相结合

马克思认为，人可以通过实践来认识社会、改造社会，教育是作为人与社会所有关系总和当中的纽带。人与社会的发展都离不开教育，需要教育与实践相结合才可以实现人自身的发展和社会结构的进步。

马克思在《关于费尔巴哈的提纲》中批判了费尔巴哈和一切旧唯物主义不理解实践的意义，无法正确解释主体与客体之间的关系，进而提出了自己新的世界观，并第一次提出实践是社会生活的本质，并且明确地阐述了社会实践是历史发展的动力，在认识世界和改造世界的过程中起到了决定性的作用。

在《共产党宣言》中，马克思提出，取消现在这种形式的儿童的工厂劳动。把教育同物质生产结合起来。在这里，马克思强调了教育要与物质生产相结合，也就是文化理论与实践的结合是培养人的根本方法。职业教育培训的目标一直秉持着理论与实践相结合的方式，使受训者通过技术教育或者理论方面专业的知识，在实践方面可以利用所学的理论解决现实中的问题。马克思曾明确指出，技术教育，这种教育要使儿童和少年了解生产各个

① 马克思，恩格斯．马克思恩格斯选集：第一卷［M］．北京：人民出版社，2012：422.

过程的基本原理，同时使他们获得运用各种生产的最简单的工具的技能。[①] 把有报酬的生产劳动、智育、体育和综合技术教育结合起来，就会把工人阶级提高到比贵族和资产阶级高得多的水平。马克思认为，工人阶级的水平高于资产阶级是因为他们懂得实践是认识社会、改造社会的根本方法，而理论教育是实践的支撑。职业教育使二者实现有机地结合，进而对于工人阶级自身能力的提升和发展起到了推动的作用，这也是共产主义社会发达于资本主义社会的根本原因。列宁提出，没有年轻一代的教育和生产劳动的结合，未来社会的理想是不能想象的：无论是脱离生产劳动的教学和教育，还是没有同时进行教学和教育的生产劳动，都不能达到现代技术水平和科学知识现状所要求的高度。[②] 生产劳动和教育教学二者是相辅相成、合作共生的关系，脱离实践的教育教学对社会生产是没有现实依据的，而不具备理论的生产劳动也无法匹配社会的劳动生产效率。工人阶级只有通过职业教育培训，采用实践与教育相结合的方法，才可以解放生产力，不再是大工业背景下机器的奴隶，在实现自身的全面发展的同时，推动社会的发展和生产力的提高。

（三）职业教育促进生产力发展

生产力是人类生产和创造社会财富的一种能力，在人类认识世界和改造世界的过程中积累实践与创新经验。生产力的发展和进步推动着社会历史进程的发展。马克思认为无产阶级属于生产力的主体，在社会主义建设的体系中，无产阶级所创造的财富是属于劳动者本身的，也是社会发展的组成部分之一。所以提高生产力的劳动技能是推动社会生产力发展的必要条件。

马克思认为，教育与生产劳动的结合是改造社会强有力的手段之一。要使具有人的一般本性的工人发展成专门的发达的劳动

① 马克思，恩格斯 . 马克思恩格斯全集：第十六卷 ［M］. 北京：人民出版社，1979：218.

② 列宁 . 列宁全集：第二卷 ［M］. 北京：人民出版社，2017：413.

力，需要进行一定的劳动部门的技能培训，进而实现工人的多方面发展，这是社会发展的普遍规律，同时也是改造和推动社会生产发展的有效途径。在资本主义社会，资本家为了获取更多的劳动剩余价值，通过提高劳动生产率来缩短必要劳动时间和加快资本周转速度的方法达到目的。资本家提高劳动生产率一方面采取对劳动力进行相应的技能培训，提高劳动力的生产率；另一方面采取机器生产的方式，用机器取代普通人工劳动力的方法提高劳动生产率。不论是劳动力本身的技能提升还是机器时代中机器的使用，都属于劳动者生产劳动与教育结合的过程。在资本主义社会，通过对劳动者进行技能培训的方式使资本家获得更多的剩余价值的同时，也推动了劳动力自身能力的提高、科技的进步以及社会的发展。马克思认为在阶级剥削消失后，无产阶级劳动者所创造的财富属于劳动者本身，属于全社会共同财富的一部分，劳动者自身的进步是社会进步的潜在动力。因此对劳动力进行职业技能培训在任何社会属性当中都是提高劳动生产率、促进社会生产力发展的必然途径。

恩格斯曾指出，过去的资产阶级革命向大学要求的仅仅是律师，作为培养他们的政治活动家的最好的原料；而工人阶级的解放，除此之外还需要医生、工程师、化学家、农艺师及其他专门人才，因为问题在于不仅要掌管政治、机器，而且要掌管全部社会生产，而在这里需要的不是响亮的词句。[①]工人阶级获得解放后，社会的发展方向是在实现人的自由全面发展的基础上实现社会的全方位发展，因此对于人才的需求不再局限于律师、政治家，而是需要多方位人才的支撑。无产阶级劳动者是社会全部生产资料的掌管者，社会向更高的等级发展，劳动者作为共产主义社会的主人，要在社会各个领域发挥作用，促进社会生产力的进一步提高和发展，就需要提升自身的能力和修养，通过接受理论教育与实

---

① 马克思，恩格斯 . 马克思恩格斯选集：第四卷［M］. 北京：人民出版社，2012：301.

践相结合的方法，在实现自身工作效率提高的同时促进社会生产力的发展。

综上所述，在经典马克思主义理论中，职业教育是将理论与社会实践相结合、促进人的全面发展及社会生产力提高的一种教育模式，其教学理念和方法是符合马克思唯物主义观点和唯物史观的。经典马克思主义职业教育培训思想对本文探究的，通过对农村人口进行职业教育培训实现其自身的全面发展、帮助该群体达到脱贫致富的目标以及带动贫困地区经济增长具有指导意义。

二、中国化马克思主义职业教育培训思想

（一）教育要与生产劳动相结合

长期以来，我国是人口大国也是农业大国，农村人口的民生问题一直是我国经济发展需要解决的重要问题之一，而教育承担着重要的角色。

在中华人民共和国成立后，国家百废待兴，各行各业都需要不同的人才来支援建设，教育是产生人才的唯一途径。1958年，我国确立了教育与生产劳动相结合在教育方针中的地位，成为社会主义教育的发展方向。教育与生产劳动相结合也充分展示了马克思唯物主义的观点，从中国国情出发，采用"理论联系实际"的方法发展适合中国国情的教育。在中华人民共和国成立初期，农村人口基数庞大并且人均收入水平非常低，发展职业教育是提高国家生产力和人民生活水平的最快方式。这一时期兴起的一批半工半读、半农半读的农业中学、共产主义劳动大学等，是现在农村劳动力职业教育培训机构的原型，也为现在农村职业教育培训的发展奠定了基础。

（二）职业教育是人力资源开发的重要组成部分

职业教育是国民教育体系和人力资源开发的重要组成部分，是广大青年通往成功成才大门的重要途径，肩负着培养多样化人才、传承技术技能、促进就业创业的重要职责，必须高度重视，加快发展。职业教育的发展已经由过去的"大力发展"转变为现在的"加

快发展"，意味着我国的职业教育已经由过去的扩大规模和数量的发展转变为现在的提高质量的发展。

新时代中国特色社会主义已经进入一个新的阶段，国家各个部门和领域都为实现第二个百年奋斗目标、实现中华民族的伟大复兴而奋斗。职业教育要在做到"服务发展、促进就业"的同时实现维护社会公平。

社会公平是人们对美好生活的向往中一项重要内容，而实现就业、教育平等是社会平等的基础。"人人皆可成才"是唯物史观中人才观的基本体现，实现共产主义社会。新时代农村劳动力职业教育培训要肩负起提高农村劳动力职业技能的责任，帮助该群体解决就业问题，创造除农业以外的其他稳定收入，在为农村人口营造"人人出彩，人人皆可成才"公平环境的同时帮助他们实现社会地位提升的美好愿景。

综上所述，中国化马克思主义职业教育培训思想认为，职业教育要与科技及生产劳动力相结合，该观点与经典马克思主义职业教育培训思想中"教育要与社会实践相结合"的观点是一致的，都认同教育的根本目的是要将理论付诸实践，认可并支持职业教育理论与实践相结合的培养模式，并且指出职业教育的成效是要促进我国人力资源的开发，认为人力资源的发展壮大是促进经济发展的根本，这与经典马克思理论中"职业教育促进生产力提升"的观点是一致的。以上指导思想为本书提出加强理论与实际操作技能并重培训的强化路径，为新时代农村劳动力职业教育培训肩负农村人力资源开发和乡村振兴的历史使命提供了理论依据。

第三节　农村职业教育培训的基本内容

一、"雨露计划"培训工程

（一）"雨露计划"的启动

"雨露计划"扶贫工程是由国务院扶贫办主导并推进的，它是在贫困地区劳动力转移就业培训工程的基础上发展而来的。"雨露计划"是国家专项扶贫工作当中的重要内容，采取政府主导、社会各方面积极参与的模式，以提升贫困地区劳动力的就业创业能力，使贫困地区劳动力通过接受职业教育培训、创业培训、农业技术培训，提高综合素质，进而达到发展生产、增加收入、实现物质生活的满足的目标。

　　在"雨露计划"实施启动前，国家对农村贫困地区劳动力通过开展农民实用性专业技术培训解决就业创业问题进行了相关部署。2001年6月13日，国务院颁布《中国农村扶贫开发纲要（2001—2010年）》，并强调要加强贫困地区劳动力的职业技能培训，组织和引导劳动力健康有序流动。随后，国务院扶贫办在2004年6月7日至8日召开全国贫困地区劳动力转移就业培训工作座谈会，提出要优先培训特困地区劳动力，并根据市场的需求设定职业培训学校的专业，给予接受过职业教育培训的贫困人口一定的经济补助，同时相关的政府部门要加大对贫困人口进行职业教育培训的监管。2005年6月25日至26日，国务院扶贫办召开全国贫困地区劳动力转移就业培训工作现场经验交流会，首次提出"雨露计划"的实施战略构想，并在湖北、河南等省份首先开展试点工作，此后，贫困地区劳动力转移就业培训工程正式更名为"雨露计划"。2006年10月24日，"雨露计划"的启动仪式在北京正式举行，这意味着"雨露计划"培训工程的正式启动。

（二）"雨露计划"的内容

　　"雨露计划"的初期培训方式属于中短期的培训，针对贫困地区的新生劳动力进行短期的职业技术技能培训，提高贫困地区劳动力的就业创业能力，阻断贫困的代际传递，实现农民稳定增收。在2010年12月国务院、中央军委颁布《关于加强退役士兵职业教育和技能培训工作的通知》后，民政部负责贫困地区退伍士兵的职业技能培训。此后，"雨露计划"的工作内容转为以下四大工程：贫困家庭新生劳动力职业教育培训助学工程、贫困家庭青壮年劳动力转移就业工程、贫困家庭劳动力扶贫产业发展技能提升工程、贫困村产业发展带头人培养工程。

其中，贫困家庭新生劳动力职业教育培训助学工程的培养对象主要是贫困家庭初中毕业生，或高中毕业后不再进行高等教育继续学习的应届、往届毕业生，年龄一般在 16~25 岁（即"两后生"）。针对"两后生"的培训，主要通过自愿报名的形式，省级扶贫部门选择教学质量、就业率较好的职业学校，采用委托培训或者联合办班的形式，对报名的培训人员进行为期至少一年的中、高级职业技能培训，同时负责统一的就业管理和就业后跟踪服务。并且参加培训的在校生除给予国家规定的政策补助以外，中央财政扶贫资金还会进行一定的资金支持，各地区可以根据当地情况提高补助金额。

贫困家庭青壮年劳动力转移就业工程的培养对象是中西部地区贫困家庭中希望通过职业技能培训外出就业的劳动力。主要分为两部分：一部分是由于没有经过职业技能培训导致具备转移就业的愿望却没有劳动技能，只能滞留在农村的人员；另一部分是已经实现转移就业，希望通过职业技能培训提升自身劳动技能的人员。针对转移就业劳动力的职业技能培训一般属于中长期职业培训，时间一般在 3 至 6 个月，最长不超过一年。各地扶贫部门选取教学质量高、就业前景好的培训机构作为培训基地，对受训者进行订单式培养。根据不同的培养目标，采取不同培养措施。针对未实现转移就业的滞留人员，开展以获得中级以上的从业技能证书为方向的技能培训；对于已经实现转移就业的人员，开展提升其从业资格等级的岗位培训。

贫困家庭劳动力扶贫产业发展技能提升工程培养对象是各贫困地区参加农产种植、养殖业的技术人员、农村经纪人、物流人员以及参与农民产业组织的管理人员。采用各省、市、县共同参与，各高等院校与科研部门联合的培训方式，由各扶贫部门以贫困村为单位选送培训对象，并集合参与培训。针对当地产业发展的需要，将受训者培养成农村实用人才。

贫困村产业发展带头人培训工程的培养对象是各地区贫困村党

支部或者村委会的负责人，也包括贫困村中组织能力较强，拥有一定规模的产业、可以带动贫困村脱贫致富的带头人。市、县各级扶贫部门按照省级为单位选送培训对象，集体培训。国务院扶贫办结合财政部等部门，在全国范围选定若干个培训基地，采取联合办学与委托培训相结合的方式，在各级党校、职业学校中选定培训机构。

（三）"雨露计划"的成效

"雨露计划"自启动以来，大大提升了我国贫困地区劳动力通过职业技能脱贫致富的能力。根据调查，贫困家庭新生劳动力职业教育培训助学工程使得每个国家扶贫开发工作重点县每年培养 200 名新生劳动力；贫困家庭青壮年劳动力转移就业工程可以使西部贫困地区劳动力每年实现转移就业达到 60 万人次；贫困家庭劳动力扶贫产业发展技能提升工程实现全国各省份每年培养的贫困地区扶贫产业实用人才达到 10 万人次；贫困村产业发展带头人培训工程使得国家每年培训贫困村带头人达到 300 人次以上，各省区每年组织贫困村产业发展带头人培训的人数不少于 1 000 人次，极大地提升了贫困地区劳动力脱贫致富的能力。"雨露计划"培训工程，使大多数贫困地区劳动力获得了可以实现稳定收入的劳动技能，提高了其自身的生活质量，有效地实现了阻断贫困的代际传递，为贫困地区人民的脱贫致富和全体人民的共同富裕创造了有利条件。

2022 年 6 月，国家乡村振兴局、教育部、人力资源和社会保障部共同启动"雨露计划＋"就业促进行动，升级续写"雨露计划"的"后半篇"文章，组织开展从教育培训到促进就业的全链条、一体式帮扶，帮助"雨露计划"毕业生实现更加充分、更高质量的就业。

"雨露计划＋"就业促进行动，将帮扶对象由脱贫家庭扩展到脱贫家庭和防止返贫监测对象家庭，将支持范围由职业教育环节延伸到就业帮扶环节。过渡期内，"雨露计划"毕业生新增规模将超过 300 万人，将直接带动约 1 000 万脱贫人口高质量巩固脱贫成果，脱贫家庭新成长劳动力规模将达到 568 万人。

下一步，国家乡村振兴局将会同有关方面，聚焦重点任务和关键环节：在全面摸清底数的基础上，建立数据台账，及时调整、动态管理，建立岗位需求清单；健全产教融合、校企合作机制。通过健全职业教育东西部协作机制、跨地域服务协调机制等，满足多样化就业需求；精准就业帮扶，加强岗位归集，为"雨露计划"毕业生提供更多的就业岗位，分类开展帮扶。同时还将突出重点区域，聚焦国家乡村振兴重点帮扶县、易地搬迁脱贫家庭新成长劳动力。

"雨露计划"作为一项为贫困家庭量身打造的职业技能提升计划，脱贫攻坚期间，累计惠及800多万贫困家庭新成长劳动力，带动1 500多万贫困人口脱贫。

二、农村青年创业致富"领头雁"培训工程

农村青年创业致富"领头雁"培训工程，是共青团中央发起的农村青年职业技能培训工程的重要组成部分。遵从团中央统筹管理、各地方团组织依据当地特点实施的原则，在充分发挥共青团组织化优势的同时，动员社会各界力量，整合政府及广泛的社会资源，深入推进小额创业贷款、创业培训、实用技能培训等多项工作的开展，帮助破解农村青年创业资金短缺、技能提升困难、技能培训低效等问题，带动更多农村青年实现共同富裕的目标。回顾农村青年创业致富"领头雁"培训工程的启动过程，梳理其工作内容，探究其中存在的问题及成因并提出解决对策，对进一步推进农村青年创业致富"领头雁"培训工程的实施，具有重要参考意义。

（一）农村青年创业致富"领头雁"培训工程的启动

农村青年具备勇于拼搏、不甘于现状的创新精神，并且对于新兴科学技术具有较强的领悟力，可以在社会群体中产生良好的社会动员效果，是农村致富带头人的首要人选。在农村青年创业致富"领头雁"培训工程启动前，共青团中央在多次会议和活动中提到要加快提高农村青年创业致富的能力，并在政策和资金方面给予相应的扶持。2009年5月，共青团中央、中国农业银行共同签署了

《支持农村青年创业合作协议》，展开对农村青年创业的金融扶持工作，大幅度地解决了农村青年创业过程中的资金瓶颈问题，为农村青年通过创业实现脱贫致富提供了财政支持和保障。

在《共青团工作五年纲要（2009—2013）》中提出要加强对农村青年和进城务工青年的培训，开展"订单式"的科技培训和技能素质培训，帮助他们提高发展现代农业、务工经商能力，培养一大批农村青年致富带头人。从此开展了对农村青年创业实用技术的培训。在国家对农村青年创业资金的扶持下，接受培训的农村青年创业人数呈现逐年递增的趋势。

2014 年 2 月 7 日，共青团下发了《中国共产主义青年团中央委员会办公厅关于实施农村青年创业致富"领头雁"培养计划的通知》（中青办发〔2014〕第 11 号）。该通知指出，在普遍开展创业小额贷款、实用技术培训的基础上，为充分发挥农村青年致富带头人在新型农业生产经营体系中的领导作用，决定启动农村青年创业致富"领头雁"培训计划。这意味着农村青年创业致富"领头雁"培训计划的正式启动。

（二）农村青年创业致富"领头雁"培训的内容

农村青年创业致富"领头雁"培训工程的培训对象包括年龄不超过 40 周岁且具有一定的群众基础和创业经验的农村青年人、返乡创业青年、大学生村官等，通过自愿报名，经由乡级团委审核、县级团委确定，将符合条件的农村青年列入培养计划当中。培养周期原则上为 1～2 年。培养期结束后，经由县级团委考核，认定具有产业规模、示范带头作用的培养对象为带头人，并颁发由团中央统一印制的"领头雁—农村青年创业致富带头人"证书。培训目标确定为在全国范围内 5 年时间里培养 100 万名带头人，领办或创办农民合作社、家庭农场等新型农业经营主体，通过他们带领更多的创业农民走上致富之路。农村青年创业致富"领头雁"培训工程的主要工作内容包括以下四个部分。

加强对于农村创业青年的创业培训。各省份结合实际情况，整合政府、企业、社会培训资源选定创业培训基地，并按照种植、养殖、电子商务、加工、农业社会化等类别展开有针对性的创业技能培训。与此同时，加强创业培训基地建设。一方面，在全国范围内选择一批优秀的具备培育农村青年创业条件的职业学校、农业园区、优秀企业、社会组织等作为县级农村青年创业培训基地；另一方面，依托有实力和影响力的中国农村青年致富带头人协会会员，在各个省份建立一个以上的省级带头人培训示范基地。

共青团中央组织地方团委对农村创业青年"领头雁"的金融服务。各地方团组织加强与银行金融机构的合作，开发专属于农村青年创业小额贷款的专属产品，助力解决创业资金贷款难题。同时做好培训对象的项目论证、发放贷款、跟踪服务等工作。各地方团组织在金融机构的合作下，评定农村青年创业信用示范户，对信用等级较高的培训对象优先发放贷款并提高授信额度，并相应降低还款利率。

共青团中央组织各地方团委对农村"领头雁"展开结对帮扶。各地团组织对农村青年创业培训对象的结对帮扶主要包括实际问题的帮扶、农业科技难题的解决和创业问题的指导。建立团干部联系点制度。各乡镇团委委员与培训对象结成帮扶对子，与培训人员保持密切联系，及时了解培训人员的需求，并提供相应的支持和帮扶。组织高等院校、科研机构的农业专家、农业技术人员组建成专家团队，对培训对象结对帮扶，帮助其解决农业科技难题。创建创业导师机制，要求为每名接受培训的人员分配一名专家或涉农青年协会会员作为创业导师，传授经验并提供创业指导。

共青团中央组织各地团委、政府加强农村创业青年的创业平台搭建。各省份根据当地实际情况搭建农村青年创业致富"领头雁"培训计划的交流平台，主要提供的服务有普及惠农政策的同时反映创业青年实际需求、帮助创业青年增加吸纳创业贷款资金的机会、发展农村电商和扩大产品宣传拓宽市场销售渠道，全方位帮助培训人员实现成功创业。组织带头人参与各级政府部门与带头人"倾听心声，共促发展"活动，深入了解惠农强农政策，及时反映农村青年的实际需求。各地政府组织开展农村青年致富项目大赛，同时联合银行等金融机构对具有可行性的优秀创业项目给予一定的资金支持。依托淘宝、京东商城等电子商务平台，开展关于农村青年电子商务培训，实施"乡村网商培育工程"，打造农村青年电商创业团队。结合全国性的农业行业展会和各地农产品博览会，开展带头人产品展示展销推广活动，帮助带头人扩大产品品牌的宣传、拓宽市场销售渠道。

三、创业致富带头人培训工程

（一）创业致富带头人培训工程的启动

创业致富带头人是我国农村地区实用人才队伍的重要组成部分，是当地先进生产经营模式管理人才的代表。在城镇化和工业化进程的推进下，贫困地区出现青壮年劳动力持续向外流失、"三留守"和"空心化"的现象。因此对创业致富带头人的培训工作至关重要。创业致富带头人培训工程是对相对落后地区从事创业工作或有意向从事创业工作的人们进行创业技能等培训。

在创业致富带头人培训工程启动之前，福建省南安市梅山镇蓉中村"不靠山、不临海，没有矿，人均不到一分耕地"，却脱去贫困村的帽子，实现村民人均收入 22 300 元，并创造东部带西部、先富带后富的典范，经国务院扶贫办批准，由闽、甘、宁三省扶贫办联合开设了以蓉中村为主体的贫困村创业致富带头人培训基地。

国家启动对创业致富带头人的培育工程是帮助农村贫困地区实现群众稳定收入脱贫致富的重要举措，保障其可以起到为农民提供有效信息、指导新型生产经营模式、激活本村经济、带领村民共同致富的作用。

（二）创业致富带头人培训工程的内容

创业致富带头人培训工程按照"先富帮后富"的理念，采用"政府主导、多元参与、产业引领、精准培养"的工作方式，目标是为每个贫困村培养 3～5 名具有创业能力并且可以带动贫困村创业致富的带头人。

　　创业致富带头人培训工程的主要工作任务是将县级部门审核通过的人员确定为培训人选，并在各级政府和扶贫单位选择的培训网点对学员进行精准创业能力、跟踪孵化创业、带动扶贫对象增收的指导培训，同时采用跟踪管理的办法。

　　创业致富带头人培训工程对培训者的精准创业能力培训工作，首先要精心设置培训内容。要做到坚持培训内容与当地扶贫产业布局相结合、与市场需求相结合、与学员创业实践相结合。创业培训内容要结合当地特色产业和市场方向，按照创业方向、创业阶段进行有层次、分专业的针对性教学。同时根据培养内容的要求设置有关创业理念、创业能力、创业政策、扶贫政策的专业，并在课程中安排成功的创业案例，以激发学员的创业激情，学习新型创业方法。培训时间按照各地具体情况而定。培训实行学分制管理，对学员的理论学习、实习课程和创业设计进行科学评价。其次，创业致富带头人培训工程对受训人员进行跟踪孵化创业，这主要包括三方面内容：一是根据创业带头人的实际情况和所在村子的特点选择创业项目；二是招募扶贫创业导师跟踪辅导；三是优化创业环境，也就是借鉴农业创业园、创业孵化器等成功经验，为贫困村创业创造条件，并通过电子商务平台或展销会，拓宽创业产品的销售渠道，帮助其实现增收。

　　带动贫困对象增收是创业致富带头人培训工程的重要任务，其工作内容主要包括以下四个方面：一是基层扶贫部门要与创业致富带头人签署目标责任书，强化其扶贫的责任意识；二是创业带头人根据当地实际情况采用解决就业、提供生产条件等方式帮助贫困对象实现增收，并激发双方参与的积极性，实现互利共赢；三是建立激励约束机制，对按照要求完成脱贫帮扶工作的带头人给予创业支持；四是各基层扶贫部门及村"两委"对带头人的扶贫工作进行监督，并对其目标责任书的承诺内容的完成情况进行客观评价。

四、农民工返乡创业培训计划

(一)农民工返乡创业培训计划的启动

随着新型城镇化的发展,城市地区的就业压力越来越大,返乡创业成为更多群体的选择。国家为支持大众创业也颁布了一系列相关政策。

2015 年 6 月 16 日,国务院办公厅下发了《国务院关于大力推进大众创业万众创新若干政策措施的意见》。意见中指出,"推进大众创业、万众创新,是发展的动力之源,也是富民之道",激励更多的有能力、有梦想的高校毕业生、农民工、退役军人等通过返乡创业实现增收,促进乡村地区的经济发展。意见中同时还提出支持返乡创业聚集发展,鼓励返乡创业人员融合乡村特色围绕休闲农业、乡村旅游、农产品深加工等业务开展创业。这些政策大大地激励了返乡人员的创业激情。

为更好地推动农民工群体返乡创业,国务院办公厅于 2015 年 6 月 21 日下发《国务院办公厅关于支持农民工等人员返乡创业的意见》,为农民工返乡创业指明了具体的创业方向,并提出相应的扶持政策,努力为返乡创业群体提供良好的创业环境。

在乡村振兴战略的实施和国家发布的关于支持农民工返乡创业的支持政策下,越来越多的农民工和大学毕业生返乡创业。为了提升返乡创业人员的创业能力、保证其成功创业,2016 年 6 月 13 日,人力资源社会保障部办公厅、农业部办公厅、国务院扶贫办行政人事司、共青团中央办公厅、全国妇联办公厅五部门联合印发了《关于实施农民工等人员返乡创业培训五年行动计划(2016—2020 年)的通知》,这标志着农民工返乡创业培训计划正式启动。

(二)农民工返乡创业培训计划的内容

农民工返乡创业培训计划通过对返乡人群当中具有创业意愿的人员提供创业扶持政策和与精准扶贫、精准脱贫紧密结合的创业培训及创业服务,提升其创业能力,并力争使具有创业愿望的农民工都可以参加一次创业培训,有效提升创业水平。

农民工返乡创业培训计划首先由各地政府的资金和政策扶持，建设创业培训基地，并组建师资队伍，同时利用各类创业培训师资的培训项目，加强师资队伍建设。其次在培训内容方面先对培训对象进行基本信息及创业意向的信息统计，再根据统计数据当中返乡农民工不同的创业需求、特点、地域经济特色开展有针对性的创业培训，主要以生产性农业服务和生活性农业服务为创业培训项目重点，同时依据培训人员的创业阶段采取多层次培养方法。在采取实体性创业培训的同时积极开展互联网创业培训，通过对农民工开展电子商务培训，使其拥有运用"互联网＋"技术创办电商企业的能力，拓展实体产品销售渠道。在对农民工进行创业指导培训的基础上帮助其建立与农民创业园或乡村旅游聚集地等创业孵化机构对接机制，促使其将培训所得运用到创业行动中，实现稳定创业，并及时掌握培训人员在接受创业培训后的状态，开展后续跟踪扶持服务，积极帮助创业人员改善管理、开拓市场，全方位提升培训人员的创业成功率。

五、高素质农民培育工程

（一）高素质农民培育工程的启动

伴随我国农业现代化的发展，各类新型农业经营主体、特色新型农业生产方式相继出现，这进一步加大了对农村劳动力数量和质量的需求。但在新型城镇化的背景下，农村劳动力向城市流动或向非农产业转移，造成农业后继乏人的困境。面对现状，打造一批高素质农民队伍是解决这些问题的关键所在。2012年，农业部在全国100个县启动新型职业农民培育试点工作，探索新型职业农民的培养模式，为新型职业农民培育工程的正式启动奠定基础。

2014年，为计划培养一批新型职业农民，中央财政安排下发11亿元补助。同年7月4日，农业部举办新型职业农民培育工程管理培训班暨全国农广校省校校长工作会，新型职业农民培育工程正式启动。

（二）高素质农民培育工程的内容

高素质农民培育工程在选择培训对象时，以县为主开展调查，按照新型农业经营主体和农业社会化服务主体发展情况、农业产业发展需要，建立培育对象数据库，以农民自愿的原则报名。开展分类型、分产业、分等级的培训，设置培训模块及提升高素质农民生产经营能力和综合素质的培训内容。根据高素质农民的不同类型，高素质农民培育工程分为新型农业经营主体带头人轮训计划、现代青年农场主培训计划及农村实用人才带头人培训计划。

新型农业经营主体带头人轮训计划是以专业大户、家庭农场经营者、农民合作社带头人、农业龙头企业负责人和农业社会化服务组织负责人等为主要培训对象，对该群体进行管理经营能力培训，并给予政策扶持、跟踪服务，支持其开展多种形式的规模经营，力争五年时间轮训一遍。

现代青年农场主培训计划是以具有中等教育及以上且年龄在18～45岁的返乡创业农民工、中高等院校毕业生、退役士兵、农村务农青年为培训对象，对其开展培育两年跟踪服务一年的培训。在进行职业技能、创业培训的同时，给予其政策扶持、创业孵化等方面的指导。

农村实用人才带头人培训计划以贫困地区农村"两委"干部、产业发展带头人、大学生村官为主要培训对象，采用"村庄是教室，村官是教师，现场是教材"的培养方式，通过专家现场授课、交流研究的方式，提高农村带头人的能力。

（三）高素质农民培育工程促进精准扶贫的作用

1. 高素质农民培育工程是优化精准扶贫资源配置的基础条件

精准扶贫需要大量的资金投入，在资金投入有限的情况下，培育新型职业农民可以在最大限度上使财政扶贫资金发挥作用。例如，我国在近几年加大了对农机推广的宣传力度，加上国家出台的农机补贴政策，使许多农民都有了购买农机的热情。然而农机操作和维修保养具有一定的技术要求，多数有购买农机能力的农民却无法掌握农机的操作及维修保养技能。通过专项的扶贫资金来对特定的农民进行技能培训，使其掌握农机维修等相关技能，则可有效解决此问题。通过扶贫资金来培育新型职业农民，提高他们的生产服务能力及经营能力，同时增强他们的社会责任感，充分调动他们对于从事第一产业的积极性，可以更好地优化扶贫资金分配，提高资源分配的合理性及发展质量，因此，高素质农民培育工程是优化精准扶贫资源配置的基础条件。

2. 高素质农民培育工程是实现精准扶贫的有效途径

农村居民的可支配收入与城镇居民可支配收入还存在很大的差距。而农民整体素质偏低、文化程度落后及生产水平低是贫困农民无法脱贫、收入偏低的主要原因。正所谓"授之以鱼，不如授之以渔"，扶贫的关键是先"扶人"，通过培育的手段来提高农民的整体素质，将他们培育成高素质农民，是推动我国特色农业发展的有效方法。在高素质农民培育的过程中，农民通过不断接受相关培训，能够不断提高自身的素养，消除以往依赖政府的落后思想，使农业生产经营方向从原来的单一农户、人力劳动，向着多元化、新领域的方向发展，全面提高农业生产的机械化水平与科技水平，使扶贫方向由原来的输血式扶贫转变为造血式扶贫。因此，高素质农民培育工程是实现精准扶贫的有效途径。

3. 高素质农民培育工程是促进精准脱贫的长效机制

根据国家精准扶贫的基本方针，入户调查每户的基本情况，优先选择长期从事农业工作的家庭农场或者合作社等种植大户和对培训具有急切需求的人员作为高素质农民的培育对象，以培养出一批具有经营能力、管理能力，并且能带动周边人群致富的现代化劳动者。通过高素质农民的培育工程，培育出一批留得住的农业人才队伍，从而对精准扶贫工作起到长效巩固的作用。

4. 高素质农民培育工程为促进精准扶贫构建新型经营体系

随着我国城镇化进程的不断推进，越来越多的农村居民选择外出务工，留守在农村中的人员多数为妇女和老年人，从而导致农村劳动力不断减少，出现了无人种地的问题。由此，促使龙头企业、专业合作社、家庭农场等新型经营主体成为了全新的农业经营体系，这一全新的农业经营体系已经成为促进精准扶贫有效的途径之一。然而目前在这些新型经营主体中，仍存在管理人员行动分散、经营规模不大和经济收益不高等诸多问题，导致新型经营体系对农户的带动力不足，无法有效完成扶贫工作，而导致这些问题的主要因素就是农业从事人员的素质不高、专业技能低下。新型农民培育工程可以有效提高新经营主体的整体素质，通过培育高素质农民的方式来为新型经营体系增添动力，不但能够帮助职业农民成为新型经营主体，而且还能够通过这些新型经营主体带动周边经济发展，促进精准扶贫工作有效开展。

六、巾帼脱贫行动

（一）巾帼脱贫行动的启动

为打赢脱贫攻坚战，实现贫困人口全部摆脱贫困，全面建成小康社会，在扶贫开发的事业中需充分发挥妇女半边天作用。相对落后地区妇女不仅是脱贫攻坚工作的主要对象，也是推动我国扶贫开发工作的主力军。2015 年 12 月 7 日，全国妇联决定启动巾帼脱贫行动，帮助贫困地区妇女摆脱贫困，共同步入小康社会。

（二）巾帼脱贫行动的内容

巾帼脱贫行动通过宣传扶贫开发各项惠民政策及妇女依靠自力更生实现脱贫致富的案例，激发贫困地区妇女摆脱贫困求发展的内生动力，并对贫困地区妇女进行技能培训、手工培训，在创业带头人的引领下给予创业资金扶持带动其共同创业，同时加大"两癌"的免费检查力度，解决该群体因病致贫返贫的困扰。

为提高贫困地区妇女依靠自己摆脱贫困的能力，在巾帼脱贫行动中强调要加强对其进行技能培训。各地妇联组织与当地政府合作使贫困妇女在各项普惠性技能培训的比例达到 40%，根据妇女的实际需求，开展种植业、家政服务、农村电商、乡村旅游、手工编织等专业培训，增强贫困地区妇女自力更生的能力。技能培训项目中的手工编织要结合当地文化特点和民族特质，在各地妇联组织的帮扶下，与企业展开合作，形成"公司＋协会＋农户"的模式，组成培训、研发、销售为一体的妇女手工业产业链，增强其市场影响力，带动妇女脱贫致富。

为提升贫困妇女创业能力带动互助脱贫，各地妇联组织依托已有的巾帼现代农业科技示范基地、手工编织基地、三八绿色工程基地中的女负责人、女能人、女带头人，引领更多的妇女创办种植业、手工业、旅游业、农村电商等特色产业。

七、巾帼科技致富工程

2000 年 2 月，全国妇联、农业部、科技部、中国科学技术协会、国家林业局、国务院扶贫办联合下发了《关于实施"巾帼科技致富工程"的意见》，决定共同实施"巾帼科技致富工程"，以"四个一批"即培养一批适应跨世纪农业发展需要的农村妇女科技带头人，树立一批依靠科技增收致富的先进典型，建立完善一批科技含量高的龙头项目和示范基地，发展一批妇女专业合作组织和专业技术协会为要求，围绕观念引导、科技培训、竞赛活动、示范基地、科技服务、生态治理、科技扶贫等内容大力提升农村妇女科技文化素质和农业生产技能水平，为新时期农村贫困家庭妇女科教兴农致富提供了明确的行动指南。该工程以经验丰富、覆盖面广、规模效益大等特点很快成为提升农村贫困家庭妇女科技致富能力和深化"双学双比"活动的有效形式。2002 年 6 月，《全国妇联农业部等部门关于进一步深化"巾帼科技致富工程"的意见》又将"巾帼科技致富工程"与农业结构调整、"千万农家女百项新技术"推广培训计划、农村妇女科技信息服务体系建设、农村妇女专业合作经济组织、"妇"字号龙头项目和科技示范基地、农村妇女剩余劳动力有序转移、巾帼扶贫行动、六大林业重点工程建设等深度融合，进一步实现了"巾帼科技致富工程"的深入发展。

在全国大力推进"巾帼科技致富工程"的过程中，各级妇联、农业农村、科技等部门密切配合、通力合作，结合各地的实际情况因地制宜，不断探索创新，在具体实施上积累了丰富经验，具体包括：

（1）统筹规划，分工协作。"巾帼科技致富工程"是跨世纪的一项大工程，覆盖面广、内容要求高、预期规模效益大，需要将其作为一项复杂系统工程认真规划和组织实施。各级政府部门、妇联组织结合本地实际层层制定"巾帼科技致富工程"具体实施计划和方案，并注重纳入科教兴农、巾帼扫盲行动、巾帼扶贫行动、三八绿色工程、西部大开发等战略行动并进行整体推进。各部门、妇联组织在统筹规划的基础上各司其职、通力合作、整合资源优势，共同推进"巾帼科技致富工程"。

（2）大力加强科技培训。根据区域发展战略要求和妇女多样化需求对农村妇女进行分类指导，在多层次、多门类、多渠道培训基础上建立融文化教育、实用技术、绿色证书、职称评定和学历教育于一体的农村妇女教育培训体系；继续抓好贫困地区扫盲、实用技术普及，实施"八千项目"、"科技下乡西部行"活动、"千万农家女百项新技术"推广培训计划；通过着重加强对基层女干部、科技示范户、女能手等群体的新技术培训和开展各种生产赛、规模赛、质量赛等多种形式的创先争优活动树立一批先进典型，带动辐射更多的农村贫困家庭妇女依靠科技兴农实现增收致富。

（3）推动科技信息服务体系建设。依托科研院校在全国各地成立一大批农村妇女科技指导中心、农村妇女科技指导站、女能手协会、各类以妇女为主体的专业技术协会、"一乡一品"和"一村一业"妇女专业合作社等，形成了农村贫困家庭妇女自助和互助服务的专业服务组织体系；通过"中华巾帼志愿者"和"全国巾帼科技特派员"选派工作，组织科技专家下乡，开展科技结对活动；利用县乡两级扶持建设的"九亿网"农村卫星科技站，为农村妇女提供政策法规、科学技术、市场信息等多方面的服务。

（4）不断扩展项目实现载体。各地选择培育一批科技含量高、经济效益好、品质优良并适合妇女自身的"妇"字号项目，对其中科技含量高、带动效应强的"妇"字号项目在新产品、新技术培训上给予重点扶持，将其打造为农业科学技术普及推广的龙头示范项目。在此基础上，创建一批科技水平先进、经营规模较大、示范作用显著、服务功能较强、管理科学规范的"全国巾帼现代农业科技示范基地"。同时，各级政府部门将"巾帼科技致富工程"纳入"三八绿色工程"、"巾帼扶贫行动"、"三八绿色工程"、农村妇女剩余劳动力转移等活动中，加强农村贫困家庭妇女科技培训力度、提供资金和政策支持及重点做好就业创业技能培训等。

第四节　农村职业教育培训的策略建议

一、坚持扶贫与扶志（智）相结合

在我国农村地区贫困家庭的家庭收入中，农业生产收入占比较重，但由于劳动力受到传统农业生产的影响，存在由于对新型技术不信任而认为"读书无用"的问题，因此，帮助农村贫困家庭摆脱贫困要激其内生动力，坚持扶贫与扶志（智）相结合。对于农村贫困家庭中存在的"读书无用"观念，应将技能培训、新型技术的实用地位以及技能扶贫等概念植入农村地区贫困家庭劳动力的意识中、使其相信科技也属于生产要素的一部分，是提高劳动生产率、脱贫致富的有效方法。同时，各地政府要鼓励当地贫困家庭劳动力"把扶贫开发与智力开发、提高劳动者素质结合起来"，[①] 调动其参加职业技能培训的积极性，激励劳动力通过教育提升其农业生产技能，转变农业农村生产方式，使其树立自力更生、艰苦奋斗的脱贫意识，抛弃"等、靠、懒"的思想意识，要在扶志与扶智两条道路上同时增强其自身的"造血"能力。

针对农村贫困家庭新生劳动力由于认同"新读书无用论"而产生更为严重的"重普轻职"现象，应从社会影响和家庭鼓励两个维度着力，帮助农村新生劳动力转变思维模式，将职业教育在教育体系当中的重要性及未来的就业前景灌输给每一位贫困家庭的青少年，使他们认识到所有的教育模式都是为帮助受教育人群实现成功

---

① 韩广富. 浅析我国的农村扶贫开发战略［J］. 中共青岛市委党校（青岛行政学院学报），2007（3）：37.

就业，接受职业教育是帮助其解决就业问题，实现技能脱贫及家庭共同富裕的最快方法。在政府思维引导的作用下，点燃青少年心中的读书热情，实现意识领域的拨乱反正。此外，进一步推进"雨露计划"培训工程的实施，鼓励农村新生劳动力进入城市的重点高等职业技能培训学校深入学习职业技能，对"两后生"群体采用全日制职业教育的培养方式，培养其成为高级职业技能人员。

二、构建多层次系统化的劳动力技能培训体系

我国农村劳动力职业教育培训在发展过程中存在诸多问题和挑战，其中最突出的是发展不平衡问题。据调查发现，承担农村劳动力中成人群体职业技能培训的机构一般为农村职业学校、中等职业技术学校。由于我国农村人口数量庞大，即使在国家各项关于农村劳动力职业技能培训工程的帮扶下，也无法实现让每一位农村人口接受到令其满意的职业教育培训。要解决农村劳动力职业教育发展不平衡问题，应该构建多层次系统化的劳动力技能培训体系。丰富承接劳动力技能培训的网点数量，在区域内形成网状培训体系，并将各网点培训内容系统化，实现从"培训"到"培育"的观念转变，将培训作为一个长期的、持续的过程。

根据我国各地职教中心的现状调查，大多数地方政府将县级职教中心作为投资重点。一般每个县级地区设立一所到两所职教中心，但乡镇地区设立的职教网点却屈指可数，从而导致农村劳动力培训效果不明显。考虑到农村劳动力工作时间、地点的问题及乡镇地区社区的出现，设立以社区为单位的职教培训网点，每个县域内的职教中心作为各乡镇社区培训网点的核心，协调管理各乡镇社区职教网点的工作，形成区域内网状结构的职教培训体系。

在对农村劳动力职业教育培训机构进行职能划分时，县级职教中心应起到职教信息上下衔接的核心作用。县级职教中心应负责各乡镇社区培训网点的专业设置和培训内容及考核标准制定，根据劳动力类型设置适合不同劳动力实际应用的专业。针对高素质农民当中涉农专业劳动力的培养内容要充分发挥社区教育的地理环境优

势，并结合当地的特色产业类型，打造"一乡一品"的农业特色产业。此外，根据各地新型经营主体的经营特点设置高素质农民当中从事第二、第三产业的劳动力培养内容，保障农村劳动力通过职业培训可以实现学有所用。同时，县级职教中心要高频率、高质量地调查城市就业市场的需求情况，设置高质量的适合农村富余劳动力的专业及培训内容。县级职教中心负责各乡镇社区培训网点"双师型"教师队伍的培训和农村劳动力培训结果的考核机制及评价标准的设定。县级职教中心要承担高素质农民培训工程的工作或与其他已负责高素质农民培训工程的机构或学校展开合作，共同负责新型农业经营主体带头人、农村实用人才带头人培训，在培训后通过考核选取成绩优异的创业带头人参加创业致富带头人培训工程。通过构建网状职业教育培训体系，发挥县级职教中心的核心作用，改善农村劳动力过去"学无所教""学无所用"的供需不平衡发展状况。

为了进一步解决农村劳动力职业教育培训中教学内容的供需不平衡问题，增强职业培训对农村劳动力的吸引力，县级职教中心与各乡镇社区职教网点要对所负责的培训对象进行细致划分。在培训对象划分的过程中，县级职教中心与社区职教培训网点开展合作，根据培训人员的从业类型划分工作内容。我国成年农村劳动力主要包括农村富余劳动力、从事一二三产业的高素质农民、新型农业经营主体带头人、农村实用人才带头人、村"两委"干部。社区培训网点负责农村富余劳动力和高素质农民职业技能的初级培训，职教中心主要负责各类带头人、村"两委"干部及其他群体中经过初级培训达到合格标准的人员的中级技能培训。

在农村劳动力职业教育培训问题当中还存在东西区域发展不平衡的挑战，主要表现在东西扶贫协作中人员培训的工作内容存在低效帮扶的现象。在对农村劳动力职业教育培训帮扶工作的进行中，首先东部地区负责帮扶工作的高等职业学校应组织固定的扶持团队与西部地区各县级职教中心组成帮扶合作关系，再由县级职教中心向各乡镇社区职教网点传达新接收的知识技能，从而形成系统性的帮扶合作体系。在帮扶内容方面，东部地区负责支援工作的职教团队应对受援地区不同从业类型的劳动力进行分组培训。对于要实现在城市地区转移就业的人群，东部支援队伍首先要调查各职教中心所在地劳动力市场的需求情况，并根据当地的专业特点进行技能传授。关于高素质农民中涉农专业培训的帮扶工作，东部支援团队应先了解当地地理环境及特色农产业，结合西部各地区独有的资源环境及特产农作物选取适合当地农业发展的技能进行传授，并通过产业的扶持帮助当地劳动力解决就业困境。例如，上海对喀什地区的帮扶工作，"通过研究现状，全面分析喀什地区资源禀赋、产业发展和就业状况等因素"，[①] 传授适合当地农产业发展的专业技能，实现良好的帮扶效果。由于东西部地区之间地理距离较远，考虑到现实情况，支援团队无法长期驻扎在西部地区，有时会存在对教师团队培训、受培训劳动力问题的答复等"软件"方面的帮扶不及时的问题。为实现在帮扶工作中达到"软硬兼施"的高效性，在帮扶过程中要充分发挥"互联网＋"的作用。东部地区支援团队可以针对教师进修培训和学员教育设置两类网络课程，定期进行网络直播课程教学和周期性上传录制完成的网课。同时开设东部支援地区教师与西部职教学员一对一网络答疑专场，及时解决西部地区教师和学员关于知识内容的困惑。为了更好地实现东西部地区农村劳动力职教培训的互动，东部地区支援团队可以开设微信公众号，定期发送一些关于农业技能的专业知识和新型企业管理方法。西部地区的教师和学员通过公众号及时反馈培训中存在的专业问题和关于协作培训模式的意见，进而形成良好的双向互动，提高东西扶贫协作中人力资源培训的效率。

三、将"因材施教"融入农村留守劳动力培训中

伴随新型城镇化的发展，农村地区"空心化"问题日益突出，导致农村地区出现青壮年劳动力向城市地区单向流动的现象，造成

---

① 张晨. 职业教育"东西部扶贫协作"中的问题与实践研究［J］. 教育发展研究，2018（7）：41.

留守在农村地区的劳动力队伍以老人和妇女儿童为主的局面。农村留守劳动力是农村劳动力职业教育培训的重要对象，但由于其"畸形"的组成结构，也成为农村劳动力职业教育培训的难题。

为了可以充分发挥农村留守劳动力当中老人和妇女的劳动价值，职业教育培训应对该主体采取"按需培养""因材施教"的培养方法。根据老人和妇女群体的家庭属性特点，将各乡镇社区职业培训网点确立为承担留守劳动力当中老人和妇女的培养机构。县级职教中心在为各培训网点设置专业及培养内容前，应对当地留守劳动力当中的老人和妇女进行文化程度和从业意向的调查统计，根据实际情况设置培养方案。

鉴于农村地区大部分的老人和妇女不具备从事高强度体力劳动的能力，并且存在平均受教育程度偏低的现象，因此可以将本土特色乡村文化和互联网的培训内容一并加入该主体的培养方案中，以发挥其最大效益。随着互联网的普及应用，互联网创业培训逐渐走进职业培训课堂当中，帮助农村劳动力经营网店、做微商，拓宽其收入渠道。但是仍存在由于培训对象主体不明确而导致的无效培养现象。职业技能培训注重的是时效性，要通过短时高效培训帮助劳动力提升创收能力。互联网创业培训需要培训对象具备一定的文化基础，对新型科技知识具备一定学习能力。培训机构选择具有文化基础的劳动力进行互联网培训可以缩短培训时间，激励培养对象信心，增强培训效果。因此选择老人和妇女群体当中具有一定文化基础的人群进行互联网创业培训，或推荐该群体参加高素质农民培训工程、农村创业致富带头人培训工程中的电商创业培训是最佳路径。例如，河南省信阳市吴家店镇的刘付荣，在高中毕业后一直生活在农村，通过互联网创业培训成为一名电商，将山区种植的药材做成祛湿排毒的泡脚药包在网上向全国各地销售，实现了每年20万元的收入。更有许多农村留守劳动力通过学习网络知识在快手、抖音等直播平台销售当地特色农产品，实现其农业生产以外的收入。

在留守老人和妇女当中还存在一部分受教育水平较低、学习能力较弱的群体，他们对网络技能学习存在一定困难。职业培训在针对不具备科学技能学习的劳动力进行培养时，应将当地特色乡土文化融入培养内容当中。

　　"乡风文明"是乡村振兴战略的基本要求之一，乡村地区特色文化的传播是推进乡风文明建设的一项重要手段。随着新型农业经营主体的不断兴起，农家乐、乡村旅游逐渐成为农村地区的热门产业。旅游业的开发可以吸引游客的不只是当地的青山绿水，还包括乡村地区淳朴的风土人情。职业技能培训要对学习能力较弱的留守劳动力进行蕴涵当地特色文化的表演、手工工艺或厨艺等方面的培训，通过他们的肢体语言、手工产品或当地特色小吃传递本土文化，丰富旅游项目，实现自身价值，使其成为特色乡土文化的传播者，让特色乡土文化以物质或表演的形式展现出来。例如，内蒙古自治区兴安盟阿尔山市白狼镇鹿村在综艺节目中被大家熟知，从此走上旅游发展道路。树皮画是白狼镇最具特色的文化产品，并且被选入中国非物质文化遗产名录。鹿村通过开设林下产品加工工艺培训班培养当地留守劳动力制作旅游加工纪念品。职业教育培训通过对农村文化水平较低的劳动力进行有关乡土文化的技能培训并与当地特色产业相结合，在实现农村留守劳动力自身价值的同时，也使乡土文化得以传承，是新时代农村劳动力职业教育培训的价值体现。

第八章　乡村振兴背景下农村职业教育城乡融合机制的建构

第一节　城乡融合的内涵与特征

一、城乡融合的内涵

关于城乡融合的概念，许多学者都进行了研究，但由于城乡融合涉及社会经济、生态环境、教育、文化生活等方方面面，而且涉及不同的学科领域，导致人们对城乡融合概念的理解有所不同。

社会学和人类学界从城乡关系的角度出发，认为城乡融合是指相对发达的城市和相对落后的农村打破相互分割的壁垒，逐步实现生产要素的合理流动和优化组合，促使生产力在城市和乡村之间合理分布，城乡经济和社会生活紧密结合与协调发展，逐步缩小直至消灭城乡之间的基本差别，从而使城市和乡村融为一体。经济学界则从经济发展规律和生产力合理布局角度出发，认为城乡融合是指统一布局城乡经济，加强城乡之间的经济交流与协作，使城乡生产力优化分工，合理布局、协调发展，以取得最佳的经济效益。

尽管学者对城乡融合的定义有所不同，但是其中涉及的城乡融合的核心要素和精神基本一致。综合各家之言，我们认为城乡融合是指通过顶层设计、统筹规划，使城乡经济社会生活、空间环境等紧密结合、优势互补，协调发展，城乡间要素自由双向流动，最终使城乡差别显著缩小，城乡发展融为一体。

值得指出的是，"城乡融合发展"与"城乡统筹发展"和"城乡一体化发展"相比具有明显的不同点。后者强调城市对乡村、工业对农村的支持，城市处于明显的优势地位，而城乡融合发展，则不再是以城带乡的城市偏向主义，也不是以城乡无差别为导向的均衡主义，而是在保留城乡各自特色的基础上实现联动发展，共同推动区域整体进步；城乡融合发展将城市和乡村放在同等地位，改变过去以城市发展为主、外延扩张城镇化的战略，逐步走向城市和乡村共同发展、统一发展的策略。[①]城、乡作为对等的两个方面，在城乡融合发展中应各自扮演好自己的角色，发挥独特的不可替代的作用。

二、城乡融合的特征

（一）城乡空间高度融合

随着乡村振兴战略的实施，原来的地理学意义上的城乡空间概念日益模糊化，也就是说，城乡空间融合既是经济社会发展的必然结果，也是城乡融合发展的必然要求。城乡空间融合是为了提高城乡经济社会组织化程度，增强城乡之间在空间上的联系，优化城乡空间布局，达到城市和乡村相互融合、协调发展的城乡空间形态。城乡空间融合有利于从根本上解决农村发展的基础设施问题，使乡村的特色和优势得以充分展现，并产生积极的社会发展效果，从而真正达到城乡优势互补、协调发展的目标。当然，城乡空间的融合也为城乡职业教育、成人教育的融合与交流提供了更好的基础和更加便捷的条件。

（二）城乡功能互补等值

长期以来，我国实行的是城市取向的发展战略，这在一定程度上导致和加剧了城乡差别，也可以说以往的城乡发展政策在很大程度上是以牺牲农村为代价的，使"三农"长期处于弱势的、被城市施舍的地位。为了改变"三农"发展的不利地位，缩小城乡差别，自改革开放以来，我国城乡发展及其关系也具有明显的阶段性特

---

① 何红. 城乡融合发展的核心内容与路径分析 [J]. 农业经济，2018（2）：91.

征，主要可分为四个不同的阶段。第一阶段是党的十六大提出城乡统筹发展，这一阶段的战略核心是解决城乡收入差距加大、城乡之间发展不平衡、城乡居民享受公共服务不均等问题。第二阶段是党的十八届三中全会提出健全城乡发展一体化的体制机制，其核心策略是通过以城带乡推动农村发展，缩小城乡差距。第三阶段是党的十九大提出城乡融合发展的战略，其核心策略是把乡村作为与城市具有同等地位的有机整体，充分考虑乡村的产业、生态资源、文化背景等条件，发挥乡村内在的优势，建立科学合理、长期持续的内生增长机制。第四阶段是党的二十大报告提出，"坚持城乡融合发展，畅通城乡要素流动"。一个"坚持"和一个"畅通"指明了未来重塑新型城乡关系的实现路径，必将在神州版图上开启城乡全面融合、共同繁荣的全新局面。站在新的历史关口，今后一段时期是破除城乡二元结构、健全城乡融合发展体制机制的窗口期。我们要坚持推动乡村振兴和新型城镇化双轮驱动、协同发展，促进城乡生产要素双向自由流动和公共资源合理配置，加快形成工农互促、城乡互补、协调发展、共同繁荣的新型工农城乡关系。

将城市和乡村看成我国社会发展的整体，看成是一个共同体中功能等值、互补的两个子系统，是对乡村价值的发现和重新认识。

城乡融合发展将全面推动我国城乡经济、社会、文化、生态、治理各领域的制度并轨、体制统一，加快城乡要素市场一体化，让公共资源在城乡之间均衡配置，生产要素在城乡之间双向流动，生产力在城乡之间合理布局，治理资源在城乡之间科学调配，充分发挥城乡各自的功能，形成工农互促、城乡互补、全面融合、共同繁荣的新型工农城乡关系。[①] 城乡融合发展战略的全面实施，必将带动我国城乡关系的第三次飞跃发展，使农村的地位发生根本性变化。需要指出的是，城乡融合发展不是指城乡按照城市模式去发展，而是强调城乡之间的统筹规划、一体发展、互联互通等，是强调在各具特色的基础上共同繁荣发展。

---

① 金三林，曹丹丘．从城乡二元到城乡融合 [J]．经济纵横，2019（8）：17.

（三）城乡资源要素对流

在我国既往的城乡发展政策中，由于城市处于明显有利的地位，城乡差距越来越大，城市对乡村各类资源，尤其是人力资源的虹吸效应也极为明显。城乡资源呈现由乡村向城市的单向流动状态，由此导致的结果便是农村的落后，并且呈现恶性循环。而城乡融合发展则是要从根本上改变各种资源，尤其是人才资源单向流动的现象，实现资源的均衡配置和双向流动，从而使城乡资源实现优化配置，一方面推动城市的工商业资本、科学技术和人才资源等向农村流动，另一方面引导农业劳动力就近向非农产业转移，促进农村土地适度集中经营。构建城乡资源要素开放、对流机制，让资源要素能够在城乡之间畅通无阻地对流是城乡融合发展的必要前提。[1]

（四）城乡人群自由发展

城乡融合战略要从根本上全面促进城乡，尤其是农村经济社会的全面发展。然而，无论是经济的发展还是社会的发展，最终都是为了人的发展，是要促进人作为社会发展主体的全面而又自由的发展。城乡关系涵盖多个层面的关系，但是人是城乡关系的主体，其他一切关系都是围绕人的发展而展开。实现人的全面发展是马克思主义城乡融合发展理论的一个最终目标。马克思、恩格斯认为城乡分离对立使城乡居民屈从于资本主义社会分工，从而导致个人劳动方式的对立和人类的片面畸形发展。"这种屈从把一部分人变为受局限的城市动物，把另一部分人变为受局限的乡村动物，并且每天都重新产生二者利益之间的对立。"[2] 不难看出，消除城乡对立，实现融合发展，必将为城乡人群的自由而全面发展创造条件。人的全面、自由发展是城乡融合理论的核心和最根本的价值追求，自然也是其最根本的特征。

---

[1] 许彩玲，李建建．城乡融合发展的科学内涵与实现路径［J］．经济学家，2019（1）：98.

[2] 许彩玲，李建建．城乡融合发展的科学内涵与实现路径［J］．经济学家，2019（1）：99.

（五）城乡制度配置一体

实现城乡融合发展固然需要外在的物质条件做基础，但更需要加强制度层面的建设，由制度来规范和推进城乡融合。城乡制度融合目的在于促进城乡资源自由流动，使城乡居民平等享受地区发展权益。城乡制度融合需要以人的诉求为出发点，提高乡村在区域发展过程中的话语权，加强城乡管理体制机制创新，推动人为造就的社会分层走向平等。[①] 在城乡融合推进的初级阶段，更需要有一些偏向农村的发展政策，特别是要通过这些制度和政策的创新，加快城乡融合的进程。

三、城乡融合发展战略提出的意义

城乡融合发展战略是党对城乡关系的再认识，也是对我国长期以来城乡发展政策的经验总结和深刻反思。城乡融合发展理念具有鲜明的时代特征，是基于我国新时代社会发展矛盾转化而形成的新判断、新思维；与此同时，这一发展新理念，也是基于我国乡村振兴"三步走"目标以及我国农村发展中的主要矛盾、对乡村价值的再认识而提出的新战略，因而，具有鲜明的目标导向、问题导向和价值导向。

实施城乡融合发展战略，是实现乡村振兴战略目标的必然要求。乡村振兴战略是党在十九大提出的七大战略之一，然而，按照既往的城乡发展政策，难以从根本上破除城乡二元体制而实现城乡一体化发展和融合发展的目标，特别是城镇化的虹吸效应会让乡村人力、财力、物力资源进一步消失，"空心村"、"386199"部队（指农村中仅剩老人和妇女儿童留守）的客观存在，不仅不能实现乡村的复兴，反而会使乡村一步步走向衰落，如此，乡村仍将成为我国实现现代化的一条"短腿"。

实施城乡融合发展战略，是释放乡村活力的内在要求。我国先

---

① 杨志恒. 城乡融合发展的理论溯源、内涵与机制分析［J］. 地理与地理信息科学，2019（4）：113.

后推进的城乡统筹发展战略、城乡一体化战略以及"四化同步"发展战略，之所以难以奏效，并不是战略本身存在根本性的问题，而是在这些战略推进过程中，未能有效调动乡村自身发展的活力。其原因在于，从外在因素来看，是对乡村价值认识、定位不当，导致乡村价值被忽略；而从乡村自身来看，是乡村始终将自己置于被支持、被反哺的角色地位，看不到自身独特的价值，因而只是围绕传统农业打转，在许多地方仍然只是发展传统的小农经济。城乡融合发展战略的推进，将城市和乡村置于平等的地位，看到了乡村独特的发展价值，城乡融合发展战略是尊重乡村发展规律、认识乡村价值的必然结果。这种平等的城乡发展价值观与西方社会对于乡村价值的认知基本是一致的。即乡村的价值总体遵循从"生产主义"到"后生产主义"再到"多功能乡村"的演化路径。①

实施城乡融合发展战略，是新时代我国经济社会发展的必然趋势和要求。我国已经是世界第二大经济体，人均 GDP 从 2002 年的 1 149 美元提高到 2021 年的 12 556.3 美元，这意味着我国已进入中上等收入国家行列，正在向高收入国家迈进。这一方面表明我国经济社会发展为城乡融合发展战略的推进提供了良好的基础，但另一方面也必须认识到一个重要问题，即我国如何才能避免掉入"中等收入陷阱"。就目前情况来看，我国依然存在掉入"中等收入陷阱"的可能性（其原因正如本书第四章所述）。推进城乡融合发展战略，通过"以城带乡""城乡互动"，尤其是乡村价值的再发现，将有助于我国避免掉入"中等收入陷阱"，顺利进入高收入国家行列。

第二节　乡村振兴背景下农村职业教育 城乡融合机制的框架

建立适应城乡融合的职业教育体制机制，既是城乡融合的必然要求和趋势，也是未来城乡职业教育改革与发展的趋势。架构什么

---

① 金三林，曹丹丘. 从城乡二元到城乡融合 [J]. 经济纵横，2019 (8)：16.

样的城乡融合的职业教育体制机制，会直接影响到未来乡村振兴背景下城乡职业教育功能的定位及作用的发挥。职业教育是为经济社会发展服务的，架构科学、有效的城乡融合的职业教育体制机制，必须首先探寻职业教育与城乡融合的契合点，并在此基础上，形成城乡融合职业教育体制机制和政策体系的框架。

一、职业教育与城乡融合的契合点

一般来说，城乡融合可从三个层面进行解析。

第一层面是城乡经济发展层面的融合。在这一层面主要是通过发展现代农业，促进"四化同步"发展，实现农业农村现代化，使农民的收入水平与城市居民的差距越来越小。即真正解决长期存在的城乡差别问题，使无论是生活在城市还是农村的居民都有幸福感，无明显的差距感和失落感。

第二层面是社会公共服务体系的融合。这包括乡村基础设施建设、医疗、教育、养老以及社会治理体系等与城市基本相当，农民的生活质量不仅大幅提升，而且能够和城市居民一样享有社会福利，无医疗、教育、生活的后顾之忧。

第三层面是观念和文化素质的融合。这一层面的融合，主要是使农村人口普遍接受基本的文化教育、职业技能培训，从而具备现代化的生存和发展理念，特别是使农村人口逐渐成为具有一定流动能力的现代农民，认同、接纳先进的城市文明，使农民工市民化能力显著增强。与此同时，随着城乡管理制度的变革，城市和乡村居民可以双向流动，自由选择职业。

上述三个层面的城乡融合，职业教育都能找到相应的支持点与服务点，即在城乡融合中，职业教育可以有所作为，起不可或缺的作用。

在第一层面的城乡融合中，职业教育的作用是通过其对城乡居民人力资源的开发，促进农民人力资本积累的能力建设，从而推动经济发展，服务城乡融合。特别值得指出的是，"人口红利"的释放曾推动我国经济创造奇迹，但随着农村剩余劳动力的减少，以数量取胜的"人口红利"亟须转变为重视人力资本的"二次人口红利",以继续助推经济社会发展。而职业教育可通过对城乡人力资源的开发和再开发,提升人力资本,促进潜在的人口红利释放,进而促进城乡融合。

在第二层面的融合中,由于职业教育属于一种社会公共产品,通过其自身体系的完善,就能促进城乡融合。如通过积极发展农村社区教育,充分发挥县级职教中心等机构的作用,构建一个以县级职教中心为核心,以乡镇、村为连接点的网络化终身教育体系。通过这一体系的建设,促进农民工市民化,为城乡居民提供老有所学、所乐的终身教育体系;与此同时,促进城乡居民生活品质的共同提高。

在第三层面的融合中,职业教育可通过农村社区教育等路径,进一步提高农民的教育文化素质和科技素养,获得必要的、有利于贫困治理的职业技能,促进农民观念素质的现代化,促进乡村"治理有效",由此服务城乡融合,促进乡村经济社会的全面振兴。

二、城乡融合职业教育体制机制的内涵与特征

要理解城乡融合的职业教育体制机制,必须首先搞清楚城乡融合职业教育的内涵。所谓城乡融合的职业教育,主要是指将与原城乡二元经济结构一脉相承的、割裂的城乡职业教育,通过资源整合,纳入一个相辅相成的城乡职业教育发展共同体中,由此实现城乡职业教育资源的"共享共融",双向对流,最终形成"以城带乡、以乡促城、城乡互动、相辅相成"的职业教育状态,使城乡职业教育始终处于协调、均衡、可持续发展之中,共同推进乡村振兴以及"四化同步"目标的实现。

建立城乡融合的职业教育体制机制,即以城乡融合的理念和思维,构建有利于促进城乡职业教育资源共享、共融以及自由流动的体制机制。它包括城乡融合的职业教育办学体制、管理体制以及相应的职业教育保障制度和政策体系等。更具体地说,就是基于职业教育的自组织特征,通过政府相应的治理策略,使处于二元发展的

城乡职业教育统筹融合发展，通过不断缩小城乡之间的教育差距，改变农村地区职业教育的落后状况，使城乡居民平等地享受高质量的职业教育服务，从而实现城乡职业教育的均衡发展，在城乡协同、城乡互动中推进现代职业教育。[①]

建立城乡融合的职业教育体制机制主要包括：形成在城乡融合理念下的城乡职业教育规划机制，从而合理规划和布局城乡职业教育的发展，提升职业教育对区域经济和社会发展的整体服务效能；形成城乡职业教育互动、协调发展和可持续发展的自组织体制和现代治理机制，形成优良的城乡职业教育生态体系，避免因城乡职业教育二元割裂出现过多内耗和低效运作的状态；形成与区域城乡职业教育发展需求相适应的职业教育制度和政策创新机制，确保城乡职业教育运作畅通、高效；强化城乡职业教育资源配置和流动机制的建设，确保以教师队伍建设为核心的人力资源配置公平、均衡、高效，实现城乡职业教育发展需要的人力资源双向流动。

三、城乡融合职业教育体制机制框架的架构

（一）城乡融合职业教育资源配置机制——共享、流动

城乡融合的重要表征是各类资源，尤其是人力资源在城乡之间充分自由流动，通过有序流动，达成城乡资源的均衡、优化配置，从而使城乡协同发展、融合发展。在乡村振兴背景下，要促进城乡职业教育融合，要通过制度的配置、政策的创新等，促进以师资队伍为核心的职业教育资源或要素在城乡之间自由、双向流动，实现优质职业教育资源城乡共享，保障农村职业教育发展最基本的资源需求。

一般来说，教育资源由两部分组成：一部分是"软"性教育资源，包括智慧型的师资力量、信息技术和信息资源等；另一部分是"硬"性的物质型资源，包括校园校舍、图书、教学设备设施、教

---

① 孙晓玲. 现代治理视野下的城乡职业教育一体化发展 [J]. 教育与职业，2015（13）：10.

学场地等。① 随着各地经济发展水平的提升，农村职业学校办学中的物质资源条件日益改善，但以教师资源为主体的核心资源在现有政策和制度条件下还难以实现有效对流，主要是优质的、高水平的、高学历的职业教育教师流向农村的动力不足。为此，必须坚决破除妨碍城乡要素自由流动和平等交换的体制机制壁垒，建立有利于以教师流动为重点的教育资源配置机制，促进各类要素更多向乡村流动，形成城乡各类资源的良性互动，为城乡职业教育资源共享、人才共育、融合发展注入新动能。

（二）城乡融合的职业教育管理体制——协同、高效

体制和机制问题一直都是制约我国职业教育发展的难题，如何借由乡村振兴背景下城乡融合职业教育目标的建立，形成城乡协同、高效的职业教育管理机制，是职业教育发展必须重点研究的课题。长期以来，我国职业教育的管理体制主要是以县为核心，责任在县、乡两级政府。这种管理体制可以在一定程度上调动地方政府办好职业教育的积极性，可以由各地政府基于地方经济社会发展需求、产业结构特点，规划职业教育发展。但是，这种以县为主的管理体制也存在明显的弊端：一是职业教育能否发展、发展水平如何，与县乡级领导对职业教育的认识及发展理念密切相关；二是职业教育发展在很大程度上受制于地方经济发展水平，致使一些经济不发达地区的职业教育缺乏必要的财力支持，发展步履维艰，即使一些领导重视职业教育发展，往往还是受制于当地的经济发展水平；三是基于乡村振兴人才培养需要的、城乡融合发展的职业教育管理体制尚未形成。这是当前和未来制约城乡职业教育发展的关键。管理体制在这一层面存在的问题集中表现为以县级职教中心为主体的职业教育主要由县级政府负责，相对而言，其发展的经费、教师队伍建设以及其他实验、实训条件等的建设能够得到有效保障，而以乡镇政府为主管理的乡村成人职业教育和培训，则明显受

---

① 谭璐. 城乡职业教育一体化的内涵、理论预设与路径选择 [J]. 教育与职业，2014 (6)：13.

制于地方政府领导的观念与财力。

要想改变这一现状，就必须从政府管理体制中找到突破口，提升统筹主体的地位，加大县域内城乡职业教育一体化的统筹力度，强化对乡镇成人职业教育和培训统筹管理的力度，其中，最关键的是在县域范围内实行县级对人财物资源的统一管理，统一处理职业教育投入、教师队伍建设以及教育管理等重大问题。其中，最为重要的是两个方面的统筹，即教师资源统筹（统一配置与流动）、教育投资统筹（城乡职业教育和培训经费统一）。如此，不仅有助于缩小城乡职业教育的差距，而且能促进区域内城乡职业教育的均衡发展，还能助推教师在县域内的流动。

（三）城乡融合的职业教育办学体制——多元、灵活

在乡村振兴背景下的城乡融合趋势，以及产教融合的职业教育改革和发展要求是为城乡融合职业教育办学体制的改革指明了方向。

建立城乡融合的职业教育办学体制，就是要打破城乡二元办学体制的束缚，促进城乡职业教育全面合作与交流，就是要积极探索城乡职业教育互动发展的新模式、新机制。城乡融合职业教育办学体制改革与完善的核心就是，如何建立产教融合、多元办学的体制和机制。这主要包括两个方面：一是整合城乡职业教育、成人教育资源；二是调动各方面办学积极性，实行多元、跨界联合办学。

城乡职业教育办学体制改革的重点是在整合现有职教资源，使其最大限度地发挥效用的前提下，拓展职教办学的增量资源，在明确政府责任的基础上，积极吸纳社会资源如社会团体、行业、企业以及个人参与城乡职业教育一体化建设，进一步拓展职业教育的办学资源。[①] 办学体制改革的另一个重点是在整合多方资源的基础上，形成多元化的校校联合、校企合作、产教融合的城乡融合职业教育办学模式。

---

① 谭璐. 城乡职业教育一体化的内涵、理论预设与路径选择 [J]. 教育与职业，2014 (6)：14.

（四）城乡融合的职业教育发展制度和政策——健全、创新

无论是城乡融合的职业教育资源配置体制，还是管理体制和办学体制，要有效实施，必须健全城乡融合的职业教育制度和创新相关政策，这是职业教育体制机制改革、创新和有效推进的必要保障。为此，在推进城乡融合的职业教育体制机制建设中，一方面要对现有的城乡职业教育发展制度和政策进行梳理，审视现行制度和政策的适应性、局限性；另一方面要依据未来城乡融合可能出现的新情况、新需求，积极完善现有的制度和政策，同步甚至超前建立和配置有助于城乡融合职业教育体制机制运作的制度和政策，既确保改革的顺利进行，又为城乡融合职业教育体制机制高效运作奠定基础。

城乡融合职业教育制度和政策配置、创新的重点是围绕"融合""一体化"做文章，强化"城乡""产教"参与性，兼顾职业教育人才"培养""培训"体系的融通设计。当然，还要充分考虑各地在乡村振兴背景下城乡融合的梯度性、层次性，制定具有区域差异性和适宜性的制度与政策。

第三节　乡村振兴背景下农村职业教育城乡融合机制的路径

构建城乡融合的职业教育体制机制，是对未来城乡职业教育发展理想化的追求，也是促进城乡职业教育服务效能扩大的必然选择。当然，这种融合体制机制的建设，有赖于一定的路径、策略和措施。

一、统筹规划城乡职业教育，促进功能融合

规划对城乡融合发展具有指导意义，起引领作用，在建立城乡融合职业教育体制机制过程中，必须凸显规划的指导作用。由于我国城乡二元结构形成原因的特殊性及其存在时间的长期性，以及城乡融合关系建立的复杂性和多样性，在建立健全城乡融合职业教育

体制机制和政策体系的过程中，必须重视加强顶层设计。为了能够制定出既与城乡融合发展目标相一致，又切实可行的发展规划，在制定城乡职业教育发展规划时，必须注意做好以下工作。

（1）要加强对发展规划的研究。展开充分的调查研究，是规划制定的前提和基础。要研究区域经济发展规划，特别是城乡融合的区域战略规划；要研究城乡融合对职业教育和成人教育培训的需求；要研究本地职业教育发展的基础和服务能力。在此基础上，编制城乡融合的职业教育发展规划。

（2）在规划制定中，要坚持统筹兼顾原则，注重增强城乡发展的协同性、关联性和整体性，达成资源整合、效能扩大的目标，使"建立健全城乡融合发展体制机制和政策体系"有效落地生根。

（3）要以职业学校以及专业布局为重点，形成城乡融合的职业教育和培训网络体系。要以优化城乡职业教育和培训机构及专业的空间布局为基础，在配套政策及制度的支持下，畅通城乡资源双向流动的渠道，逐渐形成城乡融合发展的空间网络，并发挥城市向乡村的涓滴效应，促进城乡职业教育融合目标的实现。在机构布局上，应重点完善村级和乡镇一级的职业教育培训机构的设点布局，充分发挥职业学校和县级职业教育中心的辐射、引领作用，构建村、乡镇、县三级完善的职业教育培训网络，尽可能满足农村群体的职业教育和培训需求。

（4）要加强县域城乡职业教育和培训的统筹组织和规范化管理。通过县域统筹和规范化管理，避免县域范围内专业设置重叠、培训重复，使有限的职业教育和培训资源得到合理使用和开发，保证职业教育和培训的有序性、实效性。特别需要指出的是，在县域内开展职业教育培训，更要强化对城乡职业教育培训对象的整合。在县域内的城乡职业教育培训对象具有多样性，包括转移农民工、留守农民、失地农民、高素质农民、城乡弱势群体、返乡创业农民工、军转人员等培训。对于这些培训对象，要在摸底的基础上，实施统筹管理，分类分层培训，防止多头管理、多头培训。

二、构建融通的城乡职业教育和培训体系，促进农村人力资源再开发

人口红利曾经为中国经济社会保持持续的高速增长贡献了巨大力量，然而，当今的中国，再想通过人口红利助力经济的可持续发展，似乎已经成为一种奢望。中国经济要实现可持续发展，并避免掉入"中等收入陷阱"，最为现实的可选之路便是通过职业教育和培训，推进人力资源红利的生成。为此，必须构建一个有助于促进人力资源红利形成的城乡职业教育和培训支持体系，这一体系应体现"开放"和"融合"的根本特征。

（一）必须体现城乡融合的趋势，促进城乡人力资源开发效能的提升

我国政府关于城乡发展战略及其关系的构建，经历了从"城乡统筹发展"到"城乡一体发展"，再到党的十九大提出的"城乡融合发展"的过程。从"统筹"到"一体"再到"融合"，不是简单的词汇变化，而是反映我国政府基于城乡发展的现实和未来的趋势作出的重大战略调整。这种发展战略的调整以及新的城乡关系的建立，要求建立城乡融合的职业教育和培训体系，以实现城乡人力资源统筹规划和开发以及效能发挥最大与最优的目标。具体来说，即通过城乡融合的职业教育和培训支持体系的建立，为所有需要接受职业教育和培训的人员提供机会。既能为城乡新生劳动者提供必需的职业教育和培训，也能为在业人员、失地农民以及其他各类需要接受职业教育和培训的人员等进行人力资源再开发，由此促进人力资源红利的再生。

需要指出的是，做好城乡职业教育和培训体系"融合"大文章的关键是，必须构建县域职业教育和培训支持体系，形成城乡统筹规划和一体化的人力资源开发格局；必须构建城乡融合的职业教育和培训体系，一方面确保满足城乡不同群体的不同需要，另一方面促进农民工市民化，促进城乡社区居民生活品质的提升，全面服务于乡村振兴的目标，即"产业兴旺、生态宜居、乡风文明、治理有

效、生活富裕"。必须发挥城市职业教育和培训的有利条件，形成合力开发城乡人力资源的优势；必须通过融合建设，形成城乡多层次的梯级培训，以及劳动力输出地与输入地协同配合的人力资源开发与再开发的职业教育和培训支持格局。

（二）必须体现企业培训体系与国家职业教育培训体系的融合，促进城乡人力资源协同开发机制的形成

体制、机制等问题是我国40年职业教育发展中一直试图解决但依然存在的最大问题，其中的一个核心问题是企业参与职业教育和培训的机制问题没有得到根本解决。究其原因，过往的单纯以职业院校为主体的职业教育和培训，虽然也能在较大程度上培养培训经济发展需要的人才，但从人才培养培训的质量和效能来看，两者都不够理想，始终存在人才培养的供给侧与需求侧的要求不吻合问题。面对进入新常态的中国经济，必须解决包括企业参与职业教育培训的机制问题，企业必须成为我国现代职业教育和培训支持体系中与职业院校同等重要的责任主体，必须实现国家职业教育培训体系和企业培训体系的融合，做到共生共促。

当然，这种"协同"的方式或模式有多种选择：可以是以学校为中心，企业、学校均为主体，企业积极参与人力资源开发过程，这是目前普遍采用的一种模式；可以构建以企业为主体的中高级职业教育培训体系，职业院校根据企业需要，协同开展培训，这是目前需要进一步强化的模式，它有助于企业根据自身特点尤其是技术创新的需要，进行产教融合的职业教育和培训；比较理想的校企协同模式是打造企业、学校、政府"三位一体"，市场导向的职业教育和培训生态系统。这有助于对转移农民工以及其他各类已超过适学年龄人口进行职后培训或开展补偿性培训。我国需要大力拓宽已过适学年龄人口的企业内再教育途径，利用税收优惠与财政补助等手段，鼓励和支持企业出资兴办与本企业人才需求密切相关的职业院校或高等研究院，为我国产业结构转型和升级做好充足的人才储备。另外，通过国家教育培训系统的多样化改革，更多企业愿意参与到由国家、行业协会和企业共同主导的职后培训体系中，实现企业培训与国家教育体系的充分融合。

三、建立城乡统一的职业教育资源市场，促进资源优化配置

城乡职业教育融合发展的重要基础是通过城乡职业教育资源的充分、自由流动，实现均衡配置。然而，城乡职业教育资源要实现有序、自由的流动，必须构建城乡统一的要素市场。这个要素市场一方面，要有利于农村职业教育要素进入城镇；另一方面，要有利于使集聚在城市的以师资为核心的教育要素，能够自由畅通地流向农村职业学校和成人教育中心，这也是建立城乡统一教育要素市场的关键。因为在现行体制下，农村难以吸引城镇的优秀资源，由此实现城乡教育要素自由的双向流动，促进城乡职业教育资源的优化配置。

从总体上讲，教育资源分为有形资源、无形资源两大类。有形资源是指可以直接利用或开发其存在价值的资源，包括财力资源、物力资源和人力资源；无形资源是指在教育发展过程中对有形资源的使用和开发所显示出的价值和使用价值，包括技术资源和管理资源等。[①]

建立健全城乡融合职业教育发展体制机制和政策体系，促进城乡融合发展和城乡要素双向流动，核心是解决"人"的问题，即如何使城市优质职业教育资源进入农村。目前我国城乡之间的资源要素流动主要表现为从农村流向城市，这种农村资源要素持续外流的趋势单纯依靠市场机制自行调节很难扭转。要控制资源单向流动，促进资源要素在城乡间合理均衡配置，必须建立激励约束机制。

建立城乡一体化的师资管理制度，必须改革城乡分割的教师管

---

① 施丽红，朱德全. 和谐共生：职业教育城乡统筹发展体制与机制研究［J］. 高等教育研究，2012（1）：69.

理制度，其中包括：一是实现城乡教师编制统一化管理，即在教师编制管理方面取消城乡教师之间的差别。这既有利于促进城乡职业教育师资在县域统一的教育资源市场自由流动，也有利于师资在区域范围内的共享，从而优化教育资源配置，提升教师资源使用效率。为此，可以将教师管理集中到县级层面，进行统一的标准化管理。二是要不断提高农村教师的待遇，使之达到甚至高于城市教师的待遇水平，如此不仅有助于改变农村职业学校、成人教育中心教师，尤其是优秀教师千方百计向城镇单向流动的现状，还更易推进城乡教师，尤其是城镇教师向农村的流动。为此，不仅要建立城乡职业教育教师工资及福利待遇一体化机制，而且还要对自愿或者通过制度机制调节进入农村任教的教师给予下乡的额外津贴与补助，切实建立城乡一体化的教师工资待遇制度，保障教师的权益。

当然，城乡职业教育资源的流动、共享，还包括其他物质资源以及信息资源的共享。如在职教信息技术资源的城乡共享层面，可以构建城乡职业院校信息交流服务平台。要充分利用信息技术资源的可重复性、可复制性、再增值性等特点，研发出一个城乡职校的招生、技能培养、就业的信息服务网络，实现城乡职业教育在学生培养全过程的信息资源共享。①

四、打造城乡职业教育共同体，促进优质资源共享

要促进城乡职业教育优质资源互通、流动、共享，可以基于政策推动或者制度规定来实现，但除此以外，还有一个很重要的路径就是构建城乡职业教育共同体。建构城乡职业教育共同体的过程就是职业教育共生系统中共生单元相互激励、共同进化的过程。在此共同体中，城乡职业学校不是相互替代，不是削峰填谷，而是在相互合作与互相竞争中呈现多赢，进而实现职业教育共生系统的结构

---

① 谭璐. 城乡职业教育一体化的内涵、理论预设与路径选择［J］. 教育与职业，2014（6）：13.

重组和功能创新。[①] 在城乡职业教育共同体建设的初级阶段，要充分利用城市职业学校的优质教育资源，尤其是优秀师资共享；做到专业建设、课程和教材建设齐头并进，实验实训设施提高使用率等。当然，在城乡职业教育共同体建设中，还可以通过设置分校，或者资源双向流动的方式来实现资源共享。

城乡职业教育共同体构建，不仅是指城乡职业学校之间建立集团或者办学联盟，还应该包括城乡职业学校与成人教育共同体的建设。在未来乡村振兴过程中，农村成人教育、社区教育的地位日益凸显，这些教育形式在乡村振兴战略目标实现过程中的作用越来越大，但是，目前农村成人教育中心或者社区教育中心条件相对有限，尤其是师资队伍、实训设施、信息资源建设远不如城市职业学校或者社区教育中心。在未来城乡职业教育共同体建设中，应同时考虑将成人教育中心和社区教育中心纳入共同体建设。这既是乡村振兴背景下成人教育发展的需要，也是未来城乡职业教育和成人教育协同发展和一体化发展的需要和必然选择。

有关城乡职业教育共同体建设的组织架构、建设机制等在第五章有具体论述，这里不作更多讨论。

五、构建城乡融合的职业教育办学体制，促进发展优势互补

构建城乡融合的职业教育办学体制，除了可以从管理体制层面进行必要的政策干预以外，另一个很重要的、更为具体的现实路径和策略是，通过城乡职业教育办学集团的建设，将原来的分割的二元办学体制融合在一起。具体来说，即通过集团化办学模式，形成政府统筹、行业参与、企业主动参与的职业教育办学体制。在该体制下，政府主要是在顶层设计层面做好统筹规划和政策创新服务工作，并积极引导企业，尤其是规模企业参与城乡职业教育建设，促

---

① 施丽红，朱德全. 和谐共生：职业教育城乡统筹发展体制与机制研究 [J]. 高等教育研究，2012（1）：69.

进城市职业学校、社区学院加强与农村职业学校和成人教育中心（社区教育中心）的交流，鼓励以专业建设为纽带，发展职业学校、行业、企业职业教育集团，形成多元共生、城乡融通的职业教育办学体制。这种体制打破了原有行业界限和资源配置不平衡的状况，既促进了职业教育与经济社会的紧密结合，又充分发挥了政府统筹的作用和行业参与的积极性，将职业教育共生系统中政府、行业、企业、职业学校等共生单元整合成利益共同体，使其在追求各自利益最大化的同时确保职业教育集团的整体利益。①

---

① 施丽红，朱德全．和谐共生：职业教育城乡统筹发展体制与机制研究［J］．高等教育研究，2012（1）：67.

结束语
CONCLUSION

　　乡村振兴作为党的十九大提出的七大战略之一,对推动我国农村地区的经济发展及农民生活水平的提高具有十分积极的作用。乡村振兴战略的提出也为我国农村地区职业教育的发展带来了新的机遇,促进了我国农村地区职业教育的发展及教育体系的改革。农村中等职业院校作为培养农村实用型人才的重要基地,对我国农村地区经济的发展及乡村振兴战略相关工作的顺利开展具有十分重要的作用。

　　乡村振兴战略实施背景下农村职业教育发展的可行性方法如下:

　　(1)构建面向乡村振兴战略的终身教育体系。我国农村地区部分农民对农村职业教育在认识上存在误区,不愿意在学习专业知识上花费过多的时间。这在一定程度上制约了我国农村地区职业教育的发展。针对这一问题,我国有关部门及农村地区政府应当着手建立面向农村地区的终身教育体系,通过给予农村地区职业教育院校更多的教育资源及资金支持,推动职业院校教育水平的提高。在此基础上,有关部门要通过在农村地区定期举行职业教育讲座或农业知识推广活动来逐步扭转农民对职业教育认识的错误观念,在潜移默化中使农民意识到进行职业教育的重要性,进而开展对农村地区职业教育发展及建设工作的调查,建立一套满足农民职业发展需求且符合农民生产生活实际的教育教学体系。

（2）以政府为主体，不断提高社会参与程度。我国城乡地区经济发展不平衡在一定程度上导致我国农村地区教育资源及教育力量相对薄弱。我国农村地区政府及有关部门应当充分发挥自身的带动作用，逐步扭转社会对职业教育存在的片面认知，积极推动农村地区的职业教育转型发展。一方面，政府应当加大对农村地区职业教育资源及经费的倾斜力度，不断完善职业教育所需的硬件设施及办学条件；另一方面，政府应通过政策倾斜或制度创新等方式吸引优秀的职业教育人才及高校毕业生到农村职业院校从事教学工作，从政策及制度层面，着力打造一支具有较高素质的职业教育教师队伍。除此之外，政府可以自身为平台，吸引相关社会企业对职业教育的发展给予资金援助或进行对口建设，通过将职业教育与社会就业相联系，完善农村地区职业教育的体系，进而推动农村地区经济发展等方面工作的不断深入。

综上所述，乡村振兴战略的提出为我国农村地区的发展带来了新的机遇，随之而来的是各行各业对专业人才需求的巨大缺口。针对这一问题，政府有关部门应当加强对农村职业院校的资源倾斜，以政府为平台，吸引社会企业的投入，在此基础上，打造一支面向乡村振兴战略的教师队伍，以提升农村地区职业教育水平，综合运用现有的资源及政策优势，不断推动农村地区职业教育的转型发展，促进农村地区经济的快速发展及乡村振兴战略相关工作的顺利推进。

印罗观，刘会平，2021. 乡村振兴背景下广东省农村职业教育现状调查及发展路径 [J]. 教育与职业 (6)：89-93.

赵丹丹，2021. 农村职业教育与农村经济振兴的深度融合——评《乡村振兴与农村职业教育变革》[J]. 中国瓜菜，34 (3)：135-136.

佟丽新，郭蕊，2021. 乡村振兴背景下农村职业教育人才培养路径研究 [J]. 现代农业研究，27 (2)：51-52.

王苑义，胡艳丽，2021. 乡村产业振兴背景下农村职业教育人才培养定位与机制构建 [J]. 武汉职业技术学院学报，20 (1)：21-25.

易小芳，2021. 乡村振兴战略下农村职业教育服务农村经济发展的新路径 [J]. 继续教育研究 (2)：70-75.

褚慧敏，2020. 农村职业教育在乡村振兴中的使命担当和策略应对 [J]. 河北职业教育，4 (6)：13-16.

王洪娟，2020. 乡村振兴战略背景下农村职业教育发展研究 [J]. 科学咨询（科技·管理）(12)：166-167.

马建富，李芷璇，2020. 乡村振兴背景下农村职业教育的价值取向与改革框架 [J]. 职业技术教育，41 (33)：7-14.

乡村振兴背景下农村职业教育发展理路 [J]. 职业技术教育，2020，41 (33)：6.

宋维英，吴森，柳军，2020. 农村职业教育服务乡村振兴的困境与路径探析 [J]. 粮食科技与经济，45 (10)：137-140.

赵科乐，2020. "1+1+N" 背景下职业教育服务乡村振兴发展的政策分析 [J]. 农村经济与科技，31 (19)：303-304.

孔聪，2020. 乡村振兴战略背景下农村职业教育的发展困境及创新路径 [J]. 河北职业教育，4 (5)：41-45.

赵科乐，2020. 乡村振兴战略背景下职业教育发展的相关举措研究［J］. 农业与技术，40（17）：171-173.

王丹，马翠军，2020. 新中国成立 70 年我国农村职业教育发展回顾及展望［J］. 职业教育（下旬刊），19（8）：77-82.

杨亚，2020. 乡村振兴背景下农村中等职业教育服务能力提升的策略研究：以桃源县职业中等专业学校为例［J］. 现代职业教育（34）：24-25.

梁宁森，2020. 乡村振兴战略背景下农村职业教育的困境、机遇与优化路径［J］. 高等工程教育研究（4）：157-162.

唐智彬，郭欢，2020. 作为乡村"治理术"的农村职业教育：内涵与路径［J］. 教育发展研究，40（Z1）：75-82.

张旭刚，2020. 乡村振兴战略下农村职业教育产教融合发展的国际比较与路径［J］. 教育与职业（14）：80-87.

李智君，夏梦瑶，2020. 我国农村职业教育发展的现实困境与实践调适［J］. 职教发展研究（2）：100-107.

王蔚雯，2020. 乡村振兴背景下农村社区教育发展策略研究［J］. 山西农经（11）：41-43.

马文革，2020. 乡村振兴背景下职业教育教师发展机制研究［J］. 南宁师范大学学报（哲学社会科学版），41（3）：94-106.

祁占勇，王志远，2020. 乡村振兴战略背景下农村职业教育的现实困顿与实践指向［J］. 华东师范大学学报（教育科学版），38（4）：107-117.

谷月，2020. 乡村振兴战略背景下农村职业教育发展的研究［J］. 当代教育实践与教学研究（8）：65-66.

熊飞，甘海琴，2020. 乡村振兴视域下农村职业教育"内卷化"破解路径［J］. 职教论坛（4）：148-153.

张胜男，2020. 乡村振兴战略背景下农村职业教育面临的困境与对策［J］. 区域治理（4）：127-129.

张红，杨思洁，2019. 历时性视角下农村职业教育与成人教育发展研究［J］. 中国职业技术教育（12）：57-62.

谢元海，闫广芬，2019. 乡村振兴背景下的乡村职业教育发展研究：基于三种形式的乡村职业教育分析［J］. 中国职业技术教育（12）：70-75.

张同力，2019. 乡村振兴战略背景下农村职业教育发展研究［J］. 江西农业（4）：146.

张晓山，2020. 乡村振兴战略［M］. 广州：广东经济出版社.

蒋高明，2019. 乡村振兴 选择与实践［M］. 北京：中国科学技术出版社.

黄郁成，2019. 城市化与乡村振兴［M］. 上海：上海人民出版社.

王昆，周慧，张纯荣，2018. 乡村振兴之路［M］. 北京：北京邮电大学出版社.

刘汉成，夏亚华，2019. 乡村振兴战略的理论与实践［M］. 北京：中国经济出版社.

高莉娟，傅李琦，2019. 乡村振兴战略的理论与实践［M］. 南昌：江西人民出版社.

王雄，丁辉，2019. 乡村振兴战略理论与实践［M］. 咸阳：西北农林科技大学出版社.

张廷，2019. 县域乡村振兴战略的理论探索与实践创新［M］. 武汉：湖北科学技术出版社.

张禧，毛平，赵晓霞，2018. 乡村振兴战略背景下的农村社会发展研究［M］. 成都：西南交通大学出版社.

苟文峰，2019. 乡村振兴的理论、政策与实践研究［M］. 北京：中国经济出版社.

张芬，2020. 乡村振兴战略下农村文化建设研究［M］. 长春：吉林大学出版社.

付翠莲，2019. 乡村振兴战略背景下的农村发展与治理［M］. 上海：上海交通大学出版社.

童岳嵩，2020. 职业教育服务乡村振兴策略研究［M］. 贵阳：贵州人民出版社.

马建富，陈春霞，吕莉敏，2020. 乡村振兴与农村职业教育变革［M］. 北京：知识产权出版社.

徐敏，2020. 新时代职业教育助推乡村振兴战略的服务体系及策略研究［M］. 北京：北京理工大学出版社.

杜永红，2020. 乡村振兴战略下的贫困地区可持续性发展研究［M］. 天津：天津大学出版社.

图书在版编目（CIP）数据

乡村振兴背景下农村职业教育发展研究 / 王晓庆著
. —北京：中国农业出版社，2024.12
ISBN 978-7-109-30912-8

Ⅰ.①乡⋯ Ⅱ.①王⋯ Ⅲ.①乡村教育-职业教育-
研究-中国 Ⅳ.①G725

中国国家版本馆 CIP 数据核字（2023）第 131261 号

乡村振兴背景下农村职业教育发展研究

中国农业出版社出版
地址：北京市朝阳区麦子店街 18 号楼
邮编：100125
责任编辑：王庆宁　　文字编辑：李海锋
版式设计：王　晨　　责任校对：吴丽婷
印刷：中农印务有限公司
版次：2024 年 12 月第 1 版
印次：2024 年 12 月北京第 1 次印刷
发行：新华书店北京发行所
开本：880mm×1230mm　1/32
印张：7.75
字数：220 千字
定价：68.00 元